COLLECTION LE FRANÇAIS RETROUVÉ

Aux sources des chansons populaires

Martine David
Anne-Marie Delrieu

Illustrations de Nicoulaud

BELIN 8, rue Férou, 75006 Paris

La loi du 11 mars 1957 autorise «les copies ou reproductions strictement réser-
vées à l'usage privé du copiste et non destinées à une utilisation collective»
(alinéas 2 et 3 de l'article 41) ; elle autorise également les courtes citations
effectuées dans un but d'exemple et d'illustration.
En revanche, «toute représentation ou reproduction intégrale ou partielle, sans le
consentement de l'auteur ou de ses ayants droit ou ayants cause, est illicite»
(alinéa 1er de l'article 40).
Cette représentation ou reproduction, par quelque procédé que ce soit, sans auto-
risation de l'éditeur ou du Centre français de l'exploitation du droit de copie
(3, rue Hautefeuille, 75006 Paris), constituerait donc une contrefaçon sanction-
née par les articles 425 et suivants du Code pénal.

© Éditions Belin 1984

ISBN 2-7011-**0512**-9   ISSN 0291-7521

Préface

La notion de « chanson populaire » est ambiguë. Les « tubes » qui éclatent périodiquement et se répandent en quelques semaines sur (presque) toutes les lèvres méritent sûrement d'être qualifiés de « populaires ». Ces chansons jouissent en effet d'une grande *popularité,* et sont plus volontiers fredonnées par ce qu'on appelle *le peuple* et qui s'oppose, en la circonstance, aux sphères plus restreintes des mélomanes ou des amateurs de grande littérature. Il leur manque pourtant d'avoir franchi l'épreuve du temps. Si elles échappent à l'oubli qui est le sort habituel de ces météores, alors elles entrent dans le patrimoine d'un peuple, au sens où ce mot est synonyme de nation, sans distinction de classe sociale ou culturelle. C'est ainsi qu'un aristocrate comme l'Alceste du *Misanthrope* défend comme son bien propre une chanson tout à fait rustique :

> Si le Roi m'avait donné
> Paris sa grand ville...

Telles sont les chansons populaires qui font l'objet de notre curiosité. Celles que nous connaissons tous, mais que nos parents et grand-parents connaissaient aussi. Nous avons pris le parti de nous limiter aux chansons nées avant la fin de la Première Guerre mondiale. L'autre limite, c'est... la nuit des temps. Sachons toutefois que les chances de retrouver l'acte de naissance d'une chanson antérieure à une époque que l'on peut situer aux alentours de la Révolution deviennent bien minces.

Les chansons composées après cette date ont conservé le souvenir de leurs auteurs et des circonstances de leur création. Celles-ci ne manquent jamais d'intérêt, et rarement d'inattendu. On apprend ainsi que deux frères ennemis se sont disputé avec acharnement la paternité de *l'Internationale,* que l'abbé qui eut l'heureuse inspiration d'ajouter une septième strophe à notre *Marseillaise,* lui dut de ne pas finir sur l'échafaud, et que la première chanson sur laquelle un auteur voulut réserver ses droits fut... *Le Sire de Framboisy.*

3

Mais la plus grande gloire d'un auteur de chanson est de devenir anonyme et de disparaître derrière son œuvre renouvelée, remodelée par les générations qui se l'approprient. Au point que la plupart des folkloristes de la fin du siècle dernier crurent pouvoir affirmer que la chanson populaire était une sorte d'émanation directe du peuple de nos campagnes. Aujourd'hui, on considère généralement que toute chanson a été composée par un auteur. L'auteur d'une chanson a pu emprunter un air connu ou composer lui-même la musique. Une collaboration entre un poète et un musicien se rencontre parfois. Plus rarement, un compositeur crée après coup une mélodie sur des paroles. On est étonné de voir avec quelle rapidité certaines chansons se répandaient dans toutes les régions de France avant l'ère de l'audiovisuel : la diffusion était presque aussi rapide qu'aujourd'hui ! Les colporteurs, qui s'approvisionnaient au Pont-Neuf, distribuaient des feuilles sur lesquelles figuraient les paroles des dernières chansons à la mode, et apprenaient l'air aux badauds. La tradition commençait là. Malheureusement, rares sont les feuilles de colportage qui sont parvenues jusqu'à nous. Il faut donc suivre la piste de chacune des chansons à travers les recueils qui la reproduisent.

Bien souvent, les pistes se brouillent. Tantôt deux chansons fusionnent ; tantôt l'une d'entre elles se partage en plusieurs versions ; on en voit qui gardent leurs paroles, mais prennent la musique d'une autre, etc. Là encore, les surprises abondent. On apprend, par exemple, que l'air du *Roi Dagobert* a été emprunté à une sonnerie de chasse — ce que chacun aurait pu deviner s'il avait essayé de le fredonner en imitant le cor ; que *Cadet Rousselle* a pris la place de *Jean de Nivelle ;* que le thème et la musique de *Malbrough* ont parcouru plusieurs siècles en embarquant successivement divers personnages historiques : un prince d'Orange et un duc de Guise au XVe siècle, un duc de Marlborough au XVIIIe. On découvre aussi des cas où, sur le même air, cohabitent paroles pieuses et grivoises. La grivoiserie fut, du reste, l'une des plus vigoureuses sources d'inspiration des chansons populaires. Lorsqu'elles devinrent à la fin du siècle dernier, « chansons enfantines », elles furent, bien entendu, soigneusement édulcorées. Que l'on remonte un peu l'histoire d'une de ces charmantes bluettes, *En revenant de la jolie Rochelle,* et l'on constatera que les étapes de cette route étaient jadis assez gaillardes, que la version « authentique » de la chanson se chante encore, mais dans les casernes plutôt que dans les écoles maternelles, avec, à la place de la fraîche ritournelle « C'est l'aviron, qui nous mène, mène, mène... », un refrain à faire frémir.

Mais plus on remonte le temps, plus les documents se font rares. De la chanson du Moyen Age, on ne connaît que quelques textes de troubadours, sur des musiques péniblement reconstituées. Il s'agit là d'œuvres savantes, les seules qui fussent alors jugées dignes d'être notées par écrit. Elles ne doivent pas nous cacher que, parallèlement, les chansons populaires vivaient leur verte vie. A coup sûr, certaines mélodies et certains thèmes nous arrivent de siècles très lointains, de l'époque romaine sûrement, et peut-être même de l'époque gauloise. Le malheur est que l'absence de documents écrits ne nous permet pas de les désigner.

Les premiers documents utilisables datent du XIIIe siècle. Ce sont des manuscrits comme le *Chansonnier du Roi de Navarre,* ainsi nommé parce que Thibaut, roi de Navarre, mort à Pampelune en 1254, en est le principal auteur, ou le *Chansonnier de Bayeux,* agrémenté de fines enluminures. Les chansons notées par le greffier Jehan Taillefier, pour se distraire d'une tâche fastidieuse, sur les Registres aux Transports de la Haute Cour de Namur, vers le milieu du XVe siècle, nous donnent aussi de précieuses indications, de même que le *Manuscrit de Lucques,* où un membre de la famille Balbini a transcrit, en 1575, des chansons entendues à Malines en Belgique.

Un changement radical survient au XVIe siècle : l'avènement de l'imprimerie. Les chansonniers, c'est-à-dire les recueils de chansons, se multiplient. En 1501, Ottaviano Petrucci de Forsombrone invente à Venise un procédé pour imprimer la musique. L'invention est très vite utilisée en France, dans les recueils de Pierre Attaignant en 1529, d'Alain Lotriaut en 1543, de Jehan Bonfons en 1548, pour ne citer que les principaux. Ces chansons « musicales, nouvelles et fort joyeuses, nouvellement composées sur plusieurs chants tant de musique que rustique » sont le plus souvent des *caroles,* destinées à accompagner les danses à la Cour comme à la ville. A partir de 1551, un nom domine la chanson française : Ballard. Cette année-là, en effet, le roi Henri II octroie à Robert Ballard et à ses descendants le privilège du seul imprimeur de musique en France, privilège qui ne fut aboli qu'à la Révolution. Les recueils parus chez Robert, puis Pierre et enfin Christophe Ballard, regroupent aussi bien des airs de Cour que des chansons à danser et à boire ou des « brunettes ou petits airs tendres ». Le monopole ne devait cependant pas être trop strict, puisqu'en 1576 Jehan Chardavoine édite un *Recueil des plus belles et excellentes chansons en forme de voix de ville, avec la musique de leur chant commun.*

Le XVIIᵉ siècle voit se multiplier les anthologies, qui sélectionnent « la fleur de toutes les plus belles chansons » parmi les innombrables feuilles qu'on se procure au Pont-Neuf. Ce ne sont que *Fleur des chansons amoureuses, Trésor des Trésors, Eliste de toutes les chansons.* C'est l'époque du célèbre comédien-bateleur Gaultier-Garguille, dont quelque *bransles,* « chansons folastres » ou « airs bachiques » se chantent encore. Le privilège de Ballard a un effet pervers que déplore l'histoire de la chanson : au XVIIIᵉ siècle, les recueils finissent par se raréfier. Mais la Révolution amène une explosion libératrice. On chante beaucoup dans ces années de fièvre, et l'on continue sous l'Empire et la Restauration. Les auteurs publient alors leurs propres recueils : Désaugiers, Béranger, Debraux. C'est l'ère du Caveau et des goguettes (voir pp. 208 et 244). Gérard de Nerval sensibilise bientôt le public à nos chansons anciennes quelque peu oubliées. Au point qu'un ministre de l'Instruction Publique, Jean-Jacques Ampère, lance une grande enquête dans toute la France pour recueillir les chansons populaires et sauvegarder ainsi notre patrimoine folklorique.

Dès lors, les recueils de chansons folkloriques ne vont plus manquer : Arbaud en Provence (1862-1864), Bujeaud dans les provinces de l'Ouest (1863-1864), de Coussemaker en Flandre (1865), de Puymaigre en pays messin (1865), Gagnon au Canada (1865), de la Villemarqué en Bretagne (1867) vont réunir avec plus ou moins de bonheur les chansons de leur région. Les premières Chansons et Rondes enfantines font alors leur apparition. Sous cette appellation, les chansons populaires traditionnelles sont enseignées dans les écoles. C'est pour elles une nouvelle jeunesse et l'occasion d'une formidable diffusion. Le prix à payer est une relative « castration », effet d'une censure vigilante.

De nos jours, les maîtres ne sont plus tenus d'asseoir

l'enseignement du chant sur un corpus limité de chansons anciennes. De nouveau, l'oubli menace. Certains ne s'en désolent pas : après tout, pensent-ils, pour une chanson qui se perd, plusieurs autres surgissent, qui viennent bientôt la remplacer dans le patrimoine national. Après la Grande Guerre, celui-ci a continué à s'enrichir : pensons aux *Roses Blanches,* au *Vieux Châlet,* au *Gamin de Paris,* à la *Mer,* à la *Chanson pour l'Auvergnat,* pour ne citer que quelques titres. Est-ce une raison pour se résigner à l'oubli des plus anciennes ? Nous espérons que ce livre convaincra du contraire. Car ce qui est en jeu est capital : un patrimoine culturel d'une grande richesse, sans doute, mais autre chose aussi, tout aussi important : le plaisir de chanter, allié au plaisir de savoir ce qu'on chante.

Puisqu'il est question de chant, un mot d'explication s'impose. Certains lecteurs s'étonneront peut-être de ne pas trouver dans ce livre la musique des chansons. A cette absence, deux raisons. La première est que nous supposons ces airs connus, au moins pour 80 % des chansons sélectionnées. La seconde raison est qu'une étude des mélodies ferait l'objet d'un tout autre livre, qui se devrait d'être hautement spécialisé. Tel n'était pas notre propos. Enfin, nous ne souhaitions pas constituer un simple recueil de chansons agrémenté de quelques portées musicales comme beaucoup existent déjà. Les paroles des chansons populaires — qui ont été l'objet essentiel de nos recherches — sont l'écho de notre langue tout au long des siècles. Elles feront remonter le lecteur aux sources de notre patrimoine. Que les musiciens nous pardonnent, qu'ils goûtent la saveur des mots, et que tout le monde chante !

Les Auteurs

Petit glossaire

Auteur : voir **parolier** *.

Ballade : du provençal *ballada* formé sur le verbe *balar*, danser. Chanson à danser, à la mode en France aux XIII⁰ et XIV⁰ siècles. Elle se compose traditionnellement de huit vers.

Bergerie : chanson contant les amours idylliques de bergers et de bergères dont les noms sont souvent empruntés aux personnages de la littérature bucolique latine ou grecque.

Branle : danse ancienne dans laquelle les danseurs forment une chaîne ou un cercle et exécutent des pas latéraux. Voici les conseils que donne, au XV⁰ siècle, M. Toulouze dans *L'art et instruction de bien danser* : « Le branle se doibt commencer au pié senestre (*gauche*) et se doibt finer du pié dextre et s'appelle branle pour ce qu'on le fayt en branlant d'un pié sur l'autre. » Il existe, au XVII⁰ siècle, une trentaine de types de branles.

Brunette : brève composition sur un sujet galant, de ton enjoué et souvent polisson. C'est l'éditeur Christophe Ballard qui, au début du XVIII⁰ siècle, a l'idée d'intituler ainsi ce type de chanson déjà ancien, dans lequel le mot *brunette* (petite femme brune) revient souvent : la jolie brunette représente l'idéal féminin dans la tradition populaire, la blondeur étant réservée aux dames de la noblesse.

Canon (du grec *kanôn*, règle) : reprise d'un thème mélodique ou d'un couplet par plusieurs voix ou groupes instrumentaux qui interviennent successivement, à intervalles réguliers.

Carole : ancien nom de la **ronde** *.

Chanson récapitulative ou **à récapitulation**, dite aussi **randonnée** * (mot qui a d'abord signifié course rapide et ininterrompue) : chanson énumérative, dont chaque couplet s'enrichit des éléments des couplets précédents. Le dernier couplet, le plus long, récapitule tous les éléments de la chanson.

Chanson à reprise : chanson énumérative, aux couplets d'égale longueur, dans laquelle le premier vers de chaque couplet reprend l'élément du dernier vers du couplet précédent.

Chanson de toile : ce sont, sans doute, des arrangements savants de chansons populaires que chantaient les femmes qui travaillaient la toile (fileuses, tisseuses, etc.). Elles remontent au XII⁰ siècle et parlent inlassablement d'amour.

Chansonnier : recueil de chansons, manuscrit ou imprimé. Il comporte tantôt les paroles seules, tantôt les paroles accompagnées des airs qui les soutiennent.

Colportage (recueil de) : recueil de chansons à la mode (cahier, fascicule, feuille volante), vendu dans les campagnes et les villes par les colporteurs.

Complainte : chanson narrative sur un sujet tragique ou grave. La complainte se caractérise par l'absence de refrain et par le nombre élevé des couplets.

Compositeur : inventeur de la musique d'une chanson.

Contredanse : danse anglaise d'origine campagnarde (*country dance*, danse de la campagne), à la mode dans la haute société du XVIIIe siècle. Les couples de danseurs se font face et exécutent une série de figures sur un mouvement rapide et gai. Les groupes de danseurs s'appellent des *quadrilles*. C'est sous le nom de *quadrille* que la contredanse, légèrement modifiée, survivra au XIXe siècle.

Couplet : chacune des strophes constituées d'un certain nombre de vers dont le contenu varie, partiellement ou totalement, d'une strophe à l'autre. La succession des couplets est généralement interrompue, à intervalles réguliers, par le refrain * dont l'air ou les paroles (ou les deux à la fois) diffèrent de ceux des couplets.

Gigue : danse populaire d'origine anglaise ou irlandaise. Un ou plusieurs danseurs exécutent, sur un air entraînant, des pas très rapides, des sautillements, accompagnés de claquements de talons au XVe siècle, giguer veut dire gambader.

Gwerz : mot breton. Chant traditionnel du patrimoine breton, relatant des événements historiques ou légendaires sur un ton épique.

Maumariée (chanson de) : chanson dans laquelle l'épouse, « mal mariée », expose ses griefs contre son mari. Ces chansons relèvent souvent d'une tradition grivoise.

Motet (de *mot*) : chant d'Église à plusieurs voix inspiré des textes bibliques. Composition profane à plusieurs voix. Le motet peut être accompagné ou non d'instruments. Le mot désigna, d'abord, un court poème de ton badin chanté par les trouvères.

Parolier (ou auteur) : inventeur du texte — ou paroles — d'une chanson.

Pastorale (du latin *pastoralis*, formé sur *pastor*, berger) : chanson mettant en scène bergers et bergères.

Pastourelle : chanson née au XIIe siècle de l'inspiration des troubadours. Elle fait dialoguer berger et bergère (pastourelle est formé sur l'ancien français *pastur*, berger), ou seigneur et bergère. Destinée au divertissement des seigneurs, elle reste gentiment satirique : les personnages font assaut de taquineries et de mots d'esprit. La pastourelle est souvent entrecoupée d'un refrain à base d'onomatopées imitant le bruit d'instruments de musique rustiques.

10

Pont-Neuf : chanson interprétée et popularisée par les chanteurs qui, aux XVIIe et XVIIIe siècles, se produisaient sur le Pont-Neuf, à Paris.

Randonnée : voir **chanson récapitulative** *.

Refrain : strophe d'une chanson qui constitue une unité, généralement immuable, d'air ou de paroles, et vient s'intercaler entre deux couplets *. Certaines chansons ne comportent pas de refrain.

Romance : à l'origine, poème en langue romane. Puis, chanson écrite sur un air facile à retenir, traitant d'un sujet sentimental et attendrissant. La romance connut une grande vogue à la fin du XVIIIe siècle et tout le long du XIXe siècle.

Ronde : danse populaire formée d'un cercle de danseurs qui se donnent la main. La chanson qui soutient la ronde comprend des couplets * et un refrain *. Les couplets sont chantés par un soliste, accompagné parfois par un instrument, tandis que les danseurs marquent le rythme sur place. Le refrain est ensuite repris en chœur par les danseurs qui tournent en formant la ronde.

Rondeau : poème ou chanson remontant au XIIIe siècle, comportant généralement treize vers répartis en trois couplets de longueur inégale. Le rondeau se caractérise par la répétition de certains vers.

Timbre : la « Clef du Caveau », société chantante qui recueillit plus de deux mille timbres, donne la définition suivante dans l'avertissement de sa quatrième édition : « on entend par timbre la désignation d'un air quelconque, en citant le premier vers de la chanson ou du couplet qui lui a donné lieu ».

Vaudeville : le mot viendrait des « vaux de Vire », en Normandie, où, au XVe siècle, vivait en son moulin Olivier Basselin, créateur du genre (le nom fut parfois interprété en *voix de ville*, avant d'arriver à *vaudeville*). C'étaient à l'origine des chansons populaires satiriques. On les chantait sur le Pont-Neuf * et les recueils de colportage * les faisaient connaître jusque dans les campagnes. Les airs de vaudevilles servirent de timbres * à beaucoup d'autres chansons. Les comédies à vaudevilles, agrémentées de ces chansons souvent parodiques et écrites sur des airs connus de tous, furent elles-mêmes appelées vaudevilles.

Virelai : voir **rondeau** *.

Vise : chanson populaire du répertoire traditionnel scandinave dont l'auteur et le compositeur sont généralement inconnus.

J'ai du bon tabac

J'ai du bon tabac
Dans ma tabatière
J'ai du bon tabac
Tu n'en auras pas.

J'en ai du fin
Et du bien râpé,
Mais ce n'est pas
Pour ton vilain nez.

C'est « par le nez » que le tabac fait son entrée en France, non point en plaisantes volutes, puisqu'il ne se fume pas, au début, mais sous forme de poudre à priser. Vers l'an 1560, l'ambassadeur de France à Lisbonne, Jean Nicot, envoie à la reine Catherine de Médicis un remède souverain contre les migraines, une poudre faite des feuilles séchées et finement hachées d'une plante rapportée d'Amérique par les conquérants espagnols et portugais ; ils l'ont appelée *tabaco,* du nom *tsibatl* que lui donnent les Indiens Caraïbes.

Le remède royal provoque un véritable engouement ; on le boit en décoction parfois, on le fume un peu, mais surtout on le prise : un geste délicat du pouce en introduit une pincée dans la narine, cela chatouille agréablement jusqu'à l'éternuement libérateur. Quelques esprits chagrins se scandalisent, Louis XIII en interdit la vente, le pape Urbain VIII — le même qui condamne Galilée — excommunie les amateurs de tabac.

Peine perdue, le tabac fait fureur. Louis XIV, conciliant, en tolèrera l'usage ; toutefois, une seule prise est permise aux courtisans pendant la durée de la messe, et seul le marguillier peut leur présenter la tabatière, le claquement des couvercles, les éternuements et les reniflements de l'assistance portant atteinte à la solennité de l'office divin. Financier avisé, Colbert établit le monopole d'État... l'idée fait encore merveille.

Molière, par la bouche de Sganarelle, affirme au début de *Don Juan* qu' « il n'est rien d'égal au tabac... qui vit sans tabac n'est pas digne de vivre ».

Cent ans plus tard, un littérateur mondain, Gabriel-Charles de l'Attaignant écrit la chanson du *Bon Tabac*. Né à Paris en 1697, L'Attaignant est entré, sans vocation aucune, dans les ordres. Il est chanoine de Reims, mais vit à Paris. Il fréquente assidûment les salons, les cabarets, les tripots même. Il écrit des chansons. Dans un de ses recueils figure *Fanchon,* chanson à boire (voir p. 129) dont voici le refrain joyeux :

> Ah ! que son entretien est doux
> Qu'elle a de mérite et de gloire.
> Elle aime à rire, elle aime à boire.
> Elle aime à chanter comme nous
> Oui comme nous.

Il est aussi l'auteur du couplet suivant :

> Non, la fidélité
> N'a jamais été
> Qu'une imbécillité.
> J'ai quitté
> Par légèreté
> Plus d'une beauté.
> Vive la nouveauté !

N'hésitant pas à tourner l'épigramme, L'Attaignant manque se faire rosser par le comte de Clermont, qu'il a insulté. Il se venge en lui refusant la marque de la plus élémentaire courtoisie, une prise de sa tabatière :

> A ce bon Monsieur
> De Clermont-Tonnerre
> Qui fut mécontent
> D'être chansonné,
> Menacé
> D'être bâtonné
> On lui répond
> Le coup détourné :

> « J'ai du bon tabac
> Dans ma tabatière
> J'ai du bon tabac
> Tu n'en auras pas. »

L'abbé bon vivant se retira à quatre-vingts ans chez les Pères de la Doctrine Chrétienne, qui l'avaient éduqué.

Sur l'air du *Bon Tabac*, les enfants de la Louisiane chantent :

> Un petit bonhomme
> Pas plus haut qu'un rat
> A battu sa femme
> Comme un scélérat.

Et, dans le Val-de-Loire, on dansait un branle* en chantant sur ce même air :

> Tout le long du bois
> J'embrassai Jeannette
> Tout le long du bois
> J' l'embrassai trois fois
> Je l'ai embrassée tant de fois
> Qu'il y a de feuilles dans le bois.

Peut-être, enfin, peut-on deviner, dans le refrain d'un rondeau du XIVe siècle, l'ébauche de l'air de la première phrase du *Bon Tabac* :

Li solaus qui en moi luist   Le soleil qui en moi luit
Est mes deduis   Est mon plaisir
Et Dies est mes conduis.   Et Dieu est mon guide.

Aux marches du palais

Aux marches du palais (*bis*)
Y a une tant belle fille
Lon la
Ya une tant belle fille.

Elle a tant d'amoureux
Qu'elle ne sait lequel prendre.

C'est un petit cordonnier
Qui a eu sa préférence.

Et c'est en la chaussant
Qu'il lui fit sa demande.

La belle, si tu voulais,
Nous dormirions ensemble,

Dans un grand lit carré,
Couvert de toiles blanches.

Aux quatre coins du lit,
Un bouquet de pervenches.

Dans le mitan du lit,
La rivière est profonde ;

Tous les chevaux du roi
Y viennent boire ensemble.

Et là, nous dormirions
Jusqu'à la fin du monde.

A la fin du siècle dernier, l'historien Charles Seignobos mentionne cette « vieille chanson », dont il affirme avoir recueilli les paroles, sans toutefois préciser ses sources. Certains le soupçonnent d'avoir écrit lui-même la chanson, car aucun recueil antérieur ne la mentionne sous cette forme. Toutefois, il ne peut être que l'arrangeur talentueux des multiples versions d'une chanson populaire et maintes fois publiée dans les chansonniers★ : le recueil de Chardavoine en 1576, celui des *plus belles chansons de danses de ce temps,* publié par Mangeant en 1615, contiennent la chanson de *la Flamande,* qui conte une histoire similaire.

Sur les marches du palais
Y a une jolie Fiamande.

Elle a tant d'amoureux
Qu'elle ne sait lequel prendre :

L'un est boulanger,
L'autre un valet de chambre ;

C'est un petit cordonnier,
Qui a eu la préférence.

Lui fera des souliers
De maroquin d'Hollande.

C'est en les lui chaussant,
Qu'il en fait la demande :

« La Belle, si vous vouliez,
Nous dormirions ensemble... »

Une autre version de *la Flamande* était chantée dans la région d'Angoulême. Elle fut recueillie par Bujeaud dans ses *Chants et Chansons populaires des Provinces de l'Ouest*.

Dedans la cour du roi
Tra la la
Il y a une Flamande.
Qui a des courtisans
Tra la la la la la la
Qui a des courtisans
Qui ne sait lequel prendre.

Le fils du cordonnier
Celui que son cœur aime
Lui a fait des souliers
De maroquin des Flandres.

Les lui a t'apportés
Le lundi dans sa chambre.
Tout en les essayant
Il en fait la demande.

Si mon père le veut
Ma mère en est contente.
N'y a que nos parents
Qui sont brouillés ensemble.

Brouillés ou non brouillés
Nous coucherons ensemble.
Dans un beau lit de camp
Couvert de roses blanches.

Aux quatre coins du lit
Quatre pommes d'orange.
Dans le mitan du lit
Le gai rossignol chante.

Chante rossignolet
Que ta voix est charmante
Quand nous aurons couché
Tu auras ta revanche.

Dans ce même recueil, figure une chanson de marins dont la fin présente quelque ressemblance avec *la Flamande*. Les marins viennent d'arriver à l'auberge :

> Dans quelle chambre coucherons-nous ?
> Dans la plus haute chambre
>
> Dans un grand lit carré
> Couvert de roses blanches
>
> Au quatre coins du lit
> Quatre pommes d'orange
>
> Et au mitan du lit
> Le gai rossignol chante

Mais, jamais, l'histoire n'est aussi idéalement parfaite que dans notre chanson ; les éléments qui, réunis ici, la rendent si poétique (le grand lit fleuri, le cordonnier méritant et la belle fille) proviennent d'autant de versions populaires.

En Vendée, la jeune fille est belle, mais fille d'un simple laboureur :

> Où est la fille du laboureur ?
> On dit qu'elle est tant belle
>
> On dit qu'elle a tant d'amoureux
> Qu'elle ne sait lequel prendre...

Son prétendant ne brille pas par son mérite personnel ; il est fort de son « bien » et de sa position sociale :

> Moi j'ai du blé plein mon grenier
> Des sous plein ma chaussette
>
> Moi j'ai des vaches avec des bœufs
> Mon père il est le maire...

En Beaujolais, la jeune fille, courtisée par d'humbles jeunes gens, choisit elle-même son futur, un cordonnier :

> Le premier est boulanger
> Le second valet de chambre
>
> Le troisième est cordonnier
> C'est lui qu'elle demande...

Ce choix n'est pas fait au hasard. Parmi les corps de métiers, celui des cordonniers jouissait traditionnellement d'un grand prestige ; le maître cordonnier était appelé « pontife ». Mais l'habileté de ce distingué artisan n'empêche pas l'histoire de se conclure le plus platement du monde :

Il lui fit des souliers
Il lui fit sa demande

Mon père est consentant
Ma mère en est contente

Deux autres versions, proches l'une de l'autre, se distinguent par leur mélange de drôlerie satirique, de légère grivoiserie et de raffinement sensuel. Toutes deux se moquent durement des femmes, toujours perdantes en amour. L'une, tirée d'un chansonnier composée vers 1740 et appartenant au Maréchal de Castries, est sans doute mère de l'autre, plus populaire.

Cette dernière version commence ainsi :

Au fond d'un bourg il y a
Une jolie couturière

Qui voudrait se marier
Personne ne la demande,

Un garçon épicier
En fit faire la demande.

Elle conclut trivialement :

Et au milieu du lit
Le rossignol y chante

Et en-dessous du lit
La rivière est coulante

A quoi servit cette eau ?
Pour arroser les plantes

Les plantes du jardin
Et la chicorée blanche.

La version du XVIIIe siècle est tout aussi leste :

Au beau milieu du lit
La belle se présente

Et au chevet du lit
Le rossignol y chante

Quand il eut bien chanté
La belle en fut contente

Il s'envola trop tôt
Et trompa son attente.

L'amour était pourtant promis comme une somptueuse fête, dans les couplets précédents :

Fâchés ou non fâchés
Ils coucheront ensemble

> Dans un beau lit carré
> Tout couvert de lavande
>
> Aux quatre coins du lit
> Quatre pommes d'orange...

Dans la version populaire, les paroles sont presques identiques :

> Dans un beau lit carré
> Couvert de roses blanches
>
> Aux quatre coins du lit
> Deux jolies pommes d'orange.

La chanson, telle que nous la chantons, est, selon toute apparence, une réfection du texte du XVIIIe siècle, qui répond à un souci de poétiser, voire d'édulcorer, la chanson initiale : là où s'offrait le corps de la belle, « les chevaux du roi viennent y boire ensemble » ; l'évocation du rossignol coquin est remplacée par l'image, plus conventionnelle, de roses et de fruits. Le début même de la chanson n'a plus le mordant du texte du XVIIIe siècle, qui commençait par une satire discrète des hommes de loi... si benêts qu'ils ne remarquent même pas les jolies filles :

> Dans la cour du Palais
> Il y a une marchande
>
> Les procureurs y vont
> Les avocats par bande
>
> N'y a qu'un petit cordonnier
> Qui en a fait la demande...

Le premier couplet de cette version éclaire le début de la chanson telle que nous la chantons aujourd'hui : « Aux marches du palais... » Ce palais, à l'origine, n'est pas un château, mais le Palais de Justice de Paris, qui s'appela longtemps « palais marchand », sa cour et ses alentours abritant tout un petit commerce de boutiques.

Transcription erronée d'une version dont les premiers mots auraient été « Au marché du Palais », ou contamination du premier vers par le mot « marchande » peuvent expliquer qu'on en soit arrivé aux « marches du palais ».

Quoi qu'il en soit, l'évolution de ce vers correspond bien à la tendance déjà évoquée de poétiser la chanson, en éliminant tous les éléments par trop populaires.

Arlequin tient sa boutique

Arlequin tient sa boutique
Sur les marches du palais.
Il enseigne la musique
A tous ses petits valets.

Ah, monsieur Po !
Ah, monsieur Li !
Ah, monsieur Chi !
Ah, monsieur Polichinelle !

Il vend des bouts de réglisse
Meilleurs que votre bâton,
Des bonshommes en pain d'épices
Moins bavards que vous, dit-on.

Il a des pralines grosses
Bien plus grosses que le poing,
Plus grosses que les deux bosses
Qui sont dans votre pourpoint.

Il a de belles oranges
Pour les bons petits enfants
Et de si beaux portraits d'anges
Qu'on dirait qu'ils sont vivants.

Il ne bat jamais sa femme
Ce n'est pas comme chez vous.
Comme vous il n'a pas l'âme
Aussi dure que cailloux.

Vous faites le diable à quatre
Pour calmer votre courroux.
Le diable viendra vous battre.
Le diable est plus fort que vous.

Les paroles de cette chanson figurent dans le recueil des *Rondes et Chansons enfantines* de Du Mersan (1846). Elles se chantent sur un air de contredanse ★, noté au XVIIIe siècle, dans la *Clé du caveau*, comme timbre ★ d'une chanson ayant pour titre *Ma commère quand je danse*.

Sur ce même air se chante un noël béarnais :

Entendez-vous sur nos têtes
Les aubades qui sans fin
Chantent au son des trompettes
Un beau Noël ce matin...

La chanson met en scène deux personnages traditionnels de la commedia dell'arte : Polichinelle, bossu et grognon, affligé de tous les défauts, sert de repoussoir au tendre Arlequin, généreux dispensateur de friandises.

La commedia dell'arte fut introduite en France par les acteurs italiens, qui sillonnèrent l'Europe dès le XVIᵉ siècle.

Au milieu du XVIIᵉ siècle, une compagnie donne régulièrement des spectacles au Palais-Royal, en alternance avec la troupe de Molière. Dans le répertoire italien, les emplois étaient distribués de la façon suivante : deux vieillards, un capitan, deux couples de jeunes amoureux, une soubrette et deux valets, au moins. Arlequin est l'un d'entre eux. Voici le portrait qu'en faisait l'écrivain Marmontel (1723-1799) : « ... mélange d'ignorance, de naïveté, d'esprit, de bêtise et de grâce ; c'est une espèce d'homme ébauché, un grand enfant qui a des lueurs de raison et d'intelligence, et dont les méprises ou les maladresses ont quelque chose de piquant. » A l'époque où Marmontel écrit ces lignes, Arlequin est devenu un personnage populaire du répertoire dramatique en France. Le XVIIIᵉ siècle, en effet, a applaudi *Arlequin au sabot, Arlequin misanthrope, Arlequin sultane favorite, Arlequin et Pantalon sans femmes, Arlequin astrologue, Arlequin empereur dans la lune,* etc. En 1721, Marivaux avait fait de cette silhouette un personnage, dans *Arlequin poli par l'amour.*

Cet engouement se traduit par l'apparition, en 1746, de jouets nouveaux, les pantins : « Dans le courant de l'année, on a imaginé à Paris des joujoux qu'on appelle des pantins, pour d'abord faire jouer les enfants, et qui ont servi ensuite à amuser tout le public. Ce sont de petites figures faites de carton, dont les membres sont séparés, et attachés par des fils pour pouvoir jouer et remuer... représentant un Arlequin, Scaramouche, mitron... » (*Journal* de Barbier).

Ce jouet articulé, aux mouvements saccadés, reproduit parfaitement les mouvements dansants du personnage. Les acteurs de la commedia dell'arte alliaient en effet à l'art dramatique celui de la danse et de la musique.

Sous le Second Empire, la mode se développe, sur les grands boulevards, des théâtres de marionnettes, et la chanson continue de faire la joie des enfants.

Plus tard, dans une version notée en 1886 dans les *Nouvelles Chansons et Rondes enfantines* de Weckerlin, Arlequin devient un personnage cocasse : un père, pauvre ou avare, qui marie sa fille de façon pitoyable.

Arlequin marie sa fille
La petite Pétronille
Il la marie à Pierrot.

Il lui donne en mariage
Du pain sec et du fromage
Et du sel plein son sabot.

Boiteux était le notaire
Borgne était Monsieur le Maire
Et l'adjoint était manchot.

A ce joyeux hyménée
Assistait une nichée
De serins et de pierrots.

Mais ce bonhomme dérisoire n'est guère passé à la postérité. On continue de lui préférer l'Arlequin léger de la chanson originale.

Compère Guilleri
et
A la Volette

Il était un p'tit homme
Tout habillé de gris
    Carabi.
Il s'en fut à la chasse
A la chasse aux perdrix
    Carabi
     Toto carabo
     Marchand d' carabas
     Compère Guilleri
Te lairas-tu, te lairas-tu
Te lairas-tu mouri.

Il monta sur un arbre
Pour voir ses chiens couri.
La branche vint à rompre
Et Carabi tombit.

Il se cassa la jambe
Et le bras se démit.
Les dames de l'Hôpital
Sont arrivées au bruit.

L'une apporte un emplâtre
L'autre de la charpie.
La plus vieille le gronde
La jeune lui sourit.

On lui banda la jambe
Et le bras lui remit.
Pour remercier ces dames
Guilleri les embrassit.

    La tradition veut que le héros de la chanson soit le fameux brigand Philippe Guillery. Originaire du Bas-Poitou, il revint en 1601 dans son pays natal, après avoir glorieusement servi le roi Henri IV, et s'établit chef de bande dans la forêt des Essarts, où se dresse encore son château. Secondé par ses deux frères, Mathurin et Guillaume, et par 500 audacieux bandits, il semait la terreur dans toute la région. En 1608, pour venir à bout de cette troupe redoutable, Henri IV dut envoyer une véritable armée. Mathurin fut tué ; Philippe, fait prisonnier, subit le supplice de la roue ; Guillaume, qui avait réussi à s'enfuir, fut pris et pendu l'année suivante.

Mais la tradition peut se tromper, et il est aujourd'hui établi que la chanson existait bel et bien dès 1574, avant même la naissance de notre brigand. Il y est fait allusion dans une plaquette anonyme publiée à cette date et intitulée : *Le vrai pourtraict des Huguenots.* « Comme Guallery », y est-il dit, « ils se romperont la jambe, sy mieulx n'aiment loyal ». Ce n'est donc pas dans l'histoire, mais dans la légende qu'il faut chercher l'origine de Guillery/Gallery. Or celle-ci nous fournit une piste intéressante. Une chanson, que psalmodient sur un air lent et mélancolique les jeunes Poitevines, évoque ainsi *La Chasse Gallery :*

Gallery, torne, torne	Gallery, tourne, tourne
Emporté pre son sort	Emporté par son destin
Aqueni, triste et morne	Épuisé, triste et morne
Gle demonde la mort	Il demande la mort
Ontondez-ve la sarabande ?	Entendez-vous la sarabande ?
O l'est la Chasse-Gallery.	C'est la Chasse-Gallery.

Gallery, gentilhomme puissant et sans pitié, passait son temps à chasser, au mépris des récoltes des pauvres paysans, sans respect pour le Jour du Seigneur. Alors qu'il poursuivait un cerf au lieu de se rendre à la messe dominicale, l'animal trouva refuge auprès d'un pieux ermite. Gallery provoqua le saint homme, qui lui répondit : « Va, Gallery, va, et poursuis le cerf. Dieu, que tu as offensé, te condamne à chasser éternellement du coucher du soleil à son lever. » Ainsi voué à une chasse sans fin, suivi d'une troupe infernale, le gentilhomme menace le voyageur attardé qu'il saisit et contraint à chevaucher le cheval Malet. Ce cheval, métamorphosé en horrible loup-garou, conduit aux Enfers le malheureux voyageur, dont on retrouve à l'aube le cadavre mutilé, auquel personne n'ose toucher et qu'on laisse en pâture aux loups. « C'est la Chasse-Gallery qui passe », disent encore les paysans lorsqu'ils entendent dans la nuit des bruits effrayants.

De cette sombre légende, ne se retrouvent dans la chanson que deux éléments : la chasse et la jambe rompue.

Dans ses *Chansons et Rondes enfantines* (1845), Du Mersan imagine le dialogue suivant entre une mère et sa fille :

ÉMILIE : — Maman, qu'est-ce que c'était que le compère Guillery ? a-t-il existé ? a-t-il été à la chasse aux perdrix ?

Après avoir parlé à l'enfant des trois brigands du Poitou, Madame du Plancy lui donne l'explication suivante :

— La chanson n'a sûrement pas été faite sur ces Guilleris-là. Le compère Guillery était probablement un chasseur, à qui on a donné ce nom qui annonce la gaieté. On appelle Guillery le chant d'un moineau qui est fort réjouissant.

ÉMILIE : — Mais que signifie Carabi, Carabo, Carabas ?

Mme DE PLANCY : — Pas autre chose que ron, ron, ron, et patapon. C'est un refrain assez gai. On appelle quelquefois un petit chien, Carabi, et dans le conte du Chat botté, tu dois te souvenir du marquis de Carabas. Il y a des noms qui font rire, parce qu'ils semblent drôles, et qui deviennent populaires.

En effet, des mots comme Carabi, Carabos ou Guillery ont certainement contribué au succès de la chanson. Un « carabo » désigne, en espagnol, une espèce de chien de chasse et, outre le nom propre, un « guillery » est une longue gaule qui sert d'appât aux oiseaux et les trompe ; d'où le proverbe : « Tel croit guiller Guillot que Guillot guille », c'est-à-dire « A malin, malin et demi. » C'est aussi ce qui sert d'appât aux dames et qu'évoque plaisamment une chanson du célèbre acteur chansonnier Gaultier-Garguille, qui est datée de 1631 :

> Je perdis au soir icy
> Le plus joly guillery
> Je le mis dans une cage
> Qui avait le cul percé
> Obligez moy de le rendre
> Mesdames, si vous l'avez.

L'air de « Toto Carabo » est ancien. On en trouve le timbre dans une chanson du Théâtre de la Foire dès 1721 et il a été utilisé par Nicolo en 1810 dans son opéra-comique *Cendrillon*.

Compère Guillery a servi de canevas pour une chanson satirique composée contre Napoléon :

> Il était un p'tit homme
> Qu'on appelait le Grand
> En partant ;
> Mais vous allez voir comme
> Il est resté petit
> Dans Paris
>
> *Refrain*
> Gai, gai, mes amis
> Chantons le renom
> Du grand Napoléon !
> C'est le héros (*ter*)
> Des petites maisons (*l'asile des fous*)
>
> Courant à perdre haleine
> Il crut prendre à Moscou
> Le Pérou
> Mais ce grand capitaine
> N'y trouva, ventre bleu
> Que du feu

Une autre chanson présente d'étranges ressemblances avec *Compère Guillery,* c'est la ronde enfantine *A la Volette :*

> Mon petit oiseau }
> A pris sa volée }   (*bis*)
> A pris sa }
> A la volette }   (*bis*)
> A pris sa volée
>
> Il s'est appuyé }
> Sur un oranger }   (*bis*)
> Sur un o }
> A la volette }   (*bis*)
> Sur un oranger
>
> La branche a cassé
> L'oiseau t'a tombé
>
> Il s'est cassé l'aile
> Et tordu le pied
>
> Mon petit oiseau
> Veux-tu te soigner ?
>
> Je veux me soigner
> Et me marier.

Mais il est difficile de dire quelle chanson a précédé l'autre, puisque dès 1575, on trouve les paroles suivantes :

Au jardin de mon père
Un oiseau y a
Qui de jour en jour
Il s'en volera
Ce que mon cœur pense
Je ne le dis pas

Il a pris sa volée
Au vert bois s'en va

Sur une branche sèche
L'oiseau s'assisa

La branche ne fut pas forte
L'oyseau y tomba

La terre fut bien dure
L'oiseau se blessa

La douce alouette
Quy le réconforta

Ainsi font les amourettes
Vray dieu quy les a

Je ne le dis point pour moy
Les miennes ny sont pas

Je le dis pour un autre
Quy vist loings d'icy

Il est en la belle demeure
Ou entour de là.

Et l'air exact de *A la volette* apparaît dans un noël en 1672 :

> Voici la nouvelle
> Que Jésus est né ;
> Que d'une pucelle,
> Il nous est,
> Tourlourirette,
> Il nous est
> Tourlourirette,
> Il nous est donné.

Au cinquième couplet, du reste, on chante :

> Offrons en hommage
> Devant le berceau
> A ce Dieu si sage
> Un petit oiseau.

(Noëls ou Cantiques Nouveaux)

Dans une messe, Lesueur (1760-1837) reprend cette mélodie qu'il commente ainsi : « Air antique de l'Orient devenu ancien noël de l'Église gallicane. »

Nos deux chansons ont dont chacune son histoire, et semblent avoir eu un destin parallèle. Malgré des analogies troublantes, on ne peut parler de filiation.

Nous n'irons plus au bois

Nous n'irons plus au bois
Les lauriers sont coupés.
La belle que voilà
Les a tous ramassés.

Refrain

Entrez dans la danse
Voyez comme on danse.
Sautez, dansez,
Embrassez qui vous voudrez.

La Belle que voilà
La laisserons-nous danser ?
Et les lauriers du bois
Les laisserons-nous faner ?

Non, chacun à son tour
Ira les ramasser.
Si la cigale y dort
Ne faut pas la blesser :

Le chant du rossignol
Viendra la réveiller,
Et aussi la fauvette
Avec son doux gosier,

Et Jeanne la bergère,
Avec son blanc panier,
Allant cueillir la fraise
Et la fleur d'églantier.

Cigale, ma cigale,
Allons, il faut chanter,
Car les lauriers du bois
Sont déjà repoussés.

Une chanson du *Premier livre des chansons en forme de vau de ville** publié en 1578 par Le Roy et Ballard a pour refrain : « Las ! je n'irai plus jouer au bois. »

> Las ! je n'irai plus jouer au bois.
> Hier au matin m'y levai
> En notre jardin entrai.
> Las ! je n'irai plus jouer au bois.
>
> En notre jardin entrai.
> Trois fleurs d'amour j'y trouvai
> Las ! je n'irai plus jouer au bois.
>
> Trois fleurs d'amour j'y trouvai.
> Une en pris, deux en laissai.
> Las ! je n'irai plus jouer au bois.
>
> Une en pris, deux en laissai
> A mon ami l'enverrai.
> Las ! je n'irai plus jouer au bois.
>
> A mon ami l'enverrai,
> Qui sera joyeux et gai.
> Las ! je n'irai plus jouer au bois.

Les jeux badins dans le bois sont devenus deux siècles plus tard des danses galantes, dans les *Brunettes ou petits airs tendres,* chez Ballard en 1711 :

> Nous n'irons plus aux champs,
> Brunette
> ...
> Jusqu'au printemps
> Danser dans l'herbette,
> Hélas ! hélas ! il faut quitter ces lieux
> Où tous les jours j'adorais vos beaux yeux.

Et l'on retrouve le début de notre chanson dans des rondes enfantines, où fleurs et lauriers sont des baisers d'amour.
En Champagne, les fillettes chantaient :

> Nous n'irons plus au bois
> Les lauriers sont coupés.
> La bergère que voilà
> Oh, laissons-la passer.
>
> J'entends dire au bois joli :
> C'est l'amour qui nous mène.
> Embrassez celle qui vous plaira
> Pour soulager vos peines.

A Cambrai, les lauriers sont devenus des roses :

> Nous n'irons plus au bois
> Les roses y sont cueillies.
> La belle que je tiens
> Je la laisse échapper.

A Périgueux, la ronde illustre la quête amoureuse, d'une façon quasi précieuse : c'est au bois de Cythère que l'on va, c'est-à-dire au bois d'Amour (l'île de Cythère était une des patries de la déesse Aphrodite).

> Pour aller au bois de Cythère
> Il est plus difficile que l'on croit.
> Les chemins sont tout de travers
> Il faut traverser les grands bois.
>
> Mademoiselle qui êtes dans la ronde
> Que faites-vous au milieu de ce bois ?
> Vous en abattrez trois branches
> Ou bien vous n'en sortirez pas.

L'air sur lequel nous chantons *Nous n'irons plus au bois* a été composé sur les premières notes du *Kyrie* de la messe *De Angelis*. Sur le même air se chantait le premier vers d'un poème de Clément Marot : *Quand vous voudrez faire une amie ;* Marot y demande que cette amie soit

> Dansant, chantant par bons accords
> Et ferme de cœur et de corps.

Les notes du *Kyrie* servirent aussi à chanter des sujets moins édifiants ; une ronde du XVIIIe siècle commence, sur le même air :

> Entre Paris et Saint-Denis
> Il y a une danse
> Où toutes les femmes du pays
> Sont alentour qui dansent.

La suite est gaillarde : un passant, trop court vêtu d'une seule chemise, attire leurs regards. L'une des dames emmène fort obligeamment le monsieur frigorifié pour le réchauffer dans son lit. La chanson est bien sûr l'ancêtre du *Grenadier des Flandres,* fleuron du répertoire paillard :

C'était un grenadier }
Qui revenait de Flandres } *(bis)*
L'était si court vêtu
Qu'on lui voyait le membre
Tambours, battez la générale
Tambours, battez toujours
La nuit comme le jour.
La générale bat, ne l'entendez-vous pas.

Une dame de charité }
L'emmena dans sa chambre } *(bis)*
Alluma un fagot
Pour lui chauffer le membre
Tambours, battez la générale

Sur un air inspiré lui aussi des notes du *Kyrie,* une anthologie française de 1760 contient un *Portrait des Diables,* qui sent le soufre et l'obscénité :

Ils ont la peau d'un rôt qui brûle
Le front cornu
Le nez fait comme une virgule
Le pied fourchu
Le fuseau dont filait Hercule
Noir et tortu
Et pour comble de ridicule
La queue au cul.

Derrière chez moi
savez-vous quoi qu'y a ?

Le *Sixiesme Livre de Chansons* de Le Roy et Ballard, daté de 1556, nous présente une version à plusieurs voix de cette chanson, mise en musique par Moullu, élève de Josquin des Prés. Elle commence ainsi :

> Au bois, au bois, madame ⎱ *(bis)*
> Au joly bois m'en vois. ⎰
> En celuy bois, madame,
> Sçavez-vous qu'il y a ?
> Un nid, un nid, madame
> Un nid d'oiseau y a.
> En celuy nid, madame
> Sçavez-vous qu'il y a ?
> Trois vifs, trois vifs, madame
> Trois vifs oiseaux y a...

On la chantait en formant une ronde dansée en branle* double : un grand pas à gauche, on ramène le pied droit, un petit pas à droite, on ramène le pied gauche. Tout bal populaire digne de ce nom était ouvert par cette danse (décrite en 1589 dans *L'Orchésographie* de Jean Tabouret) à laquelle tout le monde pouvait prendre part.

Le *Manuscrit de Lucques,* composé à Malines pour le compte de la famille Balbani et terminé en 1575, nous offre une version très proche, preuve que cette carole* était dès lors très largement connue et répandue :

> Entre Paris et Rouen
> Vous ne sçaves pas qu'il y a ?
> Il y a un by, un bisonet (*buissonnet*) madame
> Il y a un by, un bisonet il y a.
>
> Et dedans ce bisonet
> Vous ne sçaves pas qu'il y a ?
> Il y a un oy, un oiselet, madame
> Il y a un oy, un oiselet il y a.
> ...
> Il y a un cœur, un petit cœur, madame.
>
> Il y a un laz, un laz (*lacet*) d'amour, madame.
>
> Il y a un doux, un doux baiser, madame
>
> Il y a un a, un accolez (*billet*), madame
>
> Il y a adieu, adieu vous dis, madame
> Il y a adieu, un doux regret il y a.

Des paroles plus récentes évoquent parfois joliment le « Jeu du Bois d'Amour » :

> Tout là-haut, là-bas
> Savez-vous ce qu'il y a ?
> Il y a t'un bois
> Un petit bois d'amour, Mesdames
> Il y a t'un bois
> Un petit bois d'amour il y a.
>
> Dans ce petit bois,
> Savez-vous ce qu'il y a ?
> Il y a un p'tit arbre
> Un p'tit arbre d'amour, Mesdames
> Il y a un p'tit arbre
> Un p'tit arbre d'amour il y a.

Dans l'arbre, une branche, un nid, un oiseau, une plume, un écrit.

> Et sur cet écrit
> Savez-vous ce qu'il y a ?
> Votre serviteur,
> Votre serviteur, Mesdames,
> Votre serviteur,
> Je le suis de tout mon cœur.

Voici la chanson, telle qu'elle nous revient aujourd'hui du Canada :

> Derrière chez moi
> Savez-vous quoi qu'y a ? } (*bis*)
> Il y a un arbre,
> Le plus joli des arbres

> *Refrain*
> Petit bois derrière chez moi
> Et lon lon la lon lère
> Et lon lon la lon la
> Et lon lon la lon lère
> Et lon lon la

> Et dans cet arbre
> Savez-vous quoi qu'y a ? } (*bis*)
> Il y a une branche,
> La plus jolie des branches

(dans la branche, un nid, un oiseau, une plume, une lettre)

> Et dans cette lettre
> Savez-vous quoi qu'y a ?
> Il y a un mot,
> Un mot d'amour il y a
>
> Petit bois derrière chez moi...

La permanence, depuis le XVIe siècle, de la structure des strophes, du dessin général de la chanson et des éléments qui la composent est ici tout à fait remarquable.

Le coucou chantait

Le Peureux, autre titre du *Coucou,* a été recueilli dans diverses régions de France au milieu du siècle dernier, ce qui atteste son origine populaire et sans doute ancienne. Les couplets en sont nombreux. Voici les plus connus :

> En passant dans un p'tit bois
> Où le coucou chantait (*bis*)
> Dans son joli chant disait :
> « Coucou, coucou, coucou, coucou »
> Et moi je croyais qu'il disait :
> « Coupe-lui le cou, coupe-lui le cou ».

> *Refrain*
> Et moi de m'en cour, cour, cour } (*bis*)
> Et moi de m'en courir.

> En passant près d'un étang
> Où les canards chantaient (*bis*)
> Dans leur joli chant disaient :
> « Cancan, cancan, cancan, cancan »
> Et moi je croyais qu'ils disaient :
> « Jette-le dedans, jette-le dedans ».

Le refrain est parfois :

> Et moi je m'en-enfui-i-fui
> Et moi je m'enfuyais.

Une chanson du XVIe siècle, dont le thème est assez différent, a pu en inspirer le rythme et les sonorités :

> Je me levay par ung matin
> Un rossignol chanter ouy
> Et qui disoit et qui disoit (*bis*)
> Fy fy fy fy fy fy
> Dor et dargent qui nen a joye

> Elas je me prins a demander
> Et si cestoit ung oyselet
> Esse ung oyseau, esse ung oyseau (*bis*)
> Madame my respond qu'ouy

Esse ung oyseau, esse ung oyseau
Ung oyseau, ung oyseau
Madame my respond qu'ouy
Sur le pont au change men allay (*bis*)
Ung oyselet jy achepte
Et qui disoit Et qui disoit
Vy vy vy vy vy vy
Et viz toujiours en esperance

Et qui disoit Et qui disoit
Prens prens prens prens prens prens
Et prens toujiours en patience
Et jusques au Louvre men allay (*bis*)
Troys jeunes dames rencontray
Et qui disoient et qui disoient (*bis*)
Fy fy fy fy fy fy
Et fy damours qui nen a joye

Cette chanson est extraite du recueil *Sensuyt plusieurs belles chansons nouvelles et fort joyeuses* ; « on les vend à Paris en la rue neuve nostre Dame à l'enseigne de l'escu de France par Alain Lotriant. 1543 ».

J'ai vu le loup, le renard, la belette

> J'ai vu le loup, le renard, la belette,
> J'ai vu le loup, le renard danser.
> Je les ai vus taper du pied
> J'ai vu le loup, le renard, la belette,
> Je les ai vus taper du pied
> J'ai vu le loup, le renard danser

C'est une chanson mimée. Les enfants forment une ronde et tournent en chantant. Ils accompagnent le vers « je les ai vus frapper du pied » de claquements de pieds sur le sol. Ils peuvent, suivant leur fantaisie, imaginer et mimer différents gestes. On trouve en Bourgogne une version particulièrement plaisante de cette ronde :

> J'ai vu le loup, le renard, le lièvre,
> J'ai vu le loup, le renard cheuler (*boire, trinquer*)
> C'est moi qui les ai rebeuillés (*épiés*)

Dans d'autres versions, le lièvre ou la belette sont remplacés par l'alouette :

> J'entends le loup, le renard, l'alouette,
> J'entends le loup, le renard chanter

Ces deux vers constituent aussi le refrain d'une chanson populaire du pays de Caux, *Le Vieux Mari :*

> Mon père veut me marier
> J'entends le loup, le renard chanter
> Mon père veut me marier
> A un vieillard il m'a donnée
>
> *Refrain*
> J'entends le loup, le renard, la belette
> J'entends le loup, le renard chanter
>
> A un vieillard il m'a donnée
> J'entends le loup, le renard chanter
> A un vieillard il m'a donnée
> Qui n'entend point le jeu d'aimer

40

Qui n'entend point le jeu d'aimer...

S'il me bat je m'en irai

Je m'en irai au bois jouer

Je m'en irai au jeu d'aimer

Avec des gentils écoliers

Les deux vers « S'il me bat je m'en irai / Je m'en irai au bois jouer » se trouvent déjà dans une chanson de maumariée * de *La Fleur des chansons amoureuses* de Launay (1600).

Quelques années auparavant, on retrouve le chant de l'alouette, qui accompagne une autre maumariée, publiée par Pierre Attaignant dans son VIIe recueil, en 1530.

Il est jour, dit l'alouette
Sur bout, sur bout.
Allons jouer sur l'herbette
Mon père m'a mariée
A un vieillard jaloux
Le plus laid de cette ville
Le plus mal gratioux *(gracieux)*
Qui ne sait, qui ne veut, qui ne veut
Faire la chosette
Voire dà, voire dà, voire dà
Qui est si doucette.

La ronde *J'ai vu le loup, le renard, la belette* comme le refrain de la version cauchoise de la maumariée se chantent sur l'air du *Dies irae,* qui fait partie de la liturgie de la Messe des Morts.

Sur ce même air, se chantait une autre chanson de maumariée, qui figure dans le recueil Paris-Gevaert de chansons du XVe siècle :

Vray Dieu qu'amoureux ont de peine
Je scay bien a quoi m'en tenir
Au cueur me vient ung souvenir
De la belle que mon cueur ayme

Ah ! tu sortiras, Biquette, Biquette

Biquette ne veut pas sortir du chou !

Refrain
Ah ! tu sortiras, Biquette, Biquette,
Ah ! tu sortiras de ce chou-là !

On envoie chercher le chien
Afin de mordre Biquette.
Le chien ne veut pas mordre Biquette
Biquette ne veut pas sortir du chou

Puis, successivement, on envoie chercher le loup, afin de manger le chien ; le bâton, afin d'assommer le loup ; le feu, afin de brûler le bâton : l'eau, afin d'éteindre le feu ; le veau, pour lui faire boire l'eau ; le boucher, afin de tuer le veau ; le juge, pour juger le boucher.

Sans résultat. Chaque personnage refuse d'obéir. Et chaque couplet s'enrichit d'une ligne pour récapituler tous ces refus, jusqu'à l'avant-dernier couplet :

On envoie chercher le juge
Afin de juger le boucher.
Le juge ne veut pas juger le boucher
Le boucher ne veut pas tuer le veau
Le veau ne veut pas boire l'eau
L'eau ne veut pas éteindre le feu
Le feu ne veut pas brûler le bâton
Le bâton ne veut pas frapper le loup
Le loup ne veut pas manger le chien
Le chien ne veut pas mordre Biquette
Biquette ne veut pas sortir du chou.

Tout change au dernier couplet :

On envoie chercher la mort
Pour qu'elle emporte le juge.
La mort veut bien emporter le juge

Le juge veut bien juger le boucher
Le boucher veut bien tuer le veau
Le veau veut bien boire l'eau
L'eau veut bien éteindre le feu
Le feu veut bien brûler le bâton
Le bâton veut bien assommer le loup
Le loup veut bien manger le chien
Le chien veut bien mordre Biquette
Biquette veut bien sortir du chou.

Après ce dernier couplet, le refrain se modifie parfois en :

Ah ! tu es sortie, Biquette, Biquette,
Ah ! tu es sortie de ce chou-là !

La chanson en forme de randonnée *, basée sur la désobéissance successive de tous les personnages, se retrouve
dans tous les folklores : en Lorraine, le loup ne veut pas
sortir du bois ; en Hollande, le petit cochon refuse d'avancer.
C'est parfois un garçonnet qui fait la forte tête : en Hollande
encore, Tennisje ne consent à aller à l'école que si on le
porte ; Joggelé est un petit Alsacien qui refuse de cueillir les
poires du verger ; en France, le jeune Bricou ne veut pas
garder les choux.

Des personnages ou des objets appelés successivement à la
rescousse, aucun n'accepte de punir la désobéissance du
précédent. Tout s'inverse brutalement lorsque la Mort,
ultime puissance invoquée, veut bien s'emparer du dernier
personnage. La Mort n'est pas toujours là en personne : le
diable souvent, la potence parfois, sont les détenteurs de sa
puissance suprême. Dans une version de la fin du siècle
dernier, la seule apparition de l'huissier suffit à réduire
chacun à l'obéissance.

Une comptine de la région de Cambrai, *La Mouche,* traite
sur le mode burlesque un récit à récapitulation dans lequel
chacun, à tour de rôle, s'emploie à bousculer effrontément
son voisin :

Il sortait un rat, de sa raterie,
Qui fit rentrer la mouche dans sa moucherie.
Rat à mouche,
Belle belle mouche,
Jamais je n'ai vu si belle mouche.

Il sortit un chat, de sa chatterie,
Qui fit rentrer le rat dans sa raterie
Chat à rat,
Rat à mouche,
Belle, belle mouche,
Jamais je n'ai vu si belle mouche.

Il sortit un chien de sa chiennerie...
Il sortit un loup de sa louperie...
Il sortit un ours de son ourserie...
Il sortit un lion de sa lionnerie...
Il sortit un homme de son hommerie...
Il sortit une femme de sa femmerie...
Il sortit un abbé de son abberie...
Il sortit un pape de sa paperie...
Il sortit un diable de sa diablerie...

La source de ces chansons est peut-être un chant de la tradition juive. Dans le rituel de la semaine de Pessah — la Pâque — il clôt la célébration du premier soir :

Refrain
Un chevreau, un chevreau,
Pour deux sous mon père l'acheta,
Un agneau, un agneau.

Le chat mange l'agneau.
Le chien déchire le chat.
Le bâton frappe le chien.
Le feu brûle le bâton.
L'eau éteint le feu.
Le bœuf boit l'eau.
Le boucher égorge le bœuf.
L'ange de la Mort tue le boucher,
Mais Dieu frappe l'ange de la Mort.

Il s'est longtemps chanté en araméen, ce qui le fait peut-être remonter à l'époque de l'exil à Babylone, qui suivit la destruction du premier Temple de Jérusalem au VIe siècle avant Jésus-Christ. L'agneau symbolise le peuple juif persécuté, dont Dieu châtiera un jour les oppresseurs. Seul parmi toutes ces chansons à récapitulation, ce chant est porteur d'espoir : Dieu anéantit la puissance terrorisante de la Mort.

La Chèvre en Parlement
ou
Il était une chèvre

Les plus anciennes versions connues de cette chanson remontent au début du XVIIIe siècle. *La chèvre entendue* parut en 1701 dans les *Chansons gaillardes et sérieuses* publiées par Nicolas Parmentier à Middlebourg :

> Il était une chèvre (*bis*)
> Qui avoit de l'entendement,
>> Mon enfant,
> Qui avoit de l'entendement.
>
> Je l'ai envoyé paître (*bis*)
> Au jardin Jean grand Jean
>> Mon enfant
> Au jardin Jean grand Jean
>
> Elle a gâté un arbre
> Qui valoit cinq cents francs
>
> Elle y fut assignée
> Par quatre-vingts sergents
>
> Menée à la Justice,
> Tout devant le Lieutenant
>
> Elle fichit ses deux cornes,
> Dans le cul du Lieutenant
>
> Le Baillif prit la fuite
> Peur d'en avoir autant
>
> Hélas quelle méchante bête,
> Qui fait peur à ses gens.

Le Docteur Chrysostomus Mat(h)anasius, alias Saint-Hyacinthe, de son vrai nom Hyacinthe Cordonnier, auteur d'un vaste journal littéraire intitulé *Continuation des mémoires de littérature et d'histoire* a commenté ainsi la version de *La*

Chèvre en Parlement qu'il nous propose en 1728 : « Chanson française propre à danser en rond ». Il ne pourrait, dit-il, « au juste fixer l'époque de la chanson. Je gagerais sur le style quelle ne passe pas cent ans. Je prétends que la chanson ayant frappé tout le monde lorsqu'elle parut, le peuple et le Pont-Neuf l'habillèrent à leur manière ». Le Pont-Neuf était alors le lieu d'où s'envolaient vers toute la France les feuilles imprimées des tous derniers refrains à la mode. Voici les paroles qu'on chantait cette année-là :

> Il était une chèvre qui avoit de l'entendement
> Lautran
> Qui avoit de l'entendement
> Elle s'en alla paître au jardin d'un Normand
> Lantire lire lire lire lautran
>
> Le Normand l'aperçut et n'en fut pas content
> Il assigne la chèvre devant le Parlement
> La chèvre fut finette et vat au Parlement
> Elle a troussé la queue, s'assit dessus un banc
> Elle a fourré ses cornes au cul du Président
> Fait un boisseau de crottes pour messieurs les sergents
> Puis trois sauts dans la rue, voilà mes gens contents
> Ainsi finit la chèvre qui avoit de l'entendement

On sera sans doute surpris d'apprendre que les procès d'animaux ne furent pas rares autrefois. Orain raconte par exemple, dans ses *Chansons de Haute-Bretagne,* que dans un faubourg de Rennes « est un petit pré qui porte encore le nom de : champ du gibet à la trée ». Il s'appelle ainsi parce qu'il y a plusieurs siècles une truie qui avait mangé un enfant fut conduite devant les juges, condamnée à être pendue et exécutée dans ce champ ! Les procès de ce genre ne se produisirent pas seulement au Moyen-Âge. En plein XVIIIe siècle, en 1741, une vache fut condamnée à mort. On peut penser que notre chanson fut composée à l'occasion d'une accusation portée contre une chèvre. Mais l'esprit critique commence alors à être plus vif, et le Parlement, c'est-à-dire le Tribunal, est tourné en ridicule.

Satire malicieuse des gens d'armes et de justice, la chanson avait un caractère comique qui la rendait propre aux nombreuses variantes. Aux XIXe et XXe siècles, elle figure dans la plupart des recueils folkloriques. La bique, à l'occasion, se transforme en vache.

La version suivante est sans doute la plus répandue aujourd'hui. Passée par la censure des florilèges destinés aux éclaireurs et autres scouts, elle a perdu tout caractère irrévérencieux :

> Il était une chèvre de fort tempérament
> Qui revenait d'Espagne et parlait l'allemand
>
> *Refrain :*
> Ballottant d' la queue } *(bis)*
> Et grignotant des dents }
>
> Elle revenait d'Espagne et parlait l'allemand
> Elle entra par hasard dans le champ d'un Normand
> Ballottant...
>
> Elle y vola un chou qui valait bien trois francs
> Et la queue d'un poireau qu'en valait bien autant
> Le Normand l'assigna devant le Parlement
> La chèvre comparut et s'assit sur un ban
> Puis elle ouvrit le Code et regarda dedans
> Elle vit que son affaire allait fort tristement
> Lors elle ouvrit la porte et prit la clef des champs.

Compère qu'as-tu vu ?

Dans le *Formulaire fort récréatif de tous contracts, donations, testamens...* « fait par Bredin le Cocu, Notaire rural et Contreroleur des Basses-Marches au Royaume d'Utopie », rédigé, en réalité, par Benoist Troncy, contrôleur des domaines du Roi et secrétaire de la ville de Lyon en 1594, sous l'anagramme « Bonté n'y croist », les propriétaires d'un clos sont tenus, par acte notarié, « annuellement à perpétuité de venir à la porte du chasteau de la Tirelire (...) chanter à haulte voix et pleine ceste chanson cy transcrite de mot à mot » :

Qui veut ouy una chanson,	Qui veut ouïr une chanson,
Qu'est touta de mensonge,	Qu'est toute de mensonge,
S'il y a un mot de vereta,	S'il y a un mot de vérité,
Je voglio qu'on me tonde :	Je veux qu'on me tonde :
La felon melon du lon	
La felon melonge	
S'il y a un mot de vereta	
Je voglio qu'on me tonde	
Nostra chatta a faict dos chins	Notre chatte a fait deux chiens
Ley dessou una ronse	Dessous une ronce
La felon...	
Nostron asne en tuyt cinq	Notre âne en tua cinq
Et en ensevelyt onze,	Et en ensevelit onze.
Je lo porti au marchia	Je les portai au marché
Je lo vendi tous treze.	Je les vendis tous treize.
Je trouvy un poumy doux	Je trouvai un pommier doux
Tout chargia de griottes.	Tout chargé de griottes.
Jetty mon bourdon dessus	Je jetai mon bâton dessus
Je fy chey de les peyres...	Je fis tomber des poires...

Cette chanson, le propriétaire du clos pouvait, dans certains cas la « faire chanter et dire par sa femme si aucune en a, ou par le plus proche parent qui lui pourrait succéder ab intesta ».

Intitulée aussi *Les Mensonges* ou *Les Menteries,* notre chanson relève d'un genre ancien appelé autrefois « coq à l'âne ». Dans le *Parnasse des Muses ou chansons à danser* qui date de 1603, nous trouvons ce couplet, qui devait être suivi de nombreux autres, inventés au fur et à mesure, au gré de l'imagination du chanteur :

> Je m'en allai à Bagnolet
> Où je trouvai un grand mulet
>   Qui plantait des carottes
> Ma Madeleine, je t'aime tant
>   Que quasi je radote
> Je m'en allai un peu plus loin
> Trouvai une botte de foin
>   Qui dansait la gavotte.

Le *Nouveau Recueil de Chansons sur différents sujets composés sur des airs connus* édité à Paris chez la Veuve Valleyre en 1753 nous en offre de nombreux exemples :

> Chantons un Cocq à l'asne
> Gaillard et fort plaisant,
> Bien divertissant
> Pour passer le temps
> J'ai vu dedans Dinan
> Un éléphant prendre des souris
> Élevées par quatre perdrix
> Quatre escargots dans un panier
> Les vendoient à Madrid...

C'était un « cocq à l'asne nouveau fait à plaire, pour rire sans se fascher composé par Belhumeur, chanteur » !

La forme dialoguée de la chanson actuelle était connue dès le milieu du siècle dernier. Voici un couplet entendu en Eure-et-Loir en 1878 :

> — Compère, d'où viens-tu ?
> — Commère, de l'affût.
> — Compère, qu'as-tu vu ?
> — Commère, j'ai bien vu,
> J'ai vu un crapaud
> Qui montait en haut
> L'épée au côté.
> — Compère vous mentez.

et un des couplets que nous chantons aujourd'hui :

— Compère, qu'as-tu vu ?
— Commère, j'ai bien vu
J'ai vu un gros bœuf
Danser sur des œufs
Sans rien en casser.
— Compère, vous mentez.

Comme on peut le constater, le thème reste le même au cours des siècles : le chanteur prétend — par pure plaisanterie ou sous l'effet de la boisson — avoir vu un animal, souvent travesti en homme, accomplir des actes incongrus et grotesques. On retrouve la même cocasserie dans cette chanson enfantine, sans doute plus récente :

Sur le plancher
Une araignée
Se tricotait des bottes.
Dans un flacon
Un limaçon
Enfilait sa culotte.
J'ai vu dans le ciel
Une mouche à miel
Pincer d' la guitare.
Des rats tout confus
Sonner d' l'angélus
Au son d' la fanfare.

La Perdriole

Au premier mois d' l'année
Que donn'rai-je à ma mie?
Une perdriole,
Que va, que vient, que vole
Une perdriole
Que vole dans le vent.

Au deuxième mois d' l'année
Que donn'rai-je à ma mie?
Deux tourterelles
Une perdriole
Que va, que vient, que vole,
Une perdriole
Que vole dans le vent.

(...)

Au douzième mois d' l'année
Que donn'rai-je à ma mie?
Douze coqs chantant
Onze ortolans
Dix pigeons blancs
Neuf bœufs cornus
Huit moutons tondus
Sept chiens courants
Six lièvres aux champs
Cinq lapins courant par terre
Quat' canards volant en l'air
Trois ramiers des bois
Deux tourterelles
Une perdriole
Que va, que vient, que vole
Une perdriole
Que vole dans le vent.

La Perdriole, chantée dans de nombreuses régions de France, est très populaire au Canada. Ernest Gagnon, dans la *Chanson Populaire du Canada* (1865), la présente comme une berceuse que l'on peut indéfiniment allonger. Il est vrai qu'il commence par « Le premier *jour* de l'année », passe au deuxième, puis au troisième... « Si après cela l'enfant ne dort pas », dit-il, « il est inutile de songer aux prises de laudanum ou aux gouttes de Trésor des nourrices, rien n'y fera ». La plupart des versions, cependant, n'ont que douze couplets, correspondant aux douze mois de l'année. Ce chiffre n'est pas indifférent, car, sous son allure anodine, cette chanson nous ramène aux sources de notre patrimoine culturel.

Théodore Hersart de La Villemarqué a recueilli au siècle dernier en Bretagne une chanson qu'il intitule *Ar Rannou* (« Les Séries ») et qu'il commente de façon détaillée. Il s'agit peut-être de la pièce la plus ancienne de la poésie bretonne. Elle se présente sous la forme d'un dialogue entre un druide et un jeune enfant et serait la base d'un enseignement religieux qui résume en douze questions et douze réponses la doctrine druidique.

On sait, par les *Commentaires* de César en particulier, que les druides dispensaient un enseignement uniquement oral, sous forme de dialogue : « Disputant et juventuti tradunt », et que leurs disciples étaient nombreux : « Ad hos magnus adulescentium numerus disciplinae causa concurrit. » *De Bello Gallico*, Livre VI.

Voici le début du dialogue puis la série du nombre douze, qui récapitule toutes les précédentes.

Ann Drouiz

Daik, mab gwenn Drouiz ; ore ;
Daik, petra fel d'id-de ?
Petra ganinn-me d'id-de ?

Le Druide

Tout beau, bel enfant du Druide ; réponds-moi
Tout beau, que veux-tu que je te chante ?

Ar Bugel

Kan d'in euz a eur rann,
Ken a oufen breman...

L'enfant

Chante-moi la série du nombre un,
Jusqu'à ce que je l'apprenne aujourd'hui...

L'enfant :

« Chante-moi la série du nombre douze, jusqu'à ce que je l'apprenne aujourd'hui. »

Le druide :

« — Douze mois et douze signes ; l'avant-dernier, le Sagittaire, décoche sa flèche armée d'un dard.

Les douze signes sont en guerre. La belle Vache, la Vache Noire qui porte une étoile blanche au front sort de la Forêt des Dépouilles ;

Dans sa poitrine est le dard de la flèche ; son sang coule à flots ; elle beugle, tête levée :

La trompe sonne ; feu et tonnerre ; pluie et vent ; tonnerre et feu ; rien ; plus rien ; ni aucune série !

— Onze Prêtres armés, venant de Vannes, avec leurs épées brisées ;

Et leurs robes ensanglantées ; et des béquilles de coudrier ; de trois cents plus qu'eux onze.

— Dix vaisseaux ennemis qu'on a vus venant de Nantes : Malheur à vous ! malheur à vous ! hommes de Vannes !

— Neuf petites mains blanches sur la table de l'aire, près de la tour de Lezarmeur, et neuf mères qui gémissent beaucoup.

Neuf korrigans qui dansent avec des fleurs dans les cheveux et des robes de laine blanche, autour de la fontaine, à la clarté de la pleine lune.

La laie et ses neuf marcassins, à la porte de leur bauge, grognant et fouissant, fouissant et grognant ; petit ! petit ! petit ! accourez au pommier ! le vieux sanglier va vous faire la leçon.

— Huit vents qui soufflent ; huit feux avec le Grand Feu, allumés au mois de mai sur la montagne de la guerre.

Huit génisses blanches comme l'écume, qui paissent l'herbe de l'île profonde ; les huit génisses blanches de la dame.

— Sept soleils et sept lunes, sept planètes, y compris la *Poule.* Sept éléments avec la farine de l'air.

— Six petits enfants de cire, vivifiés par l'énergie de la lune ; si tu l'ignores, je le sais.

Six plantes médicinales dans le petit chaudron ; le petit nain mêle le breuvage, son petit doigt dans sa bouche.

— Cinq zones terrestres : cinq âges dans la durée du temps ; cinq rochers sur notre sœur.

— Quatre pierres à aiguiser, pierres à aiguiser de Merlin, qui aiguisent les épées des braves.

— Il y a trois parties dans le monde : trois commencements et trois fins, pour l'homme comme pour le chêne.

Trois royaumes de Merlin, pleins de fruits d'or, de fleurs brillantes, de petits enfants qui rient.

— Deux bœufs attelés à une *coque* ; ils tirent, ils vont expirer ; voyez la merveille.

— Pas de série pour le nombre un : la Nécessité unique, le Trépas, père de la Douleur ; rien avant, rien de plus. »

La Villemarqué, qui explique savamment la chanson gauloise, ajoute que les premiers Chrétiens auraient tenté de substituer à ce chant une contrepartie latine et chrétienne, que l'on retrouve traduite en provençal, flamand, et français au Canada.

— *Dic mihi quid unus ?*	Dis-moi ce qui est Un ?
— *Unus est Deus*	Il y a un Dieu
Qui regnat in coelis.	Qui règne dans les cieux
— *Dic mihi quid duo ?*	Dis-moi ce qui est deux ?
...	...
— *Dic mihi quid duodecim ?*	Dis-moi ce qui est Douze ?
— *Duodecim apostoli ;*	Il y a douze apôtres
Undecim stellae	Onze étoiles
A Josepho visae,	Vues par Joseph,
Decem mendata Dei,	Dix Commandements de Dieu
Novem angelorum chori,	Neuf chœurs d'anges
Octo beatitudines,	Huit béatitudes
Septem sacramenta,	Sept sacrements
Sex sunt hydrae	Il y a six cruches
Positae	Placées
In Cana Galilae,	A Cana de Galilée
Quinque libri Moysis,	Cinq livres de Moïse
Quatuor evangelistae,	Quatre évangélistes
Tres sunt patriarchae,	Il y a trois patriarches
Duo sunt testamenta,	Il y a deux testaments
Unus est Deus	Il y a un seul Dieu
Qui regnat in coelis.	Qui règne dans les cieux.

Cette chanson latine, cependant, n'apparaît par écrit qu'au XVIIe siècle : s'agit-il donc vraiment d'un chant du christianisme primitif, qu'il faudrait faire remonter au Ve ou VIe siècle ? Cette mélopée ressemble plus aux chants didactiques du Moyen Âge dont s'inspirèrent les goliards pour composer leurs fameux *Carmina Burana* vers le XIIe siècle. Sa version profane est bien connue du milieu estudiantin :

> Y a douz' que tu viens...
> Y a onz em... ici
> Y a dix-putez-vous
> Y a neuf-à-la-coque
> Y a huit-au vin blanc
> Y a sept-épatant
> Y a six-stème métrique
> Y a cinq-Sébastien

Y a quatre-ine de Russie
Y a trois en Champagne
Y a deux Testaments,
L'Ancien et le Nouveau
Mais y a qu'un ch'veu
Sur la tête à Mathieu
Et y a qu'une dent
Dans la mâchoire
A Jean.

Madame de Merveilleux a recopié dans un manuscrit du XVIᵉ siècle, à Neuchâtel, la première version de *La Perdriole* que nous connaissions :

> ...
> Le douzième mois de l'an
> Que donneray-je à madame ?
> Douze chevaliers
> Le pied à l'estrier,
> Onze demoiselles
> Qui seront pucelles,
> Dix cerfs branchus,
> Neuf bœufs cornus,
> Huit moutons tondus,
> Sept levriers aux champs,
> Six oiseaux volant,
> Cinq grivettes,
> Quatre oyettes (*petites oies*),
> Trois pigeons tout blancs,
> Deux tourterelles,
> Un perdrix blanche
> Qui chante,
> Que donneray-je à madame de rente ?

Cette chanson accompagne souvent des danses ou des rondes villageoises dont la chorégraphie est parfois extrêmement complexe. Les animaux ou objets énumérés varient évidemment avec les régions. Mais on retrouve toujours, sous une forme ou sous une autre, la « perdriole », appelée « perdrix-sole » (perdrix de mer), ou « perdrisole », « pertriolle » ou « perdigole ». Qu'est-ce qu'une « perdriole » ? L'explication se trouve peut-être dans la variante tourangelle : « une perdrix-vole » ; ou n'est-ce pas tout simplement une « petite perdrix » ?

Bonhomme, bonhomme
ou
La Mistenlaire
ou
La Tamboure

Cette randonnée * enfantine est intéressante à plus d'un titre. Tout d'abord parce que sa première apparition en 1612, dans les *Chansons folastres et prologues, tant superlifiques que drolatiques des Comédiens Français,* énumère les instruments de musiques courants à l'époque et leurs sons, imités par des onomatopées. Selon Martin Agricola, auteur d'un ouvrage sur les instruments de musique, le *Musica instrumentalis,* daté de 1529, « la temboure » — devenu le tambour —, appelé aussi le « bedon », fut introduit en France comme instrument militaire en 1347, alors que Calais était assiégée par Édouard III. Son invention est attribuée aux Arabes.

Il estoit un bon homme (*bis*)
Jouant de la temboure (*bis*)
Di be di be di be don
Et de la trompette,
Fran, fran, fran
Et de la my fluste,
Turelututu relututu
Et de la mi fa sol la
Farelarirette farelarirette
Et de la mi fa sol la
Farelarirette liron fa.

Il estoit un bon homme (*bis*)
Jouant de la cymbale (*bis*)
Drin relin din din relin din
Et de la vielle, yon, yon, yon,
Et de la rebeque,
Tire li ty ty reli ty ty
Et de la my fa sol la
Farelarirette liron fa.

...
Jouant de la violle
Torelo totio rela totio
Et de la raquette, clac clic clac,
Et de la musette
Toure loure loure lou, ...

...
Jouant de la mandore
Tire lire lire la
Et de la navette, vrest vrest brest,
Et de la cliquette
Taque tique taque tac, ...

...
Jouant de la braguette
Zipe zipe zipe zipeson
Et de son derrière, zest croc pouf,
Et de la bouteille
Glou glou glou glou glou
Glou glou glou glou, ...

Les onomatopées sont à l'origine de nombreux refrains obscurs de chansons populaires :

Turlututu

Larirette, larirette,

Ma tante lireli, ma tante lirelo,

Mironton, mironton, mirontaine, etc.

La dernière strophe donne le ton et nous laisse imaginer que cette chanson faisait partie du répertoire de fin de noces ou de banquets, de celles qu'on ne chante que le corps et l'esprit légèrement échauffés. C'est ce que nous confirme une autre version du XVIIIe siècle, parue dans un *Recueil de branles guays à danser en rond :*

Distes moy mon bon Monsieur
Que sçavès vous faire ?
Ne sçavès vous point jouer
De la ouystamboure ?
Boure boure boure boure.

On passe de la « ouystamboure » à la « ouystanflutte », puis à la « ouystanviole », etc., jusqu'à ce que la dame demande fort innocemment au « bon Monsieur » :

Ne sçavès vous point jouer
De la ouystanlaire ?

Ou, ce qui était encore plus audacieux :

> De la ouystanvoire ?

Au XIXe siècle, quand la ronde tombe dans le domaine enfantin, *ouyst-* ou *vist-* est pudiquement remplacé par *mist-*, que l'on trouve encore aujourd'hui.

> Bonhomme, bonhomme
> Que savez-vous faire ?
> Savez-vous jouer de la mist'en laire ?
> Laire, laire, laire, de la mist'en laire (*bis*)
> Ah ! ah ! ah ! que savez-vous faire ?

Mal compris, d'ailleurs, et pour cause, ce *mist-* devient :

> De l'ami j' t'en laire
> De la mise en laire, etc.

La ronde se chante dès lors sous forme de randonnée, dans laquelle chaque strophe reprend les éléments de la strophe précédente en ajoutant un nouvel instrument :

> Bonhomme, bonhomme
> Que savez-vous faire ?
> Savez-vous jouer de la mist'en flûte ?
> Flûte, flûte, flûte,
> De la mist'en flûte,
> Laire, laire, laire.
> De la mist'en laire
> Ah ! ah ! ah ! que savez-vous faire ?

Cette ronde est une des nombreuses chansons passées du domaine des adultes à celui des enfants, au prix d'une modification minime. Pour le fond, la chanson reste la même : un jeu, souvent mimé, sur les instruments de musique et leurs sons.

La Ronde de Biron

Quand Biron voulut danser (*bis*)
Ses souliers fit apporter (*bis*)
Ses souliers tout ronds.
Vous danserez, Biron !

Quand Biron voulut danser
Sa chemise fit apporter
Sa chemise de Venise
Ses souliers tout ronds.
Vous danserez, Biron !
…

jusqu'au dernier couplet, qui récapitule :

Quand Biron voulut danser
Son violon fit apporter
Son violon, son basson
Son épée affilée
Son habit de petit-gris
Son chapeau en clabaud
Sa perruque à la turque
Sa culotte à la marmotte
Sa chemise de Venise
Ses souliers tout ronds.
Vous danserez, Biron !

Le duc de Biron, personnage frivole si l'on en croit la chanson, avec « sa chemise de Venise » et « sa culotte à la marmotte », c'est-à-dire bouffante, fut au XVIe siècle un seigneur célèbre, dont le château monumental se dresse encore à la lisière du Périgord. Vaillant guerrier, compagnon d'armes d'Henri IV, il fut fait maréchal de France ; mais, pour avoir par deux fois trahi le roi, il mourut décapité dans la cour de la Bastille, en 1602. Beaucoup en voulurent au roi d'avoir refusé son pardon au duc.

Une complainte circula dans le pays ; l'air en est oublié. Les paroles sont conservées dans le *Trésor des plus belles chansons,* de 1699. Elle déborde du violent mécontentement que suscita dans l'opinion le refus d'Henri IV d'accorder sa grâce à son ancien compagnon d'armes :

Le Roi se souvient-il
Dans les guerres savoyardes
Montant sur le Piémont
Lui servant de parade
Cent coups d'arquebusades
Recevant en mon corps
Et pour ma récompense
Me fait souffrir la mort.

Reprocher au roi de n'avoir pas grâcié un homme qui l'avait par deux fois trahi était un acte de subversion. Les successeurs d'Henri IV ne s'y trompèrent pas : la chanson fut interdite pendant tout l'Ancien Régime. Au début du XVIIIe siècle encore, des bourgeois du Quercy furent emprisonnés pour avoir chanté au cabaret :

Dedans la ville de Paris
Il y a des messieurs et des dames
Il y a des comtes et des barons
Regrettant la mort de Biron.

Le temps passa. Le personnage historique fut oublié. Dès le XVIIIe siècle, le nom de « Biron » ne sert qu'à désigner un vieux timbre * : l'air (sans paroles) de *La Biron* est noté dans le *Théâtre de la Foire* de 1736. Sous le titre *Pour danser Biron*, le même air figure dans un recueil de colportage * de la même époque, la *Chanson nouvelle des cris de Paris*. Sur ce même timbre, déjà, on chantait, au XVIe siècle, un noël fort peu dévot :

Joseph est bien marié
A la fille de Jessé.
C'était chose très honnête
D'être fille et pucelle.
Dieu y avait opéré
Joseph est bien marié.

Sur le même air, les Bourguignons, eux, chantent gaillardement :

A la fête d'Echairnant
On y mange du bon flan.
Il est fait de prunelles
De senelles et de groseilles
Des gratte-cul tout par-dessus.
Tout le monde en fut bien repu.

C'est encore sur ce timbre que nous chantons aujourd'hui *La Ronde de Biron,* dont les paroles sont assez récentes. Elles apparaissent à la fin du siècle dernier, avec l'école primaire, laïque et obligatoire, dans les manuels scolaires de chants. Le procédé de la récapitulation (utilisé d'une autre façon dans *Biquette,* voir p. 42) répond ici au même principe du chant mimé que dans *Bonhomme, bonhomme, que savez-vous faire ?* (voir p. 58).

La ronde, tout compte fait, ne doit plus rien au fameux duc. Et il est bien possible que le nom de son personnage ait été à l'origine Piron, ainsi nommé dans une chanson wallonne, la *Chanson de Cramignon,* qui serait une version plus ancienne de notre chanson :

> Piron ne veut pas danser
> S'il n'a de nouveaux souliers
> Et des souliers tout ronds
> Pour faire danser Piron.

Au XIXe siècle, on signalait deux chansons populaires recueillies en Poitou, dont les couplets se déroulent selon le même principe que *Biron :*

> Au bon vin j'ai perdu mes souliers
> Mes souliers d'un vert violet.
>
> *Refrain :*
> Et allons au bon vin, la bouteille
> Allons au bon vin du matin.
>
> Au bon vin j'ai perdu mes bas blancs
> Mes bas blancs d'un demi-blanc.

et le dernier couplet récapitule :

> Mon chapeau qui était si haut
> Ma cravate qui était si large
> Ma chemise qui était si fine
> Mon gilet qui était si bien fait
> Mon paletot qui était si beau
> Ma culotte qui se dégargotte
> Mes bas blancs d'un demi-blanc
> Mes souliers d'un vert violet.

La seconde chanson est un peu plus audacieuse. En voici le dernier couplet :

En faisant l'amour, j'ai perdu mes sabots
Mes sabots qui étaient bien forts
Mes souliers de plume de geai
Ma culotte de toile forte
Mon gilet qui était bien fait
Ma chemise de toile fine
Ma cravate d'écarlate
Mon chapeau qui était si beau
Mon cordon tout pur de coton
Radieu mon cordon.

La tour, prends garde !

Tous
La tour, prends garde (*bis*)
De te laisser abattre.

La tour
Nous n'avons garde
De nous laisser abattre.

Le colonel
J'irai me plaindre
Au duc de Bourbon.

La tour
Va-t-en te plaindre
Au duc de Bourbon.

Le colonel
Mon duc, mon prince
Je viens à vos genoux.

Le duc
Mon colonel
Que me demandez-vous ?

Le colonel
Un de vos gardes
Pour abattre la tour.

Le duc
Allez mon garde
Pour abattre la tour.

La tour
Nous n'avons garde
De nous laisser abattre.

Le colonel
Mon duc mon prince
Je viens à vos genoux.

Le duc
Mon colonel
Que me demandez-vous ?

Le colonel
Deux de vos gardes
Pour abattre la tour.

(ou plus, selon le nombre d'enfants dans le jeu)

La tour reprend sa réplique ; le duc pose à nouveau sa question, à quoi le colonel répond :

> *Le colonel*
> Votre cher fils
> Pour abattre la tour.
>
> *Le duc*
> Je vais moi-même
> Pour abattre la tour.

Dans cette ronde mimée, un ou plusieurs enfants figurent la tour. Un autre groupe représente le duc, son fils, ses gardes. Le colonel s'adresse, alternativement, à la tour et au duc. A la dernière réplique du duc, les enfants essaient d'abattre la tour qui se défend vigoureusement. Le vainqueur est proclamé duc et le jeu recommence.

Chanson traditionnelle du répertoire enfantin au siècle dernier, *La tour, prends garde !* rappelle un drame historique : la lutte qui, au XVIe siècle, opposa le roi François Ier à Charles de Bourbon. En 1505, par son mariage avec sa cousine, le comte de Montpensier devient duc et réunit en sa possession les domaines des deux branches de la maison de Bourbon. En 1514, François Ier le fait connétable, c'est-à-dire chef suprême de l'Armée. Bourbon contribue à la victoire de Marignan l'année suivante. Lorsqu'il devient veuf, il refuse d'épouser Louise de Savoie, mère du Roi. Elle lui réclame alors l'héritage des Bourbons, convoité par Charles-Quint. Le duc trahit, se met au service de Charles-Quint et lutte avec acharnement contre les troupes françaises. Cette trahison contribue à l'écrasement de l'armée française devant Pavie, en 1525. François Ier, prisonnier de Charles-Quint, est enfermé à Madrid, dans une tour :

> Le l'ont pris l'ont amené
> Dans la grand-tour de Madrid.
> La Tour est haute et carrée
> Jamais le soleil n'y luit.

chante une complainte de l'époque.

La ténacité de Louise de Savoie permettra d'éviter que la Bourgogne ne passe aux mains de Charles-Quint ; elle rentrera dans le domaine royal.

La tour, prends garde ! se chante sur un air de chasse de l'époque de Louis XV. Si elle apparaît au siècle dernier, la chanson n'en continue pas moins la tradition des troubadours : une chanson dialoguée et dansée du XIIIᵉ siècle, *Gaite de la tor* (guetteur de la tour), met en scène le guetteur chargé d'empêcher quiconque, en premier lieu l'époux, d'approcher de la tour où seigneur et dame savourent les délices de l'amour :

Le compagnon de l'amant
Guetteur de la tour
Veillez autour des murs
Et que Dieu vous protège ;
A cette heure sont enfermés
Dame et seigneur
Et les voleurs cherchent leur proie

Le guetteur
Hu hu et hu et hu
Je l'ai vu là-bas
Sous la coudroie
Hu hu et hu hu
Je pourrais bien le tuer

Le compagnon de l'amant
Les voleurs ne sont pas nombreux
Il en est un seul
Que je voie
Couché dans les fleurs
Et sous la couverture
De celle que je n'oserai nommer

L'amant
Guetteur de la tour
Protégez ma retraite
Là-haut où je vous entends
J'ai obtenu ce jour
L'amour de mon amie
L'objet de tous mes vœux

Hu hu et hu et hu
Je suis resté bien peu
Dans la chambre de joie
Hu hu et hu et hu
Trop m'a nui l'aube
Qui me fait la guerre
...

Ah ! mon beau château

Ah ! mon beau château
Ma tantire lire lire
Ah ! mon beau château
Ma tantire lire lo.

Le nôtre est plus beau
Ma tantire lire lire
Le nôtre est plus beau
Ma tantire lire lire lo.

Nous le détruirons.

Laquelle prendrez-vous ?

Celle que voici.

Que lui donnerez-vous ?

De jolis bijoux.

Nous en voulons bien.

Cette ronde fait partie des *Chansons et Rondes enfantines* publiées par Du Mersan en 1846.

Voici comment se danse la ronde : deux cercles concentriques d'enfants tournent en sens inverse ; ils représentent les deux châteaux. A chaque couplet, un enfant quitte l'une des deux rondes pour rejoindre l'autre. La chanson se termine lorsque tous les enfants ne forment plus qu'un seul et même cercle. Du Mersan explique de la façon suivante l'origine de la chanson : deux seigneurs, sire Enguerrand et sire de Fayel, vantaient l'un les tourelles gothiques de son château, l'autre l'architecture moderne du sien. Les deux rivaux en viennent aux armes. Enguerrand, appuyé par de nombreux vassaux, attaque le château de Fayel. Fayel, disposant de vassaux moins nombreux, mais plus braves, se défend vaillamment. Enguerrand soudoie les soldats de Fayel, qui est fait prisonnier. Enguerrand fait abattre le château de son ennemi vaincu. Mais un troisième seigneur vient assiéger le château d'Enguerrand, s'en empare et le fait abattre. Fayel a pitié de l'accablement d'Enguerrand. Les deux hommes scellent leur amitié en faisant bâtir un seul et même château pour eux deux. Chacun épouse la sœur de l'autre.

Ce récit, d'une symétrie parfaite, a pu charmer et rassurer les petites filles modèles. L'Histoire, elle, n'a pas trace de ces deux seigneurs. La ronde * du Beau Château s'inscrit dans la lignée des chansons courtoises, comme *La tour prends garde !* Le château, comme la tour, symbolise la retraite où aime se réfugier l'amour comblé. Une chanson populaire en Vendée reprend le même thème :

> Quand le château d'amour fut pris
> Hé ! hé ! hé !
> Ah ! grand dieu, quel dommage !
>
> La belle a fait lever les ponts
> Hé ! hé ! hé !
> Et fermer les barrières.

Nous chantons *Ah ! mon beau château* sur un air de vaudeville, noté dans *la Muse lyrique* de 1782. Dans son recueil de *Chants populaires de la Provence,* Damase Arbaud note un air différent, tombé depuis en désuétude.

Le refrain se trouve déjà dans les *Chansons folastres et prologues, tant superlifiques que drolatiques des Comédiens Français :*

> Il était un bonhomme
> Jouant de la mandore
> Tire lire lire la

L'onomatopée « tire lire lire la », avec le *r* roulé, imite la vibration des cordes doubles de la mandore, grande mandoline encore en usage au XVIIIe siècle. Elle se retrouve sous la forme « la tan tire lire lire » dans le refrain d'une chanson de la *Caribarye des artisans* de 1646.

Demandes et réponses alternées, assaut galant de la forteresse, se retrouvent dans une autre ronde enfantine, moins connue :

> Où est la marguerite
> O gué o gué
> Où est la marguerite
> Francs cavaliers ?
>
> Elle est dans son château
> O gué o gué
> Elle est dans son château
> Francs cavaliers

Je voudrais bien la voir
En abattant une pierre
Vous ne pourrez la voir
En abattant deux pierres

(etc., en abattant autant de pierres que de fillettes qui vont se retirer une à une de la ronde).

Vous voyez la marguerite.

La marguerite est représentée depuis le début du jeu par une petite fille, seule au centre de la ronde.

Le refrain « o gué o gué... francs cavaliers », qu'il faut comprendre « o guet, o guet... », est presque identique à celui de *Chevalier du guet* (cf p. 72) ; cette chanson s'inscrit, elle aussi, dans la tradition courtoise du guetteur, veilleur d'amour.

Chevalier du guet

Qui donc passe ici si tard
Compagnons de la marjolaine
Qui donc passe ici si tard
Gai, gai, dessus le quai ?

C'est le chevalier du guet
Compagnons de la marjolaine
C'est le chevalier du guet
Gai, gai, dessus le quai.

Dès le VIe siècle, un guet veillait à la sûreté des rues de Paris pendant la nuit. Le moins prestigieux était le guet civil, constitué d'un groupe d'habitants de chaque quartier : chaque corps de métier était tenu d'assurer un service de guet une fois toutes les trois semaines ; le mari dont la femme était en couches en était exempté.

L'autre guet, celui qu'évoque la chanson, était un guet militaire : soixante sergents, vingt à cheval et quarante à pied, commandés par le chevalier du guet. Ce sont les ancêtres de nos gendarmes.

Le chevalier du guet jouissait de grandes prérogatives : à n'importe quelle heure du jour ou de la nuit, il pouvait demander à être reçu par le roi, de qui il prenait directement ses ordres.

Lors de l'entrée de Charles IX à Paris, on le vit défiler « armé d'une riche cuirasse et portant par-dessus une casaque de velours cramoisi, chamarrée de cordons d'argent, entouré de ses pages et de ses laquais ».

S'il est « chevalier du guet », il est surtout, aux yeux des belles, « compagnon de la marjolaine », c'est-à-dire un grand séducteur : dans les chansons la marjolaine, qui n'est autre que l'origan, est traditionnellement associée aux préludes de l'amour, tout comme la rose et le muguet :

Ma fille veux-tu un bouquet
De marjolaine ou de muguet ?
— Non non non ma mère non
Ce n'est point là ma maladie.
— Ma fille veux-tu un mari
Qui soit bien fait, qui soit joli ?
— Oui, oui, oui, ma mère, oui
C'est bien là ma maladie.

chante une brunette ★ du XVIIIe siècle.

Dans les années cinquante de notre siècle, Francis Lemarque honore encore la marjolaine, qui devient, dans une de ses chansons, le prénom de la jeune fille aimée.

Marjolaine, toi si jolie
Marjolaine, le printemps fleurit.
Marjolaine, j'étais soldat
Mais aujourd'hui, je reviens près de toi.

Dans les bals populaires, le chevalier du guet, conquérant des cœurs, est devenu un simple soldat, amoureux et mélancolique.

La Mère Michel

C'est la Mère Michel qui a perdu son chat
Qui crie par la fenêtre à qui le lui rendra.
C'est le Père Lustucru qui lui a répondu :
« Allez la Mère Michel, votr' chat n'est pas perdu ! »

C'est la Mère Michel qui lui a demandé :
« Mon chat n'est pas perdu, vous l'avez donc trouvé ? »
Et le Père Lustucru qui lui a répondu :
« Donnez une récompense, il vous sera rendu. »

Et la Mère Michel lui dit : « C'est décidé
Rendez-le-moi mon chat, vous aurez un baiser. »
Et le Père Lustucru, qui n'en a pas voulu
Lui dit : « Pour un lapin votre chat est vendu. »

L'air sur lequel se chante *La Mère Michel* est bien connu depuis le XVIIe siècle. C'est celui d'une chanson de marche intitulée *Ah ! si vous aviez vu Monsieur de Catinat,* communément appelée : *La Marche de Catinat,* composée après la victoire du Maréchal Catinat sur le Duc de Savoie à La Marsaille en 1693. Plusieurs chansons de marche ont emprunté cet air, comme *Grand Duc de Savoie, à quoi penses-tu ?* ou *Adieu donc, cher La Tulipe.*

« Il y a quelques années, plusieurs personnes avancèrent que l'air de *L'homme armé* était le même que celui sur lequel on chante les grotesques paroles, *C'est la Mère Michel qui a perdu son chat ;* elles étaient sans doute induites en erreur par le rythme fortement scandé de l'air en question. » Cette remarque, que fit Bottée de Toulmon en 1836, nous permet de dater à peu près notre chanson : elle fut probablement composée aux environs de 1820. L'auteur des paroles est inconnu, mais cette petite comédie semble avoir été écrite pour être jouée, et les protagonistes font immédiatement penser aux personnages du Théâtre de Marionnettes. Le guignol, lancé à Lyon par Laurent Mourguet en 1795, était devenu très populaire à Paris aussi. Les créateurs de saynettes destinées au castelet restaient le plus souvent anonymes, comme celui de *La Mère Michel.*

Lustucru, dont le nom vient évidemment du jeu de mots :
« L'eusses-tu cru ? » apparaît dans des chansons dès le
XVIIe siècle. Le voici dans la *Contredanse* * *de la belle mariée*,
— « belle » est ici une façon de parler :

Les yeux brillants en vérité
Comme une carpe frite,
Sa tête est bien conditionnée
Ronde comme une étrille,

Un beau grand col long et carré,
Droit comme une faucille ;
Jamais Lustucru n'a forgé
Un si beau corps de fille.

La Mère Michel apparaît, elle, comme personnage attitré
du guignol vers le milieu du XIXe siècle. Sa création date sans
doute de la chanson. Dans les *Étrennes Chantantes* de 1853,
on présente un dialogue entre elle et le docteur Isambart, et
un livre d'enfant qui relate les démêlés de la Mère Michel et
du Père Lustucru est publié à la même époque. La chanson
connaît des développements nombreux, qui constituent tous
une petite comédie destinée à amuser un jeune public :

Lors la Mère Michel est entrée en fureur
Et l' poursuivant chez lui l'appelait vieille horreur.
« Vous me l'avez volé, disait-elle, malotru
J' vais m' plaindre au commissaire et vous serez pendu. »

Et le Père Lustucru aussitôt lui répond :
« Chez le Père Rabat-Joie est votre vagabond
A ses chats dans l' grenier il fait la guerre, je crois
Avec un fusil d' paille et un sabre de bois. »

Or à deux pas de là ce chat si grand coureur
Roucoulait « miaou » en faisant l' joli cœur ;
Il avait vu Minette, Minette et ses amours :
Raminagrobis, lui, dressait son poil à rebours.

Et le Père Lustucru voulant faire un civet
Arrive à pas de loup et pince le minet ;
Puis lui tordant le cou, il répétait tout bas :
« J' vais bien me régaler en en faisant deux plats. »

Grégoire, de la rue, avait vu le coquin
Et la Mère Michel ayant payé du vin
Vite en duel courut provoquer Lustucru
Le tua, puis tout seul il s'en est revenu.

Et la Mère Michel fut si contente de ça
Que dès le lendemain Grégoire l'épousa.
« Prends, lui dit-elle, bien que j'aie le cœur contrit.
Oui, prends la peau d' mon chat pour faire un col d'habit. »

75

A Paris, sur le petit pont
Mon père a fait faire un château
Mon père m'a donné un étang
V'la l' bon vent

Ces quatre chansons sont si étroitement liées entre elles, bien qu'elles aient par ailleurs une existence autonome, que nous avons choisi de les rassembler.

A Paris sur le Petit Pont est une très ancienne chanson, dont un manuscrit italien du commencement du XVe siècle nous donne un aperçu :

> A Paris sus Petit-Pont
> Mir faloridayna
> Fi jo feyre una mayson
> Mir faloridayna
> A quatorze piès de lonch
> Mir faloridayna, mir falorion
>
> A quatorze piès de lonch...
> Mès il n'entrera nesun (*personne*)...
> Si n'est cler o gientishoms...

Par une étrange coïncidence, c'est à Florence qu'est conservé ce manuscrit, Florence dont le « Ponte Vecchio » nous permet d'imaginer cette maison construite à même le pont par quelque marchand enrichi.

L'air qui figure dans les *Rondes à danser* de Ballard, en 1724, est celui que nous connaissons, et les paroles ont bien peu changé :

A Paris sur le Petit-Pont
Sur le bord d'une fontaine
Mon Père a fait bâtir maison

Refrain

Tuton, tuton, tutaine
Levez Belle votre cottillon
Il est si long qu'il traîne

Mon père a fait bâtir maison
Sur le bord d'une fontaine
Et les Charpentiers qui la font

Ils m'ont tous demandé mon nom

Marguerite c'est mon nom

Marguerite c'est mon vrai nom

Que portes-tu dans ton giron ?

C'est un pâté de trois Pigeons

Assi-toi, nous le mangerons

Une version actuelle commence par :

Mon père fait bâtir maison
Dessus la verveine
Mon père fait bâtir maison
Sur le vertintin (*bis*)
Dessus la verveine
Lon dérilon

Par quatre-vingt-dix maçons...

Mon père a fait faire un château, tel était déjà le sujet d'une chanson du XVIe siècle encore chantée de nos jours. Voici les paroles données en 1535 dans le recueil *Sensyvent plusieurs belles chansons nouvelles* et reprises tant elles étaient populaires par plusieurs éditeurs de la même époque, dans *La Couronne et Fleurs des Chansons à trois* de 1536 ou *Les Chansons nouvellement assemblées* de 1538, par exemple.

> *Refrain*
> Allons allons gay
> Mamye ma mignonne
> Allons allons gay
> Gayement vous et moy.

> Mon père a fait faire ung chasteau
> Il n'est pas grant mais il est beau
> D'or et d'argent sont les carreaulx
> Et si a trois beaulx chevaulx
> Le roy n'en a point de si beaulx
> L'un est gris, l'autre est moreau (*noir*)
> Mais le petit est le plus beau
> Ce sera pour me porter jouer
> Pour ma mignonne et pour moy
> J'irons jouer sur le muguet
> Et y ferons un chappellet
> Pour ma mignonne et pour moy.

Le Canard blanc, plus connu sous le titre que lui a donné son refrain, *V'là l' bon vent,* dont on ne trouve de trace écrite qu'au XIXe siècle, commence souvent par « Mon père m'a fait faire un château ». Y a-t-il eu contamination entre deux chansons également anciennes ? De nombreux détails dans les rythmes et les paroles permettent d'assimiler les « trois beaux canards » aux « trois beaulx chevaulx », et on trouve dès le XVIIIe siècle un air intitulé *Mon père a fait faire un étang.* Il servait de timbre à un cantique reproduit à Niort en 1725. Notons au passage que les airs populaires ont souvent servi pour les compositions religieuses, et réciproquement.

Mais il est fort possible que *Le Canard blanc* n'ait emprunté que très tardivement un début qui donnait un cadre merveilleux à son histoire, début qui fait bien souvent défaut dans les versions recueillies dans diverses régions de

France et au Canada. En effet une fois sur deux la chanson commence de la façon suivante :

> Mon père m'a donné un étang
> Il n'est pas large comme il est grand
> Trois beaux canards s'en vont nageant

On connaît la suite tragique :

> Le fils du roi s'en vint chassant
> Avec son beau fusil d'argent
> Visa le noir, tua le blanc
> Oh ! fils du roi, tu es méchant !
> Tu as tué mon canard blanc
> Par dessous l'aile il perd son sang
> Toutes ses plumes s'en volent au vent
> Trois dames s'en vont les ramassant
> Pour en faire des édredons blancs.

Quant aux refrains, chaque région a le sien. Au Canada :

> Rouli, roulant, ma boule roulant
> En roulant ma boule roulant
> En roulant ma boule
>
> J'entends le loup, le renard et le lièvre,
> J'entends le loup, le renard chanter.

En Bretagne :

> C'est le vent qui va frivolant
> C'est le vent qui vole, qui frivole
> C'est le vent qui va frivolant.

Dans de nombreuses versions enfantines :

> Moi, je m' f'rai faire
> Un p'tit moulin sur la rivière
> Et puis encore
> Un p'tit bateau pour passer l'eau.

Enfin, dans la plupart des versions actuelles :

> V'là l' bon vent, v'là l' joli vent
> V'là l' bon vent, ma mie m'appelle
> V'là l' bon vent, v'là l' joli vent
> V'là l' bon vent, ma mie m'attend.

Les airs sont presque aussi variés que les refrains !

Sur le pont d'Avignon

Saint Bénézet, jeune pâtre du Vivarais, reçut un jour de Dieu l'ordre d'aller construire un pont sur le Rhône. L'évêque d'Avignon et le prévôt de la ville, incrédules, le soumirent à une épreuve insurmontable sans l'aide céleste : il lui fallait déplacer une pierre de treize pieds de long sur sept de large. Bénézet, au milieu de la foule qui l'entourait, saisit la pierre et la porta jusqu'au bord du Rhône, là où devait s'élever la première arche du pont.

La construction commença alors, et le pont de dix-neuf arches, long de neuf cents mètres et large de quatre, n'était pas terminé quand Bénézet mourut, en 1184 : il fut enseveli dans la petite chapelle qui se dresse encore aujourd'hui sur les quatre arches existantes.

En 1226, Louis VIII assiégea Avignon et fit détruire le pont. Il fut reconstruit, modifié, restauré, pour être finalement abandonné à la fin du XVIIe siècle tel qu'il nous apparaît aujourd'hui. Mais il avait donné à la ville un tel essor que le pape Clément V choisit de s'y réfugier en 1309 ; jusqu'en 1376, Avignon sera la « Cité des Papes ».

Qui n'a pas vu Avignon du temps des papes n'a rien vu. Pour la gaieté, la vie, l'animation, le train des fêtes, jamais une ville pareille. (...) Comme en ce temps-là les rues de la ville étaient trop étroites pour la farandole, fifres et tambourins se postaient sur le pont d'Avignon, au vent frais du Rhône, et jour et nuit l'on y dansait, l'on y dansait...

écrit Alphonse Daudet dans *La Mule du Pape.*

Une chanson, éditée en 1503 à Venise par Ottaviano Petrucci de Fossombrone (qui fut le premier au monde à imprimer de la musique), comporte pour la première fois la formule qui devait devenir célèbre :

> Sur le pont d'Avignon
> Ma belle passe et repasse.

Sur l'air de cette chanson, le *Psautier Flamand* de 1540 propose de chanter le Psaume 81, et Pierre Certon, maître des enfants de chœur de la Sainte-Chapelle, compose une messe imprimée en 1558. Et dès 1575, le *Manuscrit de Lucques* nous donne une chanson de noces encore chantée dans de nombreuses régions à minuit, quand on apporte aux mariés la soupe traditionnelle. Elle est connue parfois sous le nom de *La Complainte des Oreillers.* La version primitive a l'avantage de justifier par son début, en général omis plus tard, le dialogue qui s'établit entre le jeune homme et la nouvelle épousée.

MANUSCRIT DE LUCQUES

Sur le pont d'Avignon
J'ouys chanter la belle
Qui en son chant disoit
Une chanson nouvelle

J'ai perdu mes amours
Ne sçai où les aller querre
Bridès moy mon moureau (*cheval*)
Et luy mettès la selle

Frappès le des éperons
Jusques à l'huis de la belle
Ouvrez votre huys, ouvrez
Nouvelle mariée

Hélas, comment ouvroie ?
Je suis de nuyct couchée
Avecque mon mari
Qui me tient embrassée

Attendès à demain
La fraîche matinée
Hélas comment attendray ?
J'ay la barbe engellée

La barbe et le menton
La main qui tient l'espée
Et mon petit pageot
Qui a couleur changée

Et trois de mes faucons
Qui ont pris leur volée
Ils ont volé si haut
Qu'ilz ont la mer passée

L'un a prins perdrix
Et l'autre a print l'assée
Et l'autre le faisant
Il a gaigné journée.

Sur le pont d'Avignon
J'ai ouï chanter la belle
Qui dans son chant disait
Une chanson nouvelle

Ouvrez la porte, ouvrez,
Nouvelle mariée
J'ai perdu mes amours
Je ne puis les requerre

Comment vous ouvrirais-je ?
Je suis au lit couchée
Auprès de mon mari
La première nuitée

Me tient et me tiendra
Pendant la nuit entière
Attendez à demain
La fraîche matinée

Pour que mon lit soit fait
Ma chambre balayée
Et que mon mari soit
A gagner sa journée

Comment vous attendrais ?
J'ai la barbe gelée
La barbe et le menton
La main qui tient l'épée

Et mon cheval moreau
Est mort sur la gelée
Ouvrez la porte, ouvrez
Nouvelle mariée

Sont trois petits oiseaux
Qui ont pris leur volée
Ils ont volé si haut
La mer ils ont passée

Sur le château du roi
Ils ont pris reposée
Ouvrez la porte, ouvrez
Qu'on voie la mariée

Si vous ne l'ouvrez pas
Elle sera brisée
A grands coups de marteau
A grands coups de cognée.

Deux recueils, l'un de 1602 : *Ni le trésor ny le trias ne le cabinet : mais la beauté, mais plus, La Fleur ou L'Eslite de toutes les Chansons Amoureuses et airs de court tirez des œuvres et manuscrits des plus fameux poëtes de ce temps* — en toute simplicité et modestie... —, et l'autre de 1613, les *Meslanges Le Fevre*, associent *le Pont d'Avignon* à une chanson célèbre, *La Péronnelle* :

> N'a vous point veu la Peronnelle
> Que les gens d'armes ont amenée
>   Et où ?
> Sur le pont d'Avignon j'ay ouy chanter la belle
> Qui dans son chant disait une chanson nouvelle
>   Et quelle ?

Cette chanson de la fin du XVe siècle, mentionnée par Rabelais dans le *Cinquième Livre*, évoque le sort de la Péronnelle qui passe en Dauphiné habillée comme un page et qui refuse de rentrer en France quand ses trois frères viennent la chercher.

Au XVIIIe siècle, le ton change :

> Sur le pont d'Avignon
> J'ai ouy chanter la belle
> Qui dans son chant disait :
> « Et baise-moi, tandis que tu me tiens
> Tu ne me tiendras plus guère. »

> *(Brunettes et Petits Airs Tendres, 1711)*

C'est sans doute de cette époque que date la ronde que nous connaissons. Elle est notée à la fin du XIXe siècle en Saintonge, où elle est dansée et chantée par les jeunes gens qui forment une arche de leurs bras pour laisser passer la chaîne :

> Sous le pont d'Avignon
> Tout le monde passe
> Sous le pont d'Avignon
> Tout le monde passeront
> Et lon lan la laissez-les passer
> Les olivettes, les olivettes
> Et lon lan la laissez-les passer
> Du premier jusqu'au dernier.

La version canadienne relevée vers la même époque est aussi une ronde mimée :

Sur le pont d'Avignon (*bis*)
Trois dames s'y promènent
　　Ma dondaine
Trois dames s'y promènent
　　Ma dondé

Tout's trois s'y promenant
Laissent tomber leur peigne

Trois Allemands passant
Ont ramassé les peignes

Allemands, Allemands,
Ah ! rendez-moi mon peigne...

Et la ronde enfantine que Du Mersan commente en 1843 dans son recueil de *Chansons et Rondes enfantines :*

Sur le pont d'Avignon
Tout le monde y danse, danse,
Sur le pont d'Avignon
Tout le monde y danse en rond

Les beaux messieurs font comme ça
　　Et puis encor comme ça

Les capucins...

« Les enfants peuvent ajouter tous les métiers ou toutes les professions qui leur viendront à la pensée, et singer, autant que possible, leurs allures et leurs habitudes »

est celle que nous chantons tous depuis notre enfance.

Sur le pont du Nord

Une charmante enluminure du XIIe siècle illustre les vers suivants :

C'est la jus c'on dit ès prés,	C'est là-bas, dit-on, aux prés
Jeu et bal i sont criés.	Que jeu et bal sont annoncés.
Emmelos i veut aler,	Emmelot veut y aller,
A sa mère en aquiert grés.	A sa mère l'a demandé.
— Par Dieu, fille, vous n'irés,	— Par Dieu, fille, point n'irez,
Trop y a de bachelers au bal.	Il y a trop de cavaliers au bal.

L'image représente la mère d'Emmelot qui essaie d'arracher sa fille à la redoutable tentation. Les bals populaires, pas toujours bien fréquentés, se tenaient dans un pré, sur une place, et souvent sur le pont de la ville, quand celle-ci en possédait un suffisamment large et solide. On raconte qu'à Utrecht, en 1277, un bal de ce genre se termina tragiquement : les danseurs n'ayant pas laissé passer le Saint-Sacrement, le pont de bois céda et les profanateurs furent noyés. Une catastrophe du même genre est peut-être à l'origine du nom d'un des ponts du vieux Metz, « Le Pont des Morts ». Le sort des « danseurs maudits » inspira sans doute notre chanson.

> Sur l' pont du Nord, un bal y est donné (*bis*)
> Adèle demande à sa mère d'y aller
> Non, non, ma fille, tu n'iras pas danser
> Monte à sa chambre et se met à pleurer
> Son frère arrive dans un bateau doré
> Ma sœur, ma sœur, qu'as-tu donc à pleurer ?
> Maman n' veut pas que j'aille au bal danser
> Mets ta robe blanche et ta ceinture dorée
> Et nous irons tous deux au bal danser
> La première danse Adèle a bien dansé
> La deuxième danse le pont s'est écroulé
> Mon frère, mon frère, me laiss'ras-tu noyer ?
> Non, non, ma sœur, je vais te retirer
> Les cloches de Nantes se mirent à sonner
> La mère demande : Qu'ont-elles à tant sonner ?
> C'est pour Adèle et votre fils aîné
> Voilà le sort des enfants obstinés.

La structure métrique (chaque vers comporte 10 syllabes séparées en 4 + 6 et se termine par l'assonance [é]), propre aux chansons de geste, ferait remonter cette chanson à une époque très ancienne, et l'évocation des « cloches de Nantes » laisse supposer une origine bretonne.

Que penser alors du rapprochement souvent fait avec la vise * danoise d'*Agnete et l'Ondin ?* Dans cette légende, Agnete transgresse la défense faite par sa mère d'aller danser sur le pont. L'homme des eaux apparaît, l'enlève avec son consentement, l'emmène dans son royaume et les cloches annoncent à la mère la disparition de sa fille.

Certes, les similitudes sont troublantes, et dans beaucoup de régions, la malheureuse héroïne se nomme « Agnès ». Mais les éléments communs à la chanson et à la légende, dont la suite s'éloigne tout à fait de notre histoire, ne sont-ils pas des éléments traditionnels que l'on retrouve dans de nombreux récits et contes, tout particulièrement en Bretagne ?

Quant à Agnès, elle se nomme selon les régions, Adèle, Hélène, ou encore Jeannette. Il n'est donc peut-être pas indispensable d'aller chercher en Scandinavie l'origine d'une chanson connue dans toute la France, chaque région ayant adapté le premier vers ; « Sur le pont de Londres » en Champagne ; « Sur le pont du Nord » à Paris et en Normandie (entre autres) ; « Sur le pont des Morts » en Pays Messin, bien sûr, et dans toute la Lorraine ; ou même tout simplement : « A La Rochelle ».

La leçon de morale qui clôt la chanson, a-t-elle été ajoutée après coup, comme on le prétend parfois ? Ce n'est pas évident, car elle semble donner son sens à ce récit dramatique. Toutes les versions relevées comportent d'ailleurs cette morale, avec parfois une suite qui l'adoucit :

> Ah ! mon bon ange, venez les secourir !
> Ce fut Marie qui vint pour les sauver

(Suisse)

ou l'aggrave :

> Ce n'est point aux danses qu'on gagne le Paradis
> C'est à servir Not' Seigneur Jésus-Christ.
> Allez, pauvr' âmes, en Enfer y brûler.

(Bretagne)

répond Saint Pierre aux jeunes gens qui lui demandent asile.

Dans les prisons de Nantes

Dans les prisons de Nantes
Il y a un prisonnier

Que personne ne va voir
Que la fille du geôlier

Elle lui porte à boire
A boire et à manger

Et des chemises blanches
Quand il en veut changer

Un jour il lui demande :
« De moi a-t-on parlé ?

Le bruit court par la ville
Que demain vous mourrez

Puisqu'il faut que je meure
Déliez-moi les pieds »

La fille était jeunette
Les pieds lui a lâchés

Le galant fort alerte
Dans la Loire a sauté

Quand il fut sur la grève
Il se mit à chanter

Dieu bénisse les filles
Surtout celle du geôlier

Si je reviens à Nantes
Oui, je l'épouserai.

Deux airs bien différents accompagnent les paroles de cette chanson. On peut choisir un air monotone et triste, déjà noté comme air de danse, de double branle *, dans le *Recueil des plus belles chansons de danses de ce temps,* publié par Mangeant en 1615. On peut lui préférer un autre air, au rythme entraînant, où le deuxième vers de chaque couplet se chante et se bisse sur le même air que le fameux « Ne sait quand reviendra, ne sait quand reviendra » de *Malbrough.*

La chanson se chantait surtout dans l'Ouest de la France : Bretagne nantaise, Côtes du Nord, Normandie. Elle fait aussi partie du répertoire traditionnel du Canada. Elle y arriva avec les Nantais, qui furent nombreux au XVIIIe siècle à partir peupler ces terres lointaines.

Qui est ce prisonnier, tout heureux de s'échapper du château de Nantes, qui servit longtemps de prison d'État ? Nous ne pouvons le dire de façon sûre. La première apparition manuscrite de la chanson — à la fin du XVIIᵉ siècle — autorise à citer deux noms célèbres, celui du cardinal de Retz, compromis dans la Fronde, et celui de Fouquet, surintendant des Finances, condamné par Louis XIV pour malversations. Si Fouquet était, comme on l'a parfois imaginé, le Masque de fer, un épisode sentimental, traité sur un ton ironique, s'ajouterait alors à la légende du mystérieux prisonnier.

Il existe de la chanson une version plus dramatique, dans laquelle la jeune fille doit user d'un subterfuge pour sauver son amant.

> Sur le pont de Nantes m'en allai promener
> J'ai rencontré ma mie, l'ai voulu caresser
> Les gens de la justice, ils m'ont emprisonné.
>
> Mais quand la belle a vu que son amant fut pris
> Elle s'habille en page, en page de ce pays
> Et vint à la prison dessus son cheval gris.

Les deux amants échangent leurs vêtements ; le jeune homme s'échappe et la belle prend sa place en prison. Les juges prononcent la peine de mort contre le prisonnier ; ils s'aperçoivent alors de la supercherie :

> Puisqu'il en est de la sorte, on ne peut vous condamner
> Si vous êtes une fille, on ne peut vous étrangler
> Et nous vous permettons chez vous de retourner
>
> Dans la cour, une chanson la belle a commencé :
> « Je me moque de ces juges, de ces bonnets carrés
> Et de ces robes noires, j'ai mon amant sauvé. »

Notons qu'une version identique se retrouve dans le répertoire vénitien ; l'action se situe alors à Mantoue :

Caro padre ! el mi favorisca	Mon cher père ! faites-moi la
D'una grazia, d'un placer...	faveur
Io voglio andar a Mantova	D'une grâce, d'un plaisir...
Ritrovar el mio prigioner.	Je veux aller à Mantoue
	Retrouver mon prisonnier.
Che mi favorisca d'un cavalo	Faites-moi la faveur d'un cheval
Che sapia ben marciar.	Qui sache bien marcher.
Per trovar il mio prigionero	Retrouver mon prisonnier
A Mantova voj andar.	A Mantoue je veux aller.

Ces chansons évoquant l'évasion romanesque du héros grâce à sa bien-aimée font pendant à la chanson de *La fille au roi Louis,* composée sur une mélodie du XVIIIe siècle, et qui reprend le thème très ancien de la jeune princesse emprisonnée par son père, puis sauvée par la ruse de son amant.

Le roi Louis est sur son pont
Tenant sa fille en son giron.
Elle se voudrait bien marier
Au beau Déon, franc chevalier.

Ma fille, n'aimez jamais Déon
Car c'est un chevalier félon.
C'est le plus pauvre chevalier,
Qui n'a pas vaillant six deniers.

Ma fille, il faut changer d'amour
Ou vous entrerez dans la tour.
J'aime mieux rester dans la tour,
Mon père, que de changer d'amour.

Le beau Déon, passant par là
Un mot de lettre lui jeta.
Il y avait dessus écrit :
« Belle, ne le mettez en oubli.

Faites-vous morte ensevelir,
Que l'on vous porte à Saint-Denis.
En terre laissez-vous porter,
Point enterrer ne vous lairrai. »

La belle n'y a pas manqué
Dans le moment a trépassé.
Elle s'est laissée ensevelir
On l'a portée à Saint-Denis.

Le beau Déon passant par là :
« Arrêtez, prêtres, halte-là !
C'est m'amie que vous emportez
Ah ! laissez-moi la regarder ! »

Il tira son couteau d'or fin
Et décousit le drap de lin.
En l'embrassant, fit un soupir
La belle lui fit un sourire.

« Sonnez, trompettes et violons
Ma fille aura le beau Déon.
Fillette qu'a envie d'aimer
Père ne l'en peut empêcher. »

Ne pleure pas Jeannette

Ne pleure pas Jeannette
Tra la la la la la la
La la la la la la
Ne pleure pas Jeannette
Nous te marierons. (*bis*)

Avec le fils d'un prince
Ou celui d'un baron.

Je ne veux pas de prince
Encore moins de baron.

Je veux mon ami Pierre
Qui est dans la prison.

Tu n'auras pas ton Pierre
Nous le pendouillerons.

Si vous pendouillez Pierre
Pendouillez-moi avec.

Et l'on pendouilla Pierre
Et sa Jeannette avec.

Voici une chanson d'origine très ancienne, et si bien attestée au cours des siècles qu'il est intéressant d'en reconstituer l'histoire.

Le thème de la jeune fille qui refuse un noble mariage par amour pour un prisonnier se rencontre dès le XIIe siècle dans une chanson de toile ★ :

Belle Amelot soule en chambre feloit
A chantier prant, ke d'amors li mambroit.
An halt chantoit et son amin nommoit.
Mal si gardoit, sa meire l'escoutoit.

Refrain
« *Deus, doneis m'a marit Garin*
Mon dous amin. »

Sa meire antre ans, se s'asiet devant li
Bial li proiet « fille, prenes marit
Lou duc Girairt ou lou conte Hanrit. » ;
« *Par deu, meire, mult mielz ains vivre ensi.* »

Amelot ot ceu ke sa meire dist
Ke ses peires li veult doneir marit.
Tout doucemant a gamanteir se prist,
Li cuers li falt, si ait geteit un crit.

La meire vit son enfant angossous ;
Trop bial li dist :
« Fille rehaitiez vos.

Garin ameis, si l'averes aspous.
Se m'aist deus, il est vaillans et prous ! »

La meire errant mandat lou prou Garin.
Tant li donat et argent et or fin
C'ansamble mist et l'amie et l'amin
Per lou congiet son signor Lancelin.

Amelot tot ensi Garin ot
Son amin.

Belle Amelot seule en sa chambre filait
Elle se mit à chanter, car elle se souvenait de son amour
Elle chantait fort et nommait son ami
Ne prenant pas garde que sa mère l'écoutait.

« Dieu, donnez-moi pour mari Garin
Mon doux ami. »

Sa mère entre, s'assied devant elle
Et la prie : « Ma fille, prenez un mari
Le duc Gérard ou le comte Henri. »
« Par Dieu, Mère, je préfère vivre ainsi. »

Amelot entend ce que sa mère dit
Que son père veut lui donner un mari.
Tout doucement elle se mit à gémir.
Le cœur lui manque, elle a jeté un cri.

La mère vit son enfant pleine d'angoisse
Elle lui dit gentiment : « Ma fille, rassurez-vous.

Vous aimez Garin, vous l'aurez pour époux
Si Dieu m'aide, il est vaillant et preux. »

La mère alla mander le preux Garin
Et lui donna tant d'argent et d'or fin
Qu'elle réunit et l'amante et l'amant
Avec l'accord de son seigneur Lancelin.

Ainsi Amelot eut Garin
Son ami.

Garin est peut-être trop pauvre pour épouser Amelot, mais il est plus probablement prisonnier. La mère paie la rançon qui va le libérer. Au doux temps de l'amour courtois, les histoires se finissaient bien.

C'est une version assez proche, au même dénouement heureux, que notera — il faut bien se distraire — le greffier J. Taillefier dans ses *Registres aux Transports de la Haute Cour de Namur,* vers le milieu du XVe siècle.

A cette époque, cependant, apparaît une autre version, tragique, reproduite dans le beau chansonnier manuscrit de Bayeux, qui date de la fin du siècle :

> La belle se siet
> Au pied de la tour
> Qui pleure et souspire
> Maine grant martire
> Aussi grant doulour.
>
> Son pere lui demande :
> « Fille, qu'avez-vous ?
> Voulez-vous mary
> Ou si vous voulez seignour ?
>
> — Je ne veulx point avoir mary
> Mary ni seignour
> Je veulx avoir le mien amy
> Qui porrist en la tour.
>
> — Ma foi, ma belle fille,
> A cella fauldrés-vous
> Car il sera pendu
> Demain au point du jour.
>
> — Et père s'on le pend
> Enterrès moy dessoulz
> Si diront les gens :
> Ce sont loyaulx amours ! »

Les pères sont-ils moins compréhensifs que les mères, ou les mœurs ont-elles évolué ? Toujours est-il que le sort des pauvres amants sut toucher les cœurs, puisque l'air inspira une messe à De Orto (Dujardin), et à Guillaume Dufay un motet * à trois voix.

Au cours du XVIe siècle, on retrouve la chanson dans divers recueils, parmi lesquels on peut citer *La Couronne et Fleur des Chansons à Trois,* imprimé à Venise par Antoine del Abbate, ou le *Quart Livre des chansons à quatre parties,* édité en 1561 par Le Roy et Ballard. Elle a été traitée à plusieurs voix par les grands polyphonistes du siècle, comme Josquin des Prés ou Roland de Lassus, puis plus tard par Jacques Lefevre, compositeur de la Chambre de Louis XIII. Voici la version que nous offre ce dernier dans ses *Meslanges* parus chez Ballard en 1613 :

C'est la fille du Roy qui est au pied de la tour,
Qui pleure et soupire et maine grand doulour.

Refrain

Hélas ! il n'a nul mal qui n'a le mal d'amour !
Sa mère lui demande : « Fille, qu'avez-vous ?
Y voulez-vous un comte, baron ou seignour ?
— Je veux mon ami Pierre qui est dedans la tour.
— Taisez-vous, ma fille, ce n'est pas pour vous.
Il y sera pendu demain au point du jour.
— Si on le fait mourir, enterrez-moi dessous.
Tous ceux qui passeront diront : Voy la doulour
Las ! qu'une fille meure pour sa trop grande amour !
Ceste piteuse exemple servira pour trestous
Et la grand cruauté demeurera sur vous.
Lors nos cœurs s'en iront droit au temple d'amours. »

Les paroles sont proches de celles du *Chansonnier de Bayeux,* mais on peut remarquer l'introduction du prénom populaire « Pierre », et la morale qui donne un ton nouveau.

C'est en 1761, seulement, que sera notée par écrit une troisième version, très répandue, de notre chanson : *La Pernette.*

La Pernette se lève
Trois heures devant jour
Elle prend sa quenouillette
Avec son petit tour.

A chaque tour qu'elle vire
Fait un soupir d'amour.
Sa mère lui vient dire :
« Pernette, qu'avez-vous ?

Avez-vous le mal de tête
Ou bien le mal d'amour ?
— N'ai pas le mal de tête
Mais bien le mal d'amour.

— Ne pleurez pas, Pernette
Nous vous marierons.
Vous donnerons un prince
Ou le fils d'un baron.

— Je ne veux pas un prince
Ni le fils d'un baron,

Je veux mon ami Pierre,
Qu'est dedans la prison.

— Tu n'auras mie Pierre
Nous le pendolerons !
— Si vous pendolez Pierre,
Pendolez-moi itout.

Au chemin de Saint-Jacques
Enterrez-nous tous deux.
Couvrez Pierre de roses
Et moi de mille-fleurs.

Les pèlerins qui passent
En prendront quelque brout
Diront : Dieu ait l'âme
Des pauvres amoureux !

L'un pour l'amour de l'autre,
Ils sont morts tous les deux. »

Telles sont, à quelques variantes près, les paroles chantées aujourd'hui encore dans de nombreuses régions de France. Le Forez en revendique la paternité, et une tradition locale veut que Pierre fût « un paysan pris et pendu à Montbrisson, pour rébellion contre le fisc et la gabelle du roi Philippe le Bel ». Mais les Vendéens n'en font-ils pas un Chouan ?

La grande diffusion de *La Pernette* a laissé supposer que ses paroles étaient contemporaines de la version normande du XVe siècle, peut-être même antérieures. Elles ne peuvent en tous les cas pas précéder l'invention du rouet, le « petit tour » du quatrième vers, c'est-à-dire la fin du XIVe siècle.

L'air sur lequel *La Pernette* est encore chantée a été utilisé par Favart dans sa comédie *Annette et Lubin*, en 1762. Il semble d'origine populaire, mais est-ce l'ancienne mélodie de la chanson ? Rien ne permet de l'affirmer.

En 1862, une version provençale de *La Pernette* commence ainsi :

> Jeanneto ses levado
> Tres houros d'avant jour

Comment cette chanson de toile, qui inspira tant de grands musiciens, finit-elle par devenir une chanson de marche, qui fit, à la fin du siècle dernier, son apparition au sein des armées ? Quel auteur inconnu métamorphosa La Pernette en Jeannette ? Certes, la simplicité de l'air et le dépouillement des paroles ont rendu Pierre et Jeannette aussi populaires auprès de nos enfants qu'auprès de nos soldats, mais récit et mélodie ont quelque peu perdu en émotion et en délicatesse.

A la claire fontaine

Cette chanson apparaît pour la première fois dans un recueil édité en 1704 par Christophe Ballard et intitulé *Brunettes ou Petits airs tendres*. D'innombrables versions ont été recueillies depuis, tant en France qu'au Canada, où elle servit d'hymne national aux Patriotes canadiens-français lors de la révolte de 1837 contre l'hégémonie de la population anglophone. C'est aussi cette chanson qui allège un instant la douleur de Maria Chapdelaine : « Claire fontaine ? Ah ! c'est beau ça ! Nous allons tous chanter ensemble. Et la complainte de mélancolique amour parut émouvante et douce à son cœur. »

D'une région à l'autre, les variantes sont importantes, et peuvent donner à la chanson une signification bien différente. Nous en évoquerons quelques-unes.

Elle commence ainsi chez Ballard :

> Sur les bords de la Seine
> Me suis lavé les pieds
>
> D'une feuille de chesne
> Me les suis essuyez.
>
> *Refrain*
> Que ne m'a-t-on donné
> Celuy que j'ay tant aimé.
>
> J'ay entendu la voix
> D'un Rossignol chanter.
>
> Chante, Rossignol, chante
> Tu as le cœur tant gay.
>
> Tu as le cœur tant gay
> Et moy je l'ay navré.

Dans les régions de l'Ouest, c'est une jeune invitée qui chante :

> En revenant de noces
> J'étais bien fatiguée
> Au bord d'une fontaine
> Je me suis reposée

alors que nous chantons aujourd'hui, comme les Canadiens :

A la claire fontaine
M'en allant promener
J'ai trouvé l'eau si belle
Que je m'y suis baigné(e).

Refrain
Il y a longtemps que je t'aime
Jamais je ne t'oublierai.

A la feuille d'un chêne
Je me suis essuyé(e)
Sur la plus haute branche
Un rossignol chantait.

Chante oh ! rossignol chante
Toi qui as le cœur gai.
Tu as le cœur à rire
Moi je l'ai à pleurer.

On peut ici évoquer une *Chanson d'amour* de Bernard de Ventadour, troubadour du XIIe siècle :

El rossinhols sotz la folh	Le rossignol sous la feuillée
Chanta d'amor, don me dolh ;	Chante d'amour, ce dont je souffre
E platz me qued en m'en dolha	Et il me plaît d'en souffrir
Ab sol qued amar me volha	Pourvu que veuille m'aimer
Cela qu'en dezir e volh	Celle que je veux et désire.

ainsi que le début d'une chanson du XVe siècle :

Alla claretta fontana
Robin m'ama...

La fontaine, la feuillée, le rossignol et le chagrin d'amour font partie du cadre traditionnel des chansons de toile *.
Mais comment s'explique un tel chagrin, dans un cadre si enchanteur ? La suite de la chanson nous le dit, dont les paroles n'ont guère changé depuis Ballard :

C'est de mon amy Pierre
Qui s'en est en allé.

Je ne luy ay fait chose
Qui ait pu le facher.

Hors un bouquet de Rose
Que je luy refusay.

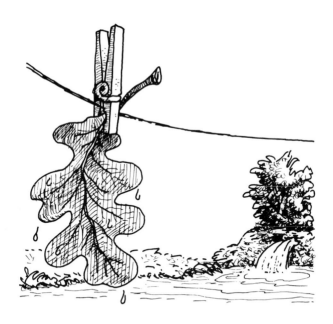

et aujourd'hui :

> C'est pour mon ami Pierre
> Qui ne veut plus m'aimer
> Pour un bouton de rose
> Que je lui refusai.

Parfois, cependant, le bouquet ou bouton de rose symbolique n'a pas été refusé par une jeune fille pudique ou farouche, mais trop vite accordé par une malheureuse, séduite et abandonnée :

> Pour un bouton de rose
> Que trop tôt j'ai donné

Au Canada, et dans la région de Metz — une tradition locale a-t-elle traversé l'Océan, ou s'agit-il d'un simple hasard ? — c'est un jeune homme qui chante :

> J'ai perdu mon amie
> Sans l'avoir mérité
> Pour un bouquet de roses
> Que je lui refusai.

La fin énonce presque toujours des regrets :

> Je voudrais que la rose
> Fût encore au rosier
> Et que mon ami Pierre
> *ou* ma douce amie
> Fût encore à aimer.

> *ou*

> Et que le rosier même
> A la mer fût jeté.

La version de Ballard était pourtant plus poétique :

> Au milieu de la Rose
> Mon cœur est enchaîné.

> N'y a serrurier en France
> Qui puis' le déchaîner.

> Sinon mon ami Pierre
> Qui en a pris la clef.

Le timbre donné par les *Brunettes et Petits airs tendres* est celui de *La grande différence,* appelé ailleurs *Il y a grande différence entre l'Amour et Bacchus.* On le trouve pour la première fois en 1675 dans les *Noëls et Cantiques spirituels* de Colletet. Ce « bel air de cour » fut souvent employé pour divers noëls, dans des chansons, et surtout au théâtre par les auteurs de vaudevilles *. La chanson a été interprétée sur de nombreuses mélodies, mais l'air actuel dérive du timbre original. En Poitou et au Canada, il a pris un rythme de marche plus entraînant et propre à mobiliser Chouans ou Patriotes.

Le roi a fait battre tambour
ou
La Marquise empoisonnée

Le roi a fait battre tambour (*bis*)
Pour voir toutes ces dames
Et la première qu'il a vue
Lui a ravi son âme.

— Marquis, dis-moi, la connais-tu (*bis*)
Quelle est cette jolie dame ?
Le marquis lui a répondu :
— Sire roi, c'est ma femme.

— Marquis, tu es plus heureux qu' moi (*bis*)
D'avoir femme si belle
Si tu voulais me la donner
Je me chargerais d'elle.

— Sire, si vous n'étiez pas le roi (*bis*)
J'en tirerais vengeance
Mais puisque vous êtes le roi
A votre obéissance.

— Marquis, ne te fâche donc pas (*bis*)
Tu auras ta récompense
Je te ferai dans mes armées
Beau maréchal de France.

— Adieu ma mie, adieu mon cœur (*bis*)
Adieu mon espérance
Puisqu'il te faut servir le roi
Séparons-nous d'ensemble.

Le roi l'a prise par la main (*bis*)
L'a menée en sa chambre
La belle en montant les degrés
A voulu se défendre.

— Marquise, ne pleurez pas tant (*bis*)
Je vous ferai princesse
De tout mon or et mon argent
Vous serez la maîtresse.

La reine a fait faire un bouquet (*bis*)
De belles fleurs de lyse
Et la senteur de ce bouquet
A fait mourir marquise.

Le roi a fait faire un tombeau (*bis*)
Tout en fers de Venise
Sur sa tombe mit un écrit
« Adieu belle marquise ».

Quelle est donc cette marquise qui sut ravir le cœur du roi pour son plus grand malheur ?

Le fait historique qui servit le plus probablement de thème d'inspiration au poète est la mort dramatique de Gabrielle d'Estrées. Elle avait à peine 17 ans quand Henri IV fut frappé par son éclatante beauté. Elle abandonna bientôt son mari pour vivre aux côtés du Roi, dont elle devint la favorite la plus en vue.

« La Marquise », ainsi nommée à la Cour depuis qu'elle était devenue marquise de Monceaux, se sépara du Roi, selon la coutume, pour les dévotions pascales de l'an 1599. Ayant quitté Fontainebleau le Lundi Saint, elle descendit à Paris chez le financier toscan Zamet. Le mercredi, après les vêpres, elle eut un malaise et se fit porter chez sa tante. Pendant une agonie terrible qui dura deux jours, elle accoucha d'un enfant mort et expira le samedi matin, 10 avril. Sa popularité était telle que la foule défila tout le jour devant sa dépouille.

Cette mort tragique parut suspecte, et comme le Roi tentait alors d'obtenir l'annulation de son mariage avec Marguerite de Valois, on soupçonna celle-ci d'avoir provoqué la mort de sa rivale. Des soupçons, apparemment mieux fondés, pesèrent aussi sur Marie de Médicis, accusée d'avoir fait empoisonner, par l'intermédiaire de Zamet, la maîtresse de celui qu'elle allait épouser l'année suivante. L'histoire, arrangée pour la vraisemblance et la poésie, devint le sujet de notre chanson, sans doute composée peu après la mort de « La Belle Gabrielle ».

Quand, en 1668, Athénaïs de Rochechouart supplanta Mademoiselle de La Vallière dans les faveurs de Louis XIV, au grand dam de son mari, le Marquis de Montespan, la chanson dut avoir un regain de faveur, surtout en Saintonge, où avait été élevée la marquise, et où la chanson reste très populaire.

On appliqua aussi cette histoire tragique à Madame de Vintimille, fille du Marquis de Nesles, qui, succédant à sa sœur, devint en 1738 la favorite du roi Louis XV et dont la mort en couches fit suspecter un empoisonnement.

Mais cette chanson aux accents pathétiques, réellement « folklorique » par son thème, son histoire et sa diffusion dans toutes les provinces de France et au Canada, ne fut recueillie par écrit que par les collectionneurs du XIXe siècle. On ne peut donc émettre à son sujet que de simples conjectures.

Le Roi Renaud

Le roi Renaud de guerre revient
Tenant ses tripes dans ses mains
Sa mère est à la tour en haut
Qui voit venir son fils Renaud.

« Renaud, Renaud, réjouis-toi,
Ta femme est accouchée d'un roi
— Ni de ma femme ni de mon fils
Je ne saurais me réjouir

Faites-moi vite un beau lit blanc
Je n'y coucherai pas longtemps. »
Et quand ce fut sur la minuit,
Le roi Renaud rendit l'esprit...
...

La *Complainte du roi Renaud,* qui ne comporte pas moins de vingt-deux couplets, est imprimée en 1837. Elle suscite un véritable engouement : le goût est encore marqué pour une chevalerie médiévale héroïque, un peu conventionnelle, mise à la mode par les romans de Walter Scott. Nerval lui consacre quelques lignes dans la revue *La Sylphide* en 1842 ; les revues folkloriques la publient et la commentent, révélant ainsi l'existence en France d'une soixantaine de versions orales de la chanson.

Dans une version du Sud de la Bretagne, le drame est précédé d'un long préambule.

Le comte Redor s'en va chasser
Dans la forêt de Guéméné.
En son chemin a rencontré
La mort qui lui a parlé :

« Veux-tu dès aujourd'hui mourir
Ou être sept ans à languir ?
— J'aime mieux aujourd'hui mourir
Que d'être sept ans à languir. »

Et s'en allant sur le pré
Sa bonne mère a rencontré :
« Oh ! réjouis-toi, mon fils Louis,
Ta femme est accouchée d'un fils »...

Le dialogue initial avec la mort maléfique, le thème de la chasse et non de la guerre, se rattachent à un gwerz* du XVIᵉ siècle, *Le comte Nann :* Nann part chasser le lièvre pour régaler sa jeune femme qui vient d'accoucher. Il rencontre une fée ; elle décide de l'épouser, il refuse. La fée va le punir : s'il refuse une nouvelle fois, soit il mourra dans les trois jours, soit il languira de maladie sept ans durant. Nann choisit la mort rapide, afin de moins éprouver sa jeune épouse. Rentré chez lui, il fait préparer son lit, se couche et meurt après avoir confié son fils à sa belle-mère.

Il faut chercher l'origine du gwerz dans une légende scandinave, celle du chevalier Olav, dont il n'existe pas moins de soixante-neuf versions. Une vise* danoise du XVIᵉ siècle raconte ceci : c'est l'aube ; Olav, sur son cheval, se rend chez sa fiancée pour célébrer ses noces. Il surprend la danse des Elfes. Par fidélité à sa fiancée, il refuse de danser avec la fille du roi des Elfes. Celle-ci lui a proposé, tour à tour, des bottes, une chemise de soie, un casque en or. Devant son refus obstiné, elle le somme de choisir : ou il mourra le jour suivant, ou il sera malade sept ans durant. Il a choisi la mort ; de retour chez son père, il expire. Au matin des noces, la fiancée s'inquiète :

> « Pour qui sonnent ces cloches ?
> — C'est pour ton mariage. »

Elle s'inquiète de voir pleurer les femmes :

> « Où est Olav ? — Avec ses chevaux.
> — Les préfère-t-il donc à moi ?
> — Il est mort. »

Elle expire sur le corps de son bien-aimé. La mère d'Olav meurt aussi .

A la différence de la version bretonne citée plus haut, qui est très proche du gwerz, les autres versions françaises de la triste histoire du roi Renaud n'ont pas retenu la première partie du drame, celle de la rencontre maléfique. La chanson commence au retour du roi et à sa mort imminente :

> Quand Jean-Renaud de guerre revint
>
> *ou*
>
> Le roi Renaud de guerre revient

ou, comme en Limousin :

> Quand Ernaud de guerre arriva.

Elle conte essentiellement la découverte dramatique, par la jeune femme, de la mort de son époux. Notre folklore rejoint alors la vise danoise :

> « Ah ! dites-moi ma mère m'amie
> Que pleurent les servantes ici ?
> — Ma fille, en lavant nos linceuls (*draps*)
> Ont laissé aller le plus neuf...
>
> — Ah ! dites-moi ma mère m'amie
> Qu'est-ce que j'entends sonner ici ?
> — Ma fille, c'est la procession
> Qui fait le tour de la maison. »

Selon les versions, le dialogue entre les deux femmes peut occuper de six à quinze couplets.

> « Qu'est-ce que j'entends cogner ainsi ?
> Ma fille, c'est le charpentier
> Qui raccommode le plancher...
>
> Qu'est-ce que j'entends pleurer ainsi ?
> Ma fille, c'est le cheval gris
> Qui s'étrangle dans l'écurie »

A bout de subterfuges, la mère avoue, et la chanson finit aussi tragiquement qu'elle commence : la jeune femme rejoint son époux dans la tombe ; parfois l'enfant est confié à la mère de Renaud ; plus souvent, il est, lui aussi, entraîné dans sa mort :

> « Puisque le roi Renaud est mort
> Voici les clés de mon trésor.
> Prenez mes bagues et mes joyaux
> Nourrissez bien le fils Renaud.
>
> Terre, ouvre-toi, terre, fends-toi,
> Que j'aille avec Renaud, mon roi. »
> Terre s'ouvrit, terre fendit
> Et la belle fut engloutie.
>
> *ou*
>
> « Renaud, Renaud, mon réconfort,
> Te voici donc au rang des morts
> Terre ouvre-toi, terre fends-toi,
> Que j'aille voir Renaud mon roi.

Ma mère dites aux fossoyeurs
Qu'ils creusent la tombe pour deux
Et qu'ils fassent le trou assez grand
Pour qu'on y mette aussi l'enfant. »

ou

Elle a pleuré quarante jours
Sur le tombeau du roi Renaud
Et après les quarante jours
Elle est allée dans un couvent.

Une version, populaire dans le Vivarais, déconcerte par sa platitude :

« Ouvrez tombeaux, fendez rochers
A mon mari je veux parler.
— Retire-toi, femme, d'ici »
Dit une voix de terre sortie.

« J'entends la voix de mon mari
Faut qu'il soit de suite obéi. »
Elle s'en fut à la maison
Elle y vécut un temps fort long.

En Espagne, en Italie, la triste histoire du roi mort le jour où lui naît un fils a inspiré quelques chansons. Le roi ne s'appelle plus Renaud, mais Joan, Ramon ou Pedro en Espagne, Anzolin à Venise et Carlin dans le Montferrat :

Ra soi mamma ant u giardin   Sa mère était au jardin
R'aspiciava lo re Carlin   Elle attendait le roi Carlin
— Alegr, alegr, o re Carlin   — Réjouis-toi, réjouis-toi ô
Ra vostra dona r'ha in fantulin...   Carlin,
    Votre épouse a un petit enfant...

J'ai descendu dans mon jardin

J'ai descendu dans mon jardin (*bis*)
Pour y cueillir du romarin.

Refrain
Gentil coquelicot, mesdames
Gentil coquelicot nouveau.

J'en avais pas cueilli trois brins (*bis*)
Qu'un rossignol vint sur ma main.

Il me dit trois mots en latin (*bis*)
Que les hommes ne valent rien
Et les garçons encore bien moins
Des dames il ne me dit rien
Mais des demoiselles beaucoup de bien.

La chanson fait partie du recueil *Chansons et Rondes enfantines*, publié en 1846 par Du Mersan, qui dit l'avoir entendue dans les squares de Paris.

Le refrain « Gentil coquelicot, mesdames, gentil coquelicot nouveau » serait une invention des Parisiens... à moins que l'auteur inavoué n'en soit Du Mersan lui-même.

Le thème de la belle qui descend au jardin et y entend le rossignol, court à travers les siècles dans bien des chansons françaises. La chanson-mère de ce répertoire est une chanson de toile * du XIIe siècle, oubliée de la mémoire populaire, *Belle Aelis*.

Main se leva la bien faite Aelis
Vos ne savés que li lousegnols dit.
Il dist c'amours par faus amans perist.
Voir se dist li lousegnols
Mai je di que cil est fols
Qui d'amor se veut partir.

Et pour çou que j'ai bone amor
Keudrai la violete au jour
Sons la raime.
Bien doit quellir violette
Qui par amours aime.

Le rousegnols nos dit en son latin :
Amant aimés, joie arés a tous dis
Et ki d'amer se repent
Ne peut joie recouvrer

Si s'en entra la belle en un gardin
Li rousegnols un sonet li a dit :
Pucele, amés, joie arés et delit.

De bon matin se leva la bien faite Aelis
Vous ne savez ce que dit le rossignol,
Il dit qu'amour périt par les amants trompeurs
C'est ce que dit le rossignol,
Moi, je dis qu'il est bien fou
Celui qui amour veut fuir

Et, parce que j'ai bonne amour,
Cueillerai la violette au jour
Sous la ramée.
Qu'il cueille la violette,
Celui qui aime d'amour

Le rossignol nous dit en son latin :
Amants aimés, joie aurez à tous deux
Qui sait aimer, joie attend ;
Qui d'aimer se repent
Ne peut joie retrouver.

Ainsi la belle entra dans un jardin,
Le rossignol un sonnet lui a dit :
Demoiselle, aimez, joie et délices aurez.

Les trois thèmes qui se répondent dans cette longue chanson — le jardin, la cueillette et le rossignol — vont s'ordonner plus tard dans d'autres chansons, comme en des versions simplifiées de *Belle Aelis.* Toutes commencent là où finit *Belle Aelis :* au moment où la belle descend au jardin.

Ce sont, par exemple, deux textes d'un manuscrit florentin du XVe siècle :

Un bien matin me levay
En un giardin m'en entray...

et aussi

Ge me levay un matin,
Ay loin, loin ;
Intray m'en en un giardin...

une chanson du *Recueil des plus beaux airs* de Mangeant, en 1615 :

Je me levai par un matin
La fraîche matinée
Je m'en allai à mon jardin...

et, dans les *Rondes* de Ballard, en 1724 :

Me suis levée par un matin
Amour tu n'entends point
M'en suis allée dans mon jardin...

Une version recueillie dans le Vivarais commence ainsi :

J'ai pris la clé de mon jardin...

L'instant de la cueillette devient essentiel : il prélude à un message amoureux. Le nom des fleurs cueillies varie ; leur nombre est souvent fixé à trois.

Manuscrits de Florence du xve siècle :

Un ciapelet (*petit chapeau*) en ferai

et

Pour culhir la violeta

Recueils de Mangeant : en 1602

Pour cueillir la soucie
Je n'en eus pas cueilli trois brins

et en 1615

Pour cueillir giroflée
Et giroflée et romarin
Lavande cotonnée
...
Las, je n'en cueillis pas trois brins

Ballard, 1724 :

Pour y cueillir du romarin
Je n'en eus pas cueilli trois brins

Quant au rossignol, il est parfois pris comme messager entre la belle et son ami :

Un ciapelet en ferai
A mon ami la derai.
Par chui lo li trameterai ?
Par le rosinholet gai.

J'en ferai un petit chapeau
A mon ami le donnerai.
Par qui le lui transmettrai-je ?
Par le gai rossignolet.

(*Manuscrit de Florence*, xve siècle)

111

Son rôle a quelque peu changé, depuis *Belle Aelis*. Il exaltait alors l'amour courtois, dans l'un des refrains :

> Fin amour loyal
> Est bon à maintenir.
>
> Et pour avoir su aimer
> Amie ai à ma volonté.
>
> Tant me plaît le déduit d'amour.
>
> Si j'avais nuit sans amour
> Je voudrais mourir au jour.

Désormais, il est, le plus souvent, un conseiller désabusé. Le fin amour n'est plus. Son code subtil laisse place à une méfiance désenchantée :

> Le doux rossignol y vint
> Qui me disait en son latin :
> « Fille, croyez-moi, n'aimez point
> Car les garçons ne valent rien,
> Et les hommes encore moins. »

(Ballard, 1724)

Parfois, la caille remplace le rossignol :

> La caille dit en son latin
> Que les hommes ne valent rien.
> Pour les femmes je n'en dis rien
> Mais pour les filles, je les soutiens.

Et, en réponse à toutes ces versions « féministes », on chante parfois :

> Le rossignol dit en latin
> Que toutes ces femmes ne valent rien
> Et pour ces filles encore moins.
> Pour ces garçons je les soutiens.

Dans de nombreuses versions, ce n'est pas le rossignol qui vient, mais l'amant en personne. Ainsi, le recueil de Mangeant en 1602 :

> Mon ami arrive
> Lequel me requit d'un baiser.
> Ne l'osai éconduire.
>
> Prenez-en deux, prenez-en trois
> Passez-en votre envie.

ou bien, dans la version du Vivarais :

> J'ai vu venir mes amourettes
> Approchez-vous, gentil galant
> Nous parlerons, deviserons
> Vous parlerez à votre amante.

Très souvent, la chanson prend une tournure polissonne. Chardavoine publie, en 1576, le couplet suivant :

> Un jour madame Perrette
> Me mena dans son jardin
> Me donna par amourette
> Un bouquet de romarin,
> Et autre chose, et tout,
> Que je n'ose dire, dire, dire,
> Et autre chose, et tout,
> Je ne vous dirai meshui tout.

La chanson est reprise par Bonfons en 1581. Elle est inscrite au répertoire de Gaultier-Garguille : de Perrette, l'héroïne est devenue Pasquette.

En 1602, Launay publiait une chanson leste, dont voici le cinquième couplet :

> M'amye un soir
> Était dans un jardin.
> S'alla s'asseoir
> Proche d'un romarin.
> Là je lui manie les tétins.

Un peu à l'écart de ce répertoire populaire, qui aboutit à la ronde enfantine que nous connaissons, il nous faut évoquer une très belle chanson d'amour où le thème de la belle au jardin a conservé toute sa pureté *L'Amour de moi* (voir page suivante).

L'Amour de moi

L'amour de moi si est enclose
Dedans un joli jardinet
Où croît la rose et le muguet
Et aussi fait la passerose.

Ce jardin est bel et plaisant
Il est garni de toutes fleurs.
On y prend son ébattement
Autant la nuit comme le jour.

Hélas ! il n'est si douce chose
Que de ce doux rossignolet
Qui chante au soir, au matinet.
Quand il est las, il se repose.

Je la vis l'autre jour cueillir
La violette en un vert pré
La plus belle qu'oncques ne vis
Et la plus plaisante à mon gré.

Je la regardais une pose.
Elle était blanche comme lait
Et douce comme un agnelet
Vermeillette comme une rose.

L'Amour de moi est restée une chanson savante, peut-être à cause de sa mélodie difficile à soutenir pour une voix non exercée. Très en vogue au XVe et au XVIe siècles, la chanson fut ensuite longtemps oubliée.

Au XVe siècle, Christine de Pisan écrivait :

Je vous vends la passerose
Belle, à dire ne vous ose
Comment amour vers vous me tire.

Dans le *Chansonnier de Bayeux* (XVe s.), le couplet suivant est noté sur l'air de *L'Amour de moi* :

On doit bien aimer l'oiselet
Qui chante par matine
Ce mois de mai sur le muguet
Tant comme la nuit dure

114

Il fait bon écouter son chant
Plus que nul autre en bonne foi
Car il réjouit maint amant
Je le sais bien, quant est à moi.

Ce couplet se retrouve dans le recueil Paris-Gevaert de chansons du XVe siècle, mais sur deux autres airs. Ce manuscrit contient, au numéro 27, la chanson *L'Amour de moi* avec l'air et les paroles que nous connaissons. Sur ce même air, on trouve aussi une chanson d'amour déçu :

Jamés je n'auré envie
D'aimer jeune aulcunement
Sy je ne sçay de quel gent
Elle est et qui l'a nourrie.

J'en avoys une choisie
Mais elle est à plus de cent,
Qui disait qu'elle m'aymoit tant
Autant comme à moy amye.

On ne peut oublier enfin que l'évocation du jardin d'amour se retrouve dans des temps bien plus lointains.

Le Cantique des Cantiques faisait du jardin le symbole de l'union amoureuse :

> Elle est dans un jardin bien clos...
> J'entre dans mon jardin

chante l'Époux à qui l'Épouse répond :

> Mon bien-aimé est descendu à son jardin...
> Pour cueillir des lis.

Les mêmes mots seront utilisés au XVIe siècle dans un motet * à la Vierge, composé par Antoine de Févin :

Descendi in hortum meum	J'ai descendu dans mon jardin
Veni dilecta mea	Viens, ma prédilection,
Tota pulchra es	Tu es belle tout entière
Amica mea.	Ma bien-aimée.

A la même époque, la voix du rossignol, dans le *Chant des Oiseaux* de Janequin, exhorte joyeusement à l'amour :

> Réveillez-vous, cœurs endormis
> Le dieu d'amour vous sonne.
>
> Rossignol du bois joli
> A qui la voix résonne
> Pour vous mettre hors d'ennui
> Votre gorge jargonne...

Plaisir d'amour

Jean-Pierre Claris de Florian (1755-1794), protégé de Voltaire, puis page et enfin gentilhomme de Monseigneur le Duc de Penthièvre, partagea sa vie entre les deux résidences de ce prince, le château de Sceaux et le château d'Anet, cadres enchanteurs qui lui inspirèrent de courtes pièces édifiantes, fables, pastorales * et contes.

> Lorsque j'ai dit que le bonheur suprême
> Était d'avoir un champêtre séjour,
> D'y vivre en sage, en paix avec soi-même,
> C'est à dessein que j'oubliai l'amour.
> L'amour lui seul peut charmer notre vie,
> Ou la flétrir : triste choix ! j'en conviens.
> Des maux qu'il fait ma mémoire est remplie,
> De ses plaisirs fort peu je me souviens.

> (*Le Tourtereau*)

Dans *la Célestine*, nouvelle de Florian d'une haute valeur morale, dont l'action se déroule en Espagne, l'héroïne, pour échapper aux noirs desseins de son tuteur, se fait enlever une nuit par son ami, Don Pedro. Un fâcheux quiproquo les sépare, et la voilà seule et abandonnée sur la route de Gadara : « Elle entendit au bas de la grotte le son d'une flûte champêtre : elle écoute ; et bientôt une voix douce, mais sans culture, chante sur un air rustique ces paroles :

> Plaisir d'amour ne dure qu'un moment,
> Chagrin d'amour dure toute la vie.

> J'ai tout quitté pour l'ingrate Sylvie,
> Elle me quitte et prend un autre amant.
> Plaisir d'amour ne dure qu'un moment,
> Chagrin d'amour dure toute la vie.

> Tant que cette eau coulera doucement
> Vers ce ruisseau qui borde la prairie,
> Je t'aimerai, me répétait Sylvie,
> L'eau coule encor, elle a changé pourtant.

> Plaisir d'amour ne dure qu'un moment,
> Chagrin d'amour dure toute la vie.

Qui le sait mieux que moi ! s'écria Célestine en sortant de la grotte pour parler à celui qui chantait. C'était un jeune chevrier, assis au pied d'un saule, et regardant avec des yeux mouillés de pleurs l'eau qui serpentait sur les cailloux. »

Le malheureux berger, trahi par sa maîtresse, exhale son chagrin en ces vers, que rien ne destinait à un sort différent de celui des nombreuses romances qui émaillent l'œuvre du chevalier Florian.

Mais Martini passait par là, et pensa que la romance méritait la parure d'une mélodie digne de la douleur de l'infortuné chevrier. Une harmonie parfaite entre le court poème et son ornement musical fut réalisée, et, de la Cour, la *Romance du Chevrier* passa aussitôt à la ville.

Jean-Paul-Égide de Schwardzendorf (1741-1816) était alors à l'apogée d'une carrière éblouissante. Jeune prodige, il était organiste attitré à Neubourg dès l'âge de 10 ans. En 1760, se sentant indésirable chez son père qui venait de se remarier, il décida de quitter l'Allemagne. On raconte que, pour choisir sa route, il monta au sommet d'un clocher, jeta une plume et suivit la direction qu'elle lui indiquait. C'est ainsi qu'il arriva à Nancy où ses talents le firent très vite remarquer à la Cour du roi Stanislas. Il prit alors le nom de Martini il Tedesco. Après la mort de son protecteur, il se rendit à Paris où le Prince de Condé, le Comte d'Artois et le roi lui-même lui confièrent les plus hautes charges. Il était au service du roi quand la *Romance nouvelle de M. le Chevalier de Florian,* sur une musique de M. Martini, parut dans les *Étrennes de Polymnie* en 1785. Compte tenu des délais imposés par cette revue, on peut penser qu'elle fut composée avant le 1er août 1784. Martini, auteur d'une œuvre féconde et variée, chantre officiel sous la monarchie, la Révolution et l'Empire, doit à cette simple romance, tendre et mélancolique, d'être resté immortel. Mais n'est-ce pas pleine justice pour celui qui fut le premier en France à écrire des romances indépendantes de toute œuvre lyrique, destinées à être chantées dans les salons, avec le simple accompagnement du « pianoforte » (le père de notre piano), qui était alors en train de détrôner le clavecin.

Frou-frou

La femme porte quelquefois
La culotte dans son ménage
Le fait est constaté, je crois
Dans les liens du mariage
Mais quand elle va pédalant
En culotte comme un zouave
La chose me semble plus grave
Et je me dis en la voyant :

Refrain
Frou-frou, frou-frou
Par son jupon la femme
Frou-frou, frou-frou
De l'homme trouble l'âme.
Frou-frou, frou-frou
Certainement la femme
Séduit surtout
Par son gentil frou-frou.

La femme ayant l'air d'un garçon
Ne fut jamais très attrayante
C'est le frou-frou de son jupon
Qui la rend surtout excitante

Lorsque l'homme entend ce frou-frou
C'est étonnant tout ce qu'il ose
Soudain il voit la vie en rose
Il s'électrise il devient fou

Le mot « frou-frou » apparaît au XVIIIᵉ siècle pour évoquer le bruissement soyeux d'étoffes et de volants. Mais c'est à la fin du Second Empire qu'il devient à la mode : Meilhac et Halévy écrivent, en 1869, une comédie intitulée *Frou-frou*. C'est le surnom donné à l'héroïne, Gilberte, jeune fille frivole qui n'aime rien tant que le tourbillon des bals et des toilettes.

L'origine de notre chanson se situe quelque vingt ans plus tard. Le compositeur Henri Chapau et le parolier Lucien Delormel écrivent à cette époque *La Fête du souffleur*; la chanson — dont les paroles ont sombré aujourd'hui dans l'oubli — ne rencontre pas la faveur du public. Pourtant, un Allemand remarque la mélodie ; il la fait adapter et chanter à Vienne sous le titre *Beim Supper* (« Au souper ») ; c'est un succès.

Quelques années plus tard, le Théâtre des Variétés, à Paris, cherche une chanson qui puisse soutenir les évolutions des danseuses en jupons légers et... froufroutants. Un mouvement de valse conviendra parfaitement : *Beim Supper* reprend le chemin de son pays d'origine et, avec quelques remaniements, devient *Frou-frou.*

Le parolier de *Frou-frou,* Lucien Delormel, n'écrivit pas moins de cinq mille chansons, qui sont autant d'images d'une Belle Époque à la Toulouse-Lautrec : messieurs émoustillés, grands écarts polissons de french-cancan et toujours... les « frous-frous » enjôleurs.

Écoutons le refrain de *Frou-frou polka,* qu'il écrivit en 1894 :

> Comme c'est subtil
> Comme c'est gentil
> D'entrevoir les dessous
> Qui font frou-frou-frou.
> Tous les vieux messieurs
> Les jeunes gommeux
> Allument les dentelles
> Des petites demoiselles.
> Et voilà pourquoi
> Oui-da l'on composa
> Frou-frou polka.

Delormel meurt en 1899, mais les frous-frous demeurent. Quelques années plus tard, alors que les suffragettes anglaises commencent à scandaliser l'opinion, le compositeur Paul Lincke célèbre obstinément les frous-frous sur un air de gavotte, *Frous-frous d'amour* :

Refrain

Sous le frou-frou des dentelles
Je te reviens plus fidèle.
Pour calmer ton cher émoi
Je me suis faite pour toi
Plus belle.
Sous l'exquise chemisette
Je te reviens plus coquette.
Grise-toi de mon retour
Sous les frous-frous d'amour.

La Madelon

La Madelon, dont les paroles sont de Louis Bousquet et la musique de Camille Robert, fut créée en 1913 par un chanteur à succès, Bach,... sans succès. Reprise au printemps 1914 par Paulin à La Scala, ce fut un nouveau fiasco. Mais quand le général Joffre eut décidé d'organiser des tournées d'artistes sur le Front, Bach reprit *La Madelon* dans son répertoire de tourlourou.

La chanson devint célèbre du jour au lendemain : elle avait trouvé son public. Elle répondait à la fois à l'optimisme du début de la guerre, et aux deux aspirations du poilu : le vin et une bonne fille.

Elle devint l'hymne des soldats français, et fut chantée en toutes circonstances, attaque, marche, repos, au point qu'un officier anglais auquel on demandait après la guerre quel était le chant national de la France répondit sans hésiter : *La Madelon.* Le titre original était :

Quand Madelon

Pour le repos, le plaisir du militaire
Il est là-bas à deux pas de la forêt
Une maison aux murs tout couverts de lierre
« Aux tourlourous » c'est le nom du cabaret.
La servante est jeune et gentille
Légère comme un papillon.
Comme son vin son œil pétille.
Nous l'appelons la Madelon.
Nous en rêvons la nuit, nous y rêvons le jour.
Ce n'est que Madelon, mais pour nous c'est l'amour.

Refrain
Quand Madelon vient nous servir à boire
Sous la tonnelle on frôle son jupon
Et chacun lui raconte une histoire
Une histoire à sa façon.
La Madelon pour nous n'est pas sévère
Quand on lui prend la taille ou le menton
Elle rit, c'est tout l' mal qu'ell' sait faire
Madelon, Madelon, Madelon.

Nous avons tous au pays une payse
Qui nous attend et que l'on épousera
Mais elle est loin, bien trop loin pour qu'on lui dise
Ce qu'on fera quand la Classe rentrera.
En comptant les jours on soupire
Et quand le temps nous semble long
Tout ce qu'on ne peut pas lui dire
On va le dire à Madelon.
On l'embrass' dans les coins.
Ell' dit : « Veux-tu finir... »
On s' figur' que c'est l'autr', ça nous fait bien plaisir.

Un caporal en képi de fantaisie
S'en fut trouver Madelon un beau matin
Et, fou d'amour, lui dit qu'elle était jolie
Et qu'il venait pour lui demander sa main.
La Madelon, pas bête, en somme
Lui répondit en souriant :
« Et pourquoi prendrais-je un seul homme
Quand j'aime tout un régiment ?
Mes amis vont venir
Tu n'auras pas ma main,
J'en ai bien trop besoin pour leur verser du vin. »

En 1918, Lucien Boyer et Borel-Clerc composèrent *La Madelon de la Victoire*, dédiée à « MM. Bousquet et C. Robert, les auteurs de l'immortelle chanson *Quand Madelon* ». Elle fut créée par Maurice Chevalier :

Après quatre ans d'espérance,
Tous les peuples alliés
Avec les poilus de France
Font des moissons de lauriers.
Et qui préside à la fête ?
La joyeuse Madelon !
Dans la plus humble guinguette,
On entend cette chanson :
« Ohé, Madelon !
A boire et du bon ! »

Madelon, emplis mon verre
Et chante avec les poilus
Nous avons gagné la guerre.
Hein ! crois-tu qu'on les a eus ?
Madelon, ah ! verse à boire
Et surtout n'y mets pas d'eau
C'est pour fêter la victoire
Joffre, Foch et Clemenceau !

Clemenceau voulut honorer l'auteur de *La Madelon,* la vraie, celle qui avait affermi le courage de ses troupes, et fit remettre la Légion d'Honneur à... Lucien Boyer. Son erreur l'amusa beaucoup.

En 1939, *Victoire, la fille à Madelon :*

Ils n'ont tous qu'un seul espoir
C'est d'enlever la victoire
Victoire, Victoire
C'est la fille à Madelon !

écrite pour stimuler le patriotisme des Français, ne provoqua pas l'enthousiasme.

Et c'est avec nostalgie que Charles Trénet évoquait en 1960 l'héroïne de la guerre de 14-18 :

Qu'est devenue depuis
La Madelon jolie
Des années seize
A-t-elle toujours les yeux
Étonnés d'être si bleus
La taille à l'aise...

Allons dans les bois,
ma mignonnette

Cette chanson fut composée par Félix Boyer en 1910, alors qu'il était soldat au 76ᵉ R. T. Mais, comme *La Madelon,* elle dut attendre les tournées organisées par le Théâtre des Armées pour accéder à la célébrité.

Allons dans les bois, ma mignonnette
Allons dans les bois du Roi
Nous y cueillerons la jolie pâquerette.
Allons dans les bois ma mignonnette
Allons dans les bois du Roi.

L'autre jour dans l'eau de la rivière
L'autre jour jolie Suzon
Se croyant seulette trempait son derrière
Se croyant seulette avait sur le gazon
Mis à sécher son jupon.

Mais Martin qui guettait sur la rive
Mais Martin ce gros malin
En se cachant bien, v'là t'y pas qu'il arrive
En se cachant bien prit le jupon en main
Suzon pleurait dans son bain.

« Oh ! Martin tu m'as pris quelque chose,
Oh ! Martin mon blanc jupon. »
« Je te le rendrai, mais donne-moi ta rose
Je te le rendrai, si tu veux bien Suzon
Ta rose pour ton jupon. »

Et jolie Suzon donna sa rose
Martin rendit le jupon.
Dans le pré en mai, dans l'église à Pluviose
Dans le pré en mai lui rendit son jupon
Martin maria Suzon.

Sur la musique de Boyer, Valbonne composa un couplet, que chantent Gaby Morlay et Michel Simon dans le film *Les Amants de Pont-Saint-Jean* (1947). Il paraît que c'est, avec *Frère Jacques*, la chanson française la plus connue des étrangers.

Boire un petit coup c'est agréable
Boire un petit coup, c'est doux
Mais il ne faut pas rouler dessous la table
Boire un petit coup c'est agréable
Boire un petit coup, c'est doux.

Une autre strophe semble due à une improvisation spontanée :

J'aime le jambon et la saucisse
J'aime le jambon, quand il est bon
Mais j'aime encore mieux le lait de ma nourrice
J'aime le jambon et la saucisse
J'aime le jambon, c'est bon.

De la chanson de Félix Boyer, on n'a guère conservé que le premier couplet, devenu comme une sorte de refrain dans lequel, par un mystère inexpliqué, « la jolie pâquerette » est devenue « la fraîche violette ».

Plantons la vigne

Plantons la vigne
La voilà la jolie vigne
Vigni vignons vignons le vin
La voilà la jolie vigne au vin
La voilà la jolie vigne

De plante en pousse
La voilà la jolie pousse
Poussi poussons...

De pousse en fleur
La voilà la jolie fleur
Fleuri fleurons...

De fleur en grappe

De grappe en vert

De vert en mûr

De mûr en coupe

De coupe en cuve

De cuve en tonne

De tonne en verre

De verre en bouche

De bouche en ventre

De ventre en pisse

De pisse en terre

Traditionnellement chantée le 22 janvier, jour de la Saint-Vincent, patron des vignerons, cette chanson a égayé la fin de plus d'un repas bien arrosé, quel que fût le moment de l'année : il suffisait que le vin coulât. Aristide Bruant la mit à la mode dans les cabarets de la butte Montmartre. Le public reprenait joyeusement en chœur les deux derniers couplets, en chantant très fort :

De ventre en pisse...
De pisse en terre...

Le nombre de couplets n'est d'ailleurs pas déterminé. Il dépend, sans aucun doute, de l'inspiration des buveurs et du nombre de verres avalés.

Les deux premiers couplets existaient déjà au XVIe siècle : voici la chanson qu'harmonisa Roland de Lassus en 1576. C'est l'air que nous chantons encore :

Ô vin en vigne
Gentil joly vin en vigne
Vignon vigna vigne sur vigne.
Et dehet dehet ?
Et gentil joly vin en vigne.

Ô vin en grappe
Gentil joly vin en grappe.
Grapin grapa grappe sur grappe
Et dehet dehet
Et gentil joly vin en grappe.

Elle aime à rire,
elle aime à boire
ou
Fanchon

La légende attribue cette chanson à la verve du général Lasalle, qui l'aurait créée à la table du Premier Consul le soir de la bataille de Marengo, le 14 juin 1800. Le poulet à la Marengo, inventé aussi, dit-on, ce jour-là, l'inspira sans doute !

En réalité, on ignore quel est l'auteur des paroles de cette chanson à boire qui, faisant partie du répertoire militaire dès avant l'époque de Napoléon, fut largement répandue jusqu'au fond des campagnes françaises par les soldats libérés ou en permission, heureux d'y boire et d'y chanter à la santé de « l'aimable Fanchon » de leur village :

> Ami il faut faire une pause
> J'aperçois l'ombre d'un bouchon.
> Buvons à l'aimable Fanchon
> Chantons pour elle quelque chose.
>
> *Refrain*
> Ah ! que son entretien est doux !
> Qu'elle a de mérite et de gloire !
> Elle aime à rire, elle aime à boire
> Elle aime à chanter comme nous
> Oui, comme nous !
>
> Fanchon préfère la grillade
> A d'autres mets plus délicats.
> Son teint prend un nouvel éclat
> Quand on lui verse une rasade.

129

Fanchon, quoique bonne chrétienne
Fut baptisée avec du vin.
Un Bourguignon fut son parrain
Une Bretonne sa marraine.

Si quelquefois elle est cruelle
C'est quand on lui parle d'amour.
Mais moi je ne lui fais la cour
Que pour m'enivrer avec elle.

Un jour, le voisin La Grenade
Voulut lui prendre le corset.
Elle riposta d'un soufflet
Sur le museau du camarade.

Le timbre de cette chanson est donné sous le titre *Elle aime à rire, elle aime à boire* par l'abbé L'Attaignant dans ses *Poésies* en 1757 ; il l'emploie dans une série de « chansons à boire », échange de couplets entre le galant abbé et Mme de Boulogne « chez qui l'auteur était à table, et qui lui versait du vin de Champagne ». L'air était donc déjà bien connu, ainsi que le refrain repris par L'Attaignant sous la forme :

Il aime à rire, il aime à boire
Il aime à chanter comme nous.

« il » étant M. de Beaufort, fermier général, père de la charmante hôtesse de l'abbé. Comme on le voit, l'auteur de *J'ai du bon tabac* (voir p. 13) appréciait tous les plaisirs.

Chevaliers de la Table Ronde

Pour éviter les querelles de préséances entre les chevaliers qui le servaient, le roi Arthur décida de les réunir autour d'une table ronde. Le poète normand Wace, dans *Le Roman de Brut*, nous raconte pour la première fois, avant 1155, cet épisode du cycle arthurien des chansons de geste. Les « Chevaliers de la Table Ronde » avaient nom Lancelot, Yvain, Gauvain, Perceval...

En 1181, Chrétien de Troyes introduit dans le cycle arthurien la « quête du Saint-Graal ». Le Graal est la coupe de la Sainte Cène dans laquelle Joseph d'Arimathie aurait recueilli le sang du Christ, symbolisée dans nos églises par le calice destiné à recevoir le vin de messe. Cette coupe au pouvoir magique apparaissait en certaines occasions au centre de la Table Ronde, et seul un être parfaitement pur pouvait s'en emparer. Chrétien de Troyes fait le récit de la quête entreprise par Perceval, dont Wagner allait s'inspirer pour *Parsifal.*

Aidés par la magie du Graal, ou plutôt par le délire bachique, les amis du vin se sont approprié la légende, et les voilà devenus à leur tour :

> Enfans de l'Amour et du vin
> Chevaliers de la Table Ronde.

Ces deux vers commencent en 1640 une chanson de Rosiers-Beaulieu. En 1718, dans son *Dictionnaire Comique,* Le Roux nous dit : « On appelle chevaliers de la table ronde ceux qui aiment être longtemps à table. » Il n'est donc pas étonnant qu'une chanson connue de tous les adeptes de la « dive bouteille » commence par :

Chevaliers de la Table Ronde
Goûtons voir si le vin est bon.
Goûtons voir, oui, oui, oui
Goûtons voir, non, non, non
Goûtons voir si le vin est bon.

S'il est bon, s'il est agréable,
J'en boirai jusqu'à mon loisir.
J'en boirai, oui, oui, oui
J'en boirai, non, non, non
J'en boirai jusqu'à mon loisir.

J'en boirai cinq à six bouteilles
Une femme sur mes genoux.

Pan! pan! pan! qui frappe à la porte?
Je crois bien que c'est mon mari.

Si c'est lui, le diable l'emporte
De venir troubler mon plaisir.

A partir de là, notre chanson, dont les paroles précédentes semblent relativement récentes, s'inspire d'une ancienne chanson régionale, *La Femme ivrogne*, transcrite à la main en 1749, en patois de la Bresse. Elle est aussi bien connue en Pays de Loire et le thème de l'ivrognesse à la taverne se rencontre dans certaines chansons dès le XVIᵉ siècle. Voici *La Femme ivrogne*, telle qu'elle nous est proposé en 1812 par le *Chansonnier de Société* :

Catherine s'est coiffée
De six bouteilles de vin.
Elle en est au lit malade
Il lui faut le médecin.

Refrain
Tintin tin relin tin tin

Le médecin la visite
Lui a défendu le vin.
« Oh! va-t-en à tous les diables
Vilain chien de médecin! »

Si je meurs, que l'on m'enterre
Dans la cave où est le vin
Les pieds contre la muraille
La tête sous le robin.

On dira que Catherine
A fait une bonne fin.

Ces dernières paroles sont reprises et développées dans *Chevaliers de la Table Ronde,* dont le titre est parfois *Le Testament de l'Ivrogne :*

Si je meurs, je veux qu'on m'enterre
Dans la cave où y a du bon vin.

Les deux pieds contre la muraille
Et la tête sous le robinet.

Et les quatre plus grands ivrognes
Porteront les quat' coins du drap.

Et si le tonneau se débonde
J'en boirai jusqu'à mon loisir.

Et s'il en reste quelques gouttes
Ce sera pour me rafraîchir.

Sur ma tombe, je veux qu'on inscrive :
« Ici-gît le roi des buveurs. »

La morale de cette histoire :
Il faut boire avant de mourir.

La Casquette du père Bugeaud

As-tu vu
La casquette, la casquette,
As-tu vu
La casquette du père Bugeaud ?
Si tu ne l'as pas vue, la voilà
Elle est sur sa tête
Si tu ne l'as pas vue, la voilà
Il n'y en a pas deux comme ça.

Thomas Bugeaud de la Piconnerie naît à Limoges en 1784. Sa carrière sera celle d'un parfait serviteur de son pays : d'abord grenadier de la Garde impériale, sous Napoléon Ier, il sera, sous Louis-Philippe, envoyé en Algérie, en 1836. Quatre ans plus tard, il en sera le gouverneur général. Il est fait maréchal en 1843 et, en 1848, offre ses services à la République. Un an plus tard, il meurt du choléra.

Le nom de Bugeaud est inséparable de l'histoire de la conquête de l'Algérie. C'est sous ses ordres que le duc d'Aumale, quatrième fils du roi, livre l'assaut qui viendra à bout de la résistance d'Abd-el-Kader ; le clairon sonne *La Marche des zouaves* pour animer le moral des troupes.

C'est sur cet air qu'un certain Binder, qui sera plus tard chef de fanfare au 3e Bat' d'Af, compose la facétieuse chanson. Si l'on en croit un article du duc d'Aumale dans la *Revue des Deux Mondes,* il arriva que Bugeaud sortît précipitamment de sa tente au cours d'une attaque nocturne. Après un combat rapide, les ennemis sont repoussés ; Bugeaud s'aperçoit alors qu'il est en bonnet de nuit et réclame sa casquette à grands cris. Désormais, *La Marche des zouaves* ne s'appelle plus, parmi les soldats, que *La Casquette.*

Ce que le « père » Bugeaud appelait sa casquette était, en fait, un shako. Cette coiffure militaire, haute et rigide, légèrement plus large en bas qu'en haut et munie d'une visière, était, à l'origine, celle des hussards. La célèbre casquette est conservée au Musée de l'Armée. Il suffit de regarder la coiffure pour comprendre qu'elle ait pu provoquer la verve hilare des soldats. Le shako du père Bugeaud est, en effet, orné d'une double visière. Le haut cylindre de la coiffure est d'une belle couleur brique, avec une zone bleu foncé au bas de la coiffe. La visière est noir bleuté. Et, c'est là l'insolite, une deuxième visière protège la nuque des rayons torrides du soleil. Bugeaud avait trouvé cette astuce pour rendre un peu plus confortable, sous le climat brûlant de l'Algérie, une coiffure qui était à l'origine celle des soldats hongrois, habitués à d'autres climats.

L'idée fit sensation. Les soldats de la Légion étrangère, suivant l'exemple du père Bugeaud, protégèrent eux aussi leur nuque... plus modestement, par un mouchoir ou une pièce d'étoffe attachée à leur coiffure.

La Marseillaise

Allons enfants de la patrie
Le jour de gloire est arrivé.
Contre nous, de la tyrannie
L'étendard sanglant est levé ! (*bis*)
Entendez-vous dans nos campagnes
Mugir ces féroces soldats
Qui viennent jusque dans nos bras
Égorger nos fils et nos compagnes ?

Refrain
Aux armes, citoyens !
Formez vos bataillons !
Marchons, marchons
Qu'un sang impur
Abreuve nos sillons !

Que veut cette horde d'esclaves
De traîtres, de rois conjurés ?
Pour qui ces ignobles entraves
Ces fers dès longtemps préparés ? (*bis*)
Français ! pour nous, ah ! quel outrage !
Quels transports il doit exciter !
C'est nous qu'on ose méditer
De rendre à l'antique esclavage !

...
Français, en guerriers magnanimes
Portez ou retenez vos coups !
Epargnez ces tristes victimes
A regret s'armant contre nous (*bis*)
Mais ces despotes sanguinaires
Mais ces complices de Bouillé
Tous ces tigres qui, sans pitié
Déchirent le sein de leur mère !

Amour sacré de la Patrie
Conduis, soutiens nos bras vengeurs !
Liberté, Liberté chérie
Combats avec tes défenseurs ! (*bis*)
Sous nos drapeaux, que la victoire
Accoure à tes mâles accents !
Que les ennemis expirants
Voient ton triomphe et notre gloire !

(Strophe des Enfants)

Nous entrerons dans la carrière
Quand nos aînés n'y seront plus
Nous y trouverons leur poussière
Et la trace de leurs vertus. (*bis*)
Bien moins jaloux de leur survivre
Que de partager leur cercueil,
Nous aurons le sublime orgueil
De les venger ou de les suivre !

Le 20 avril 1792, l'Assemblée Constituante oblige le roi Louis XVI à déclarer la guerre à l'Autriche. Cinq jours plus tard, le maire de Strasbourg, Frédéric Dietrich, fait afficher l'avis suivant sur les murs de sa ville : « Aux armes, citoyens, l'étendard de la guerre est déployé, le signal est donné. Aux armes, il faut combattre, vaincre ou mourir. Aux armes citoyens... Qu'ils tremblent donc ces despotes couronnés... Marchons, soyons libres jusqu'au dernier soupir et que nos vœux soient constamment pour la félicité de la patrie et le bonheur du genre humain ! »

Le texte de cette proclamation ressemble étonnamment au couplet du *Chant de Guerre pour l'Armée du Rhin,* qui sera publié, le 7 juillet de la même année, dans le journal *Les Affiches de Strasbourg.* Le chant est dédié au maréchal Luckner, commandant en chef de l'armée du Rhin. Le nom de l'auteur n'est pas indiqué.

Dietrich, lui, connaît bien l'auteur de ce chant. Il reçoit presque chaque soir chez lui un jeune lieutenant d'une trentaine d'années, poète et musicien à ses heures, Rouget de l'Isle. Madame Dietrich ou ses filles se mettent au piano, Monsieur Dietrich chante. Or, le 24 avril, veille de l'affichage de la proclamation, Dietrich se désole : l'armée, faute de chant patriotique, doit répéter de vieux refrains. Rouget de l'Isle, rentré chez lui, se met à l'ouvrage ; en une nuit, il compose une musique et écrit des paroles propres à galvaniser les troupes. Dietrich est enthousiasmé. « Mon mari, qui est un bon ténor, a chanté le morceau, qui est entraînant et d'une certaine originalité. C'est du Gluck en mieux, plus vif et plus alerte », écrit Madame Dietrich à son frère, quelques jours plus tard.

Le *Chant de Guerre pour l'Armée du Rhin* connaît un succès immédiat et provoque l'enthousiasme. Avant même d'être publié anonymement à Strasbourg, il est chanté le 25 juin à

Marseille, au cours d'un banquet civique, par le député Mireur, qui en a une copie manuscrite. Le lendemain, le *Journal des Départements méridionaux et des Débats des Amis de la Constitution* le reproduit, sous le titre de *Chant de Guerre aux Armées des frontières, sur l'air de Sargines* (*Sargines* est un opéra composé en 1788 par Delayrac, dont un quatuor présente quelques traits mélodiques et rythmiques qui ont pu inspirer Rouget de l'Isle).

Dès la fin du mois de juin, le chant est imprimé à Marseille ; un exemplaire en est donné à chacun des volontaires du bataillon marseillais qui monte à Paris. Ce sont les marseillais, désormais, que la gloire auréole.

Ces volontaires font étape à Vienne, le 14 juillet. Ils chantent le chant martial au cours de la fête qui commémore la prise de la Bastille. A la fin de la cérémonie, les élèves du Collège de la Ville interprètent un couplet suplémentaire que vient d'écrire un de leurs professeurs, l'abbé Personneaux, dans un élan patriotique. La paternité de ces vers sauvera leur auteur de la guillotine, quelque temps plus tard. C'est le couplet connu sous le nom de « Strophe des Enfants ».

« La belle *Marche des Marseillais* a été chantée deux fois, au bruit des applaudissements unanimes, par Chéron, à l'Opéra », commente le journal *Petites affiches,* le 23 septembre 1792. Et lorsque le général Kellermann veut faire chanter le Te Deum pour célébrer la victoire de Valmy, en septembre de la même année, le Ministre de la Guerre lui signifie que « la chanson des Marseillais est le Te Deum de la République française », et lui envoie la partition. Au même moment, dans un élan de patriotisme et un sentiment d'unité nationale — les ennemis ont été repoussés —, la Convention Nationale a décrété une fête civique, conformément à la proposition du Ministre de la Guerre, et ordonné « que l'Hymne des Marseillais serait chantée dans toute la République pour célébrer les triomphes de la Liberté dans la Savoie » (journal *Le Moniteur* du 29 septembre 1792). Le chant des soldats en marche devenait le chant d'une nation.

Un décret de la Convention du 26 messidor an III (1795) fait de la Marseillaise l'hymne national. Considérée comme subversive sous l'Empire et la Restauration, ce n'est qu'en 1879 qu'elle redeviendra le symbole de la patrie.

Le Chant du Départ

La victoire en chantant nous ouvre la barrière
La liberté guide nos pas
Et du Nord au Midi la trompette guerrière
A sonné l'heure des combats.
Tremblez, ennemis de la France !
Rois ivres de sang et d'orgueil !
Le peuple souverain s'avance,
Tyrans, descendez au cercueil !

Chœur des députés :
La République nous appelle
Sachons vaincre ou sachons périr.
Un Français doit vivre pour elle   } *bis*
Pour elle un Français doit mourir. }

Une mère de famille
De nos yeux maternels ne craignez pas les larmes ;
Loin de nous les lâches douleurs !
Nous devons triompher quand vous prenez les armes
C'est aux rois à verser des pleurs.
Nous vous avons donné la vie,
Guerriers, elle n'est plus à vous.
Tous vos jours sont à la patrie
Elle est votre mère avant nous.

Chœur des mères de famille
La République...

Deux vieillards
Que le fer paternel arme la main des braves
Songez à nous aux champs de Mars.
Consacrez dans le sang des rois et des esclaves
Le fer béni par vos vieillards.
Et, rapportant sous la chaumière
Des blessures et des vertus,
Venez fermer notre paupière
Quand les tyrans ne seront plus.

Chœur des vieillards
La République...

Un enfant
De Barra, de Viala le sort nous fait envie
    Ils sont morts, mais ils ont vaincu.
Le lâche accablé d'ans n'a pas connu la vie.
    Qui meurt pour le peuple a vécu.
    Vous êtes vaillants, nous le sommes
    Guidez-nous contre les tyrans.
    Les républicains sont des hommes
    Les esclaves sont des enfants.

Chœur des enfants
La République...

Puis 3 autres strophes :

> *Une épouse, chœur des épouses ;*
> *une jeune fille, chœur des jeunes filles ;*
> *trois guerriers, chœur général.*

Cet hymne s'inspire d'une antique tradition. Plutarque, en effet, nous cite un exemple de marche militaire ou *embatérie* que chantaient en chœur les Spartiates accompagnés par des flûtes :

> *Vieillards*
> Étant jeunes, nous étions vaillants, intrépides.
>
> *Jeunes gens*
> Nous le sommes aujourd'hui
> Mettez-nous à l'épreuve si vous voulez.
>
> *Enfants*
> Nous le serons encore plus que vous.

Ceci ne peut nous étonner quand on sait que l'auteur des paroles, Marie-Joseph Chénier, était un helléniste aussi passionné que son frère, le poète André Chénier.

Marie-Joseph Chénier et Étienne-Nicolas Méhul n'en étaient pas à leur première collaboration lorsqu'ils composèrent *Le Chant du Départ*. Ils avaient déjà écrit ensemble une « tragédie nouvelle à grands chœurs » intitulée *Timoléon*, interdite en avril 1794 par le Comité de Salut Public.

Suspect, M.-J. Chénier s'était réfugié chez son ami Sarrette, fondateur et directeur de l'Institut National de Musique qui devait devenir bientôt notre Conservatoire National. L'oubli lui semblait le seul moyen d'échapper à la répression et de ne pas compromettre davantage son frère André, alors emprisonné. Le Comité de Salut Public commanda à Sarrette un hymne destiné à célébrer le cinquième anniversaire de la prise de la Bastille. Celui-ci demanda à son hôte d'en écrire les paroles ; il les rédigea le jour même. Le soir, au cours d'une réception que donnait Sarrette, Méhul lut les 7 strophes de l'*Hymne à la Guerre* de M.-J. Chénier, et improvisa aussitôt sur un coin de cheminée et au milieu des conversations, la musique virile de ce chant, dont les répétitions devaient commencer dès le lendemain.

L'Hymne à la Guerre, admiré par Robespierre qui le rebaptisa lui-même, dit-on, *Chant du Départ,* fut exécuté, comme prévu, le 14 juillet 1794, et publié dans *Le Moniteur* le 21 juillet. Il fut repris le 21 septembre suivant, quand le corps de Marat, « l'Ami du Peuple », fut transporté solennellement au Panthéon, prenant la place de Mirabeau, qui avait perdu toute faveur populaire. Une interprétation scénique en fut donnée à l'Opéra le 2 octobre, et l'hymne fit encore vibrer les cœurs le jour de la Fête des Victoires, le 21 octobre. A partir de ce moment-là, il fit partie des airs nationaux joués lors de toutes les grandes manifestations populaires, jusqu'à la fin du Consulat, où Bonaparte l'interdit, la liberté n'étant plus à l'ordre du jour. La Restauration tenta de le convertir en un cantique dont le refrain était :

> La religion nous appelle
> Sachons vaincre, sachons périr.
> Un chrétien doit vivre pour elle
> Pour elle un chrétien doit mourir.

Vaine tentative. Le chant est resté à travers le temps un symbole vivant de la République.

Par ses couplets patriotiques, Marie-Joseph n'était cependant pas parvenu à fléchir « l'Incorruptible » et n'avait pu sauver son frère André, qui fut guillottiné le 7 Thermidor an II (25 juillet 1794), deux jours avant la chute de Robespierre.

Ça ira

Cet air joyeux, qui avait pour titre *Le Carillon National,* fut composé vers 1786 par Bécourt, violoniste au Théâtre Beaujolais. La reine Marie-Antoinette, lorsqu'elle se plaisait à jouer cette contredanse * à la mode sur son clavecin, ne se doutait certes pas qu'elle rythmerait ses derniers moments à l'échafaud.

En juillet 1790, dit-on, Ladre, chanteur des rues, y ajouta des paroles reflétant l'optimisme révolutionnaire du moment :

> Ah ! ça ira, ça ira, ça ira !
> Pierrot et Margot chantent à la guinguette !
> Ah ! ça ira, ça ira, ça ira !
> Réjouissons-nous, le bon temps reviendra.
> Le peuple français jadis à quia
> L'aristocrate dit : Mea culpa.
> Ah ! ça ira, ça ira, ça ira !
> Le clergé regrette le bien qu'il a,
> Par justice la nation l'aura.
> Par le prudent Lafayette
> Tout trouble s'apaisera.

Une légende tenace veut que Lafayette ait suggéré à Ladre de composer cette chanson. En réalité, une des premières éditions avait omis l'avant-dernier vers de cette strophe, et celui-ci avait été ajouté en marge. On a cru alors qu'un « horrible vers » avait été supprimé « par le prudent Lafayette », ce qui supposait une étroite collaboration entre le chansonnier et le général, qui ne se sont probablement jamais rencontrés...

Chantées à la Fête de la Fédération du 14 juillet 1790, ces paroles suscitèrent d'autres couplets beaucoup plus menaçants et surtout le refrain resté célèbre :

Ah ! ça ira, ça ira, ça ira !
Les aristocrates à la lanterne.
Ah ! ça ira, ça ira, ça ira !
Les aristocrates on les pendra.

Si on n' les pend pas
On les rompra.
Si on n' les rompt pas
On les brûl'ra.

Ah ! ça ira, ça ira, ça ira...

Avec *La Carmagnole,* cette chanson fut sans doute une des plus populaires pendant la Révolution.

La Carmagnole

Tout le monde s'entend sur la date des paroles de ce chant révolutionnaire : elles furent composées au lendemain de la chute de Louis XVI.

Madame Veto avait promis (*bis*)
De faire égorger tout Paris. (*bis*)
Mais le coup a manqué
Grâce à nos canonniers.

Refrain
Dansons la Carmagnole,
Vive le son, vive le son,
Dansons la Carmagnole,
Vive le son du canon !

Monsieur Veto avait promis
D'être fidèle à son pays.
Mais il y a manqué
Ne faisons plus d' quartier.

Antoinette avait résolu
De nous fair' tomber sur le cu.
Mais son coup a manqué
Elle a le nez cassé.

Son mari se croyant vainqueur
Connaissait peu notre valeur.
Va, Louis, gros paour
Du Temple dans la tour.

Les Suisses avaient tous promis
Qu'ils feraient feu sur nos amis.
Mais comme ils ont sauté
Comme ils ont tous dansé !

Quand Antoinette vit la tour
Elle voulut faire demi-tour
Elle avait mal au cœur
De se voir sans honneur.

Lorsque Louis vit fossoyer,
A ceux qu'il voyait travailler
Il disait que pour peu
Il était dans ce lieu.

Le patriote a pour amis
Tous les bonnes gens du pays.
Mais ils se soutiendront
Tous au son du canon.

L'aristocrate a pour amis
Tous les royalistes à Paris.
Ils vous les soutiendront
Comme de vrais poltrons.

Les gendarmes avaient promis
Qu'ils soutiendraient tous leur pays.
Mais ils n'ont pas manqué
Au son du canonnier.

Amis, restons toujours unis
Ne craignons pas nos ennemis.
S'ils viennent nous attaquer,
Nous les ferons sauter.

Oui, je suis sans-culotte, moi
En dépit des amis du roi.
Vivent les Marseillois
Les Bretons et nos loi !

Oui, nous nous souviendrons toujours
Des sans-culottes des faubourgs.
A leur santé buvons
Vivent ces bons lurons !

On sait que Louis XVI usa, le 11 juin 1792, du droit de veto que lui avait accordé la Constituante, et s'opposa ainsi au décret contre les prêtres réfractaires et à l'établissement du camp des fédérés à Paris. Malgré la manifestation du peuple, qui envahit les Tuileries le 20 juin, le roi maintint son veto. Cette décision déclencha l'insurrection, puis la prise des Tuileries le 10 août 1792, et l'emprisonnement de la famille royale au Temple. La chanson, qui évoque avec précision ces événements, sans mentionner toutefois les massacres de septembre, est ainsi parfaitement datée.

L'origine de ce chant, en revanche, n'a pas été nettement établie, et l'on n'en connaît pas l'auteur. L'air est sans doute celui d'une contredanse populaire et entraînante, peut-être composé par un certain Biraud, dont le nom apparaît sur quelques exemplaires de 1793. Accompagnée de paroles, et surtout d'un refrain tout aussi populaires et entraînants, *La Carmagnole* fut un des chants les plus répandus de la Révolution. Chantée et dansée en toute occasion, elle devint, sous la Terreur, l'accompagnement habituel des exécutions à

la guillotine. Bonaparte tenta de l'interdire en même temps
que *Ça ira*. Vainement : Victor Hugo en fait encore, dans *Les
Contemplations*, le symbole de la révolution littéraire :

> Sur le sommet du Pinde on dansait Ça ira ;
> Les neuf muses, seins nus, chantaient la Carmagnole.

Son thème mélodique, propice aux variations, servit à de
nombreuses parodies. Qui ne connaît la ronde enfantine :
Dansons la Capucine ? En voici une autre, moins célèbre :

> Dansons la carmagnole
> Y a pas de croquignole
> Y en a à Batignolles
> Mais ce n'est pas pour nous
> > You !

Le chevalier Florian lui-même (l'auteur des paroles de *Plaisir
d'amour*, voir p. 117), ou plutôt « le citoyen Florian » publia
dans *Les Muses sans-culottides* du 30 germinal an II (19 avril
1794) une *Jolie Chanson* sur l'air de *Dansons la Carmagnole*.
Voici la première strophe :

> Sur ma guitare, assez longtemps,
> J'ai chanté les tendres amants ;
> > Chantons la Liberté,
> > La sainte Égalité
> Et le doux nom de frère.

> *Refrain*
> Chantons la Carmagnole
> Soyons unis, soyons unis,
> Chantons la Carmagnole
> Soyons unis, mes amis !

Mais que signifie donc La « Carmagnole » ? Ce mot
désigne à l'origine une veste étroite, à revers très courts, et
garnie de boutons, portée dans le Sud-Est par les ouvriers
piémontais originaires de Carmagnola. Cette veste, peut-être
portée les jours de fête, donna son nom à une danse : on
trouve une « Carmagniolle » dans un recueil de contredan-
ses * de 1767. Le gilet piémontais, accompagné du pantalon
des « sans-culottes » et du bonnet phrygien, fut amené à
Paris par les fédérés marseillais, et adopté aussitôt par les
Jacobins. Cet habit prit très vite la valeur symbolique que
l'on trouve dans la chanson.

L'Internationale

Refrain
C'est la lutte finale !
Groupons-nous, et demain
L'Internationale
Sera le genre humain.

Debout ! les damnés de la terre !
Debout ! les forçats de la faim !
La raison tonne en son cratère
C'est l'éruption de la fin.
Du passé, faisons table rase
Foule esclave, debout ! debout !
Le monde va changer de base !
Nous ne sommes rien, soyons tout !

Il n'est pas de sauveurs suprêmes
Ni Dieu, ni César, ni tribun.
Producteurs, sauvons-nous nous-mêmes !
Décrétons le salut commun !
Pour que le voleur rende gorge
Pour tirer l'esprit du cachot
Soufflons nous-mêmes notre forge
Battons le fer quand il est chaud !

L'État comprime et la loi triche
L'impôt saigne le malheureux.
Nul devoir ne s'impose au riche
Le droit du pauvre est un mot creux.
C'est assez languir en tutelle
L'égalité veut d'autres lois.
« Pas de droits sans devoirs, dit-elle
Égaux, pas de devoirs sans droits ! »

Hideux dans leur apothéose
Les rois de la mine et du rail
Ont-ils jamais fait autre chose
Que dévaliser le travail ?
Dans les coffres-forts de la bande
Ce qu'ils ont créé s'est fondu.
En décrétant qu'on le lui rende
Le peuple ne veut que son dû.

Les Rois nous soûlaient de fumées,
Paix entre nous, guerre aux tyrans !
Appliquons la grève aux armées
Crosse en l'air et rompons les rangs.
S'ils s'obstinent, ces cannibales
A faire de nous des héros
Ils sauront bientôt que nos balles
Sont pour nos propres généraux.

Ouvriers, paysans, nous sommes
Le grand parti des travailleurs.
La terre n'appartient qu'aux hommes
L'oisif ira loger ailleurs.
Combien de nos chairs se repaissent !
Mais si les corbeaux, les vautours
Un de ces matins, disparaissent
Le soleil brillera toujours !

La création et le destin du chant de ralliement des travailleurs révolutionnaires de tous les pays ne peut susciter qu'émotion et curiosité, quand on pense que l'auteur des paroles est mort sans même savoir que son œuvre serait un jour publiée, quand on sait que la musique fut l'objet d'un long procès, encore controversé aujourd'hui, entre deux frères rivaux.

Eugène Pottier, dessinateur sur étoffes de son état, a voué sa vie à la chanson et à la lutte populaire. Membre du gouvernement ouvrier pendant la Commune, il lutta sur les barricades et dut se réfugier en Angleterre, puis aux États-Unis, après la victoire des Versaillais. Mais, avant son exil, réfugié chez des amis, il écrivit, en juin 1871, les paroles de *l'Internationale*, dédiée « au citoyen Lefrançais, membre de la Commune ». Ce compagnon de lutte était un instituteur révoqué puis proscrit par Napoléon III. A son retour, après l'amnistie de 1880, Pottier reprit le combat politique et devint le chansonnier attitré de *La voix du Peuple*. A-t-il alors chanté l'*Internationale*, et sur quel air ? Nul ne le sait.

On n'ignore pas, en revanche, qu'il dut attendre la fin de sa vie pour voir son premier recueil de chansons, *Quel est le fou ?* publié grâce au chansonnier Gustave Nadaud, qui était loin de partager les opinions de Pottier, mais qui lui vouait une profonde admiration. Ému par sa pauvreté et sa santé précaire, il lui proposa une liste de souscription ou la publication de ses chansons :

« — Qu'on publie mes œuvres, et que je meure de faim ! »

Tel fut le choix de Pottier. Le recueil parut en 1884, mais l'*Internationale* n'y figurait pas.

Ce n'est que l'année de sa mort, en 1887, dans une édition posthume due aux soins de ses anciens compagnons de la Commune et préfacée par le journaliste pamphlétaire Henri Rochefort, que fut publiée l'*Internationale,* parmi ses *Chants Révolutionnaires.* La chanson ne fut pas particulièrement remarquée, sinon par Gustave Delory.

Delory, Secrétaire de la Fédération du Nord du Parti Ouvrier Français, avait été, en février 1888, un des créateurs de la « Lyre des Travailleurs ». Cette chorale lilloise devait se rendre à un Congrès syndical et socialiste à Troyes, et Delory souhaitait qu'elle y figurât dignement. Les *Chants Révolutionnaires* venaient de paraître. Delory avait été frappé par les paroles de l'*Internationale :* ces six couplets résumaient parfaitement les aspirations du prolétariat ouvrier. Il demanda alors à un certain Degeyter, ouvrier membre de la Lyre, d'y adapter un air rythmé et entraînant. Le morceau fut composé promptement, et la chanson éditée à 6 000 exemplaires par la Lyre des Travailleurs. Pour éviter tout ennui à l'auteur de la musique, aucun prénom ne figura.

L'hymne se répandit alors, mais n'eut sans doute qu'une diffusion régionale, puisqu'un article du *Socialiste* du 26 mai 1894 consacré à Pottier ne mentionne même pas l'*Internationale.* Ce n'est qu'en juillet 1896, au XIVe Congrès National du Parti Ouvrier Français qui se tenait à Lille, que le chant prit sa valeur symbolique, lors de la manifestation qui opposa les socialistes aux groupements réactionnaires. Ces derniers avançaient en chantant la *Marseillaise,* quand les Socialistes entonnèrent l'*Internationale,* que les nombreux représentants du Congrès répandirent dans toute la France. Mais « internationale », elle ne le devint vraiment qu'au Congrès de Paris qui se tint au gymnase Japy en décembre 1899, lorsque Henri Ghesquière, délégué du Nord et Conseiller Général de Lille, fit vibrer toute l'assemblée aux accents de cet hymne, repris par tous les participants. « Internationale », elle le devint surtout l'année suivante, lors du Congrès International de 1900, qui eut lieu à Paris, salle Wagram : Les représentants de tous les pays apprirent et diffusèrent partout l'hymne, devenu désormais le chant de ralliement des travailleurs du monde entier.

Jean-Baptiste Clément, l'auteur du *Temps des Cerises,* voulut alors éditer la chanson. Il acquit sans difficulté les droits pour les paroles, mais ignorant tout de l'auteur de la musique, il écrivit à Delory pour obtenir quelque renseignement sur Degeyter. Ce fut le point de départ d'une controverse, puis d'un procès, qui dura vingt ans, entre deux frères : Adolphe, protégé par Delory devenu maire de Lille, et Pierre, établi depuis à Saint-Denis près de Paris. Tous deux revendiquaient la paternité de la musique d'une œuvre devenue désormais célèbre. Le tribunal donna d'abord raison à Adolphe, en 1914, — sans doute en raison de ses protections. En avril 1915, celui-ci écrira d'ailleurs à son frère une lettre d'aveu et se donnera la mort quelques mois plus tard. Pierre obtint gain de cause par un arrêt de la Cour d'Appel de Paris, le 23 novembre 1922. Et bien qu'Adolphe conserve encore quelques défenseurs, Pierre est, à juste titre, reconnu comme l'auteur de la musique.

En 1910, l'*Internationale,* œuvre de deux hommes du peuple, était adoptée par presque tous les partis ouvriers et socialistes du monde et chantée dans toutes les langues. Elle avait largement supplanté le *Soleil Rouge* de Maurice Boukay, qui avait été jusque-là l'hymne des groupements socialistes.

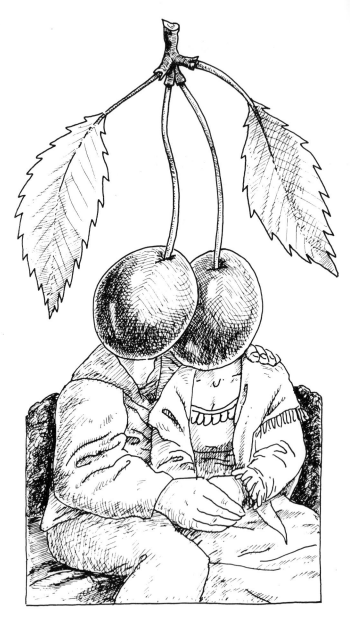

Le Temps des Cerises

Quand nous en serons au temps des cerises
Et gai rossignol et merle moqueur
       Seront tous en fête.

Les belles auront la folie en tête
Et les amoureux du soleil au cœur.
Quand nous en serons au temps des cerises
Sifflera bien mieux le merle moqueur.

Mais il est bien court le temps des cerises
Où l'on s'en va deux cueillir en rêvant
       Des pendants d'oreilles,
Cerises d'amour aux robes pareilles
Tombant sous la feuille en gouttes de sang.
Mais il est bien court le temps des cerises
Pendants de corail qu'on cueille en rêvant.

Quand vous en serez au temps des cerises
Si vous avez peur des chagrins d'amour
       Évitez les belles.
Moi qui ne crains pas les peines cruelles
Je ne vivrai pas sans souffrir un jour.
Quand vous en serez au temps des cerises
Vous aurez aussi des chagrins d'amour.

J'aimerai toujours le temps des cerises
C'est de ce temps-là que je garde au cœur
       Une plaie ouverte.
Et dame Fortune, en m'étant offerte
Ne saura jamais calmer ma douleur.
J'aimerai toujours le temps des cerises
Et le souvenir que je garde au cœur.

Le Temps des Cerises évoque pour chacun de nous le temps de la Commune, temps de lutte et d'espérance, temps de sang et de misère. Et pourtant, ce fut d'abord une chanson d'amour, écrite par Jean-Baptiste Clément à Montmartre en 1866, et que rien ne destinait à devenir un jour le symbole des barricades de 1871.

Alors qu'il se trouve à Bruxelles, exilé pour quelque chanson subversive, Clément rencontre par hasard, rue de la Montagne-aux-Herbes-Potagères, l'ancien chanteur de l'Opéra de Paris, le ténor « au palais de cristal », Antoine Renard, qui faisait ses dernières armes au Casino des Galeries Saint-Hubert. Renard, en quête de nouveauté, demande à Clément s'il n'aurait pas une chanson inédite à lui proposer. Notre parolier en a justement deux en poche : *Connais-tu l'amour ?* et *Le Temps des Cerises*. Il lui donne la première, gardant l'autre pour son ami Olivier Métra, qui dirigeait alors l'orchestre des bals de la Monnaie et jouissait d'une immense popularité. Ému par l'état de misère et de dénuement de son compagnon, Renard lui remet aussitôt une avance sur ses droits d'auteur et lui offre sa pelisse. En ce mois de décembre 1867, le froid était particulièrement rigoureux.

Quand les deux hommes se revirent, quelques jours plus tard, Renard, trouvant Clément guère plus brillant qu'à leur rencontre précédente, refusa la restitution du manteau. Pour ne pas être en reste, Clément lui abandonna *Le Temps des Cerises*. Alors que la pelisse prenait le chemin du Mont de Piété pour payer le retour de Clément à Paris, la romance, mise aussitôt en musique par Renard, était applaudie à tout rompre. Le ténor la vendit, pour une bouchée de pain selon certains, fort bien selon d'autres, à son éditeur Égrot qui la publia dès 1868. Les quatre couplets que nous connaissons figurent dans cette première édition, dédiée par Renard à son ami Anatole Lionnet. Voilà pour la chanson d'amour. Son histoire aurait pu s'arrêter là. Elle subit cependant un rebondissement inattendu.

Le dimanche 28 mai 1871, Jean-Baptiste Clément se tenait, avec les derniers résistants de la Commune, à la barricade de la Fontaine-au-Roi, quand il vit arriver, un panier à la main, une jeune fille énergique et courageuse qui proposa son aide. Elle lutta à leurs côtés, et nul ne sait ce qu'elle devint après la prise de la barricade. Clément, lui, réussit à échapper aux Versaillais et passa dix ans en exil à Londres. A son retour, il découvrit avec émotion que sa romance avait gagné le cœur du peuple et que *Le Temps des Cerises* était devenu le temps de la Commune. Et c'est à la jeune héroïne, qu'il n'avait pas oubliée, « à la vaillante citoyenne Louise, l'ambulancière de la rue Fontaine-au-Roi le dimanche 28 mai 1871 », qu'il dédia sa chanson quand il la publia dans son *Premier Recueil de Chansons* en 1885. Contrairement à une idée généralement répandue, toutefois, la 4e strophe ne fut pas ajoutée à ce moment-là pour donner une teinte politique à la naïve pastorale, puisque, comme nous l'avons vu, elle existait dès l'origine.

Il nous faut mentionner, en épilogue, le croquis qu'inspira au célèbre dessinateur Willette l'arrestation de Clément lors de la manifestation du 1er mai 1891. On y voit une jeune fille entre deux gendarmes, qui chante ce couplet vengeur, un panier à la main et le sourire aux lèvres :

> Quand il reviendra, le temps des cerises
> Pandores idiots, magistrats menteurs
> Seront tous en fête.
> Gendarmes auront la folie en tête
> A l'ombre seront poètes chanteurs.
> Quand il reviendra, le temps des cerises
> Siffleront bien haut chassepots vengeurs !

Les Canuts

Cette chanson d'Aristide Bruant fut publiée en 1899 par l' « Auteur-Éditeur » lui-même, au Château de Courtenay, dans le Loiret. Il y avait élu domicile, non loin de sa demeure natale, après avoir, comme il l'espérait, fait fortune dans son cabaret du Mirliton. Le Mirliton s'était installé dans les anciens locaux du célèbre Chat Noir, où Aristide Bruant avait commencé sa carrière en chantant de sa voix tonitruante :

> Je cherche fortune
> Autour du Chat Noir
> Au clair de la lune
> A Montmartre, le soir.

Cette fortune, il la devait à des chansons toujours populaires, telles que *Nini-Peau-d'chien* ou *Rue Saint-Vincent*, que venait applaudir le public nocturne du cabaret qui ouvrait ses portes quand les autres les fermaient. Gare à celui qui quittait la place avant l'heure de la fermeture : il subissait alors les vertes injures du maître des lieux. Déjà immortalisé par la célèbre affiche de Toulouse-Lautrec, mais désireux d'élargir le champ de sa gloire, Bruant décida de parcourir la France, et réunit en 1899, dans un recueil intitulé *Sur la Route, chansons et monologues*, les chansons qu'il créa au cours de ses pérégrinations. Parmi elles figure *Les Canuts* :

> Pour chanter Veni Creator
> Il faut une chasuble d'or.
> Nous en tissons pour vous, grands de l'église
> Et nous, pauvres canuts, n'avons pas de chemise.
> C'est nous les canuts
> Nous sommes tout nus.
>
> Pour gouverner, il faut avoir
> Manteaux ou rubans en sautoir.
> Nous en tissons pour vous, grands de la terre
> Et nous, pauvres canuts, sans drap on nous enterre.
> C'est nous les canuts
> Nous sommes tout nus.

Mais notre règne arrivera
Quand votre règne finira.
Nous tisserons le linceul du vieux monde
Car on entend déjà la tempête qui gronde.
C'est nous les canuts
Nous sommes tout nus.

Aristide Bruant chanta pour la première fois *Les Canuts* à l'Exposition de Lyon, en juin 1894. Si sa chanson évoque les étoffes resplendissantes et les célèbres tisseurs de la Croix-Rousse, dont il a peut-être connu les derniers représentants, en aucun cas elle n'a pu être l'hymne des canuts révoltés lors de l'insurrection lyonnaise de 1831, comme on le croit souvent. C'est pourtant forts de cette croyance que certains chanteurs modernes ont transformé ainsi le dernier couplet :

Car on entend déjà la révolte qui gronde.
C'est nous les canuts,
Nous n'irons plus nus.

Les malheureux canuts de 1831, eux, chantaient plutôt ce couplet, cité par Champfleury dans ses *Chansons populaires des provinces de France* (1860) :

Ah ! songez dans cette salle
Où s'étale
Le velours et le damas
Que celui qui le travaille
Sur la paille
Périt dans un galetas.

Opportuniste, s'il en fut, Bruant choisit pour les Lyonnais un thème auquel ils étaient particulièrement sensibles, et qu'une pièce de théâtre venait de remettre à la mode. *Les Tisserands* de Gerhart Hauptmann avaient été traduits, et créés au Théâtre Libre le 29 mai 1893. Or cette pièce, qui évoque la misère des tisserands allemands en 1840, est scandée par une chanson que les personnages se transmettent secrètement et qui excite la révolte latente. Pour la version française de la chanson, on avait préféré à la traduction des paroles de Hauptmann une adaptation, due à Maurice Vaucaire, du célèbre poème composé par Heinrich Heine lors de la révolte des tisserands de Silésie en 1844.

> La navette vole et le métier craque.
> Nous tissons, nous tissons, nous tissons jour et nuit.
> C'est ton linceul que nous tissons, vieille Allemagne
>> Et nous y tissons trois malédictions.
>> Sans cesse nous tissons

disait Heine, et Vaucaire reprenait :

> Mais nous tissons sur nos métiers
> Ton linceul, ô vieille Allemagne.
> Avec nos filles et nos garçons
> C'est ton linceul que nous tissons.

L'image, renouvelée et élargie par Bruant, devint le symbole de la lutte de tous les opprimés du monde :

> Nous tisserons le linceul du vieux monde,
> Car on entend déjà la révolte qui gronde.

C'est ainsi que le « châtelain » se fit le chantre de la révolution !

Ma Normandie

Par une magnifique journée de l'été 1836, Frédéric Bérat descendait la Seine de Rouen au Havre sur un bateau à vapeur. « Ce fut comme une apparition. » Non celle de Madame Arnoux qui, dans les mêmes circonstances, allait ravir le cœur d'un autre Frédéric, le jeune héros de *L'Éducation sentimentale*. Seule la beauté admirable du paysage normand exalta les sentiments du poète-musicien, qui composa aussitôt une chanson à la gloire de son pays natal :

Quand tout renaît à l'espérance
Et que l'hiver fuit loin de nous
Sous le beau ciel de notre France
Quand le soleil revient plus doux
Quand la nature est reverdie
Quand l'hirondelle est de retour
J'aime à revoir ma Normandie
C'est le pays qui m'a donné le jour.

J'ai vu les champs de l'Helvétie
Et ses chalets et ses glaciers.
J'ai vu le ciel de l'Italie
Et Venise et ses gondoliers.
En saluant chaque patrie
Je me disais : aucun séjour
N'est plus beau que ma Normandie
C'est le pays qui m'a donné le jour.

Il est un âge dans la vie
Où chaque rêve doit finir.
Un âge où l'âme recueillie
A besoin de se souvenir.
Lorsque ma muse refroidie
Aura fini ses chants d'amour
J'irai revoir ma Normandie
C'est le pays qui m'a donné le jour.

Bérat lui-même se plaisait à raconter la facilité avec laquelle il avait conçu la chanson qui devait lui assurer la célébrité : commencée à Rouen, elle était terminée quand il arriva au Havre. Le charme douceureux de la voix de Loïsa Puget, qui créa la chanson, ne fut pas étranger au prodigieux succès qu'elle connut.

La musique de Frédéric Bérat s'inspire d'un air connu sous le titre « Quand le péril est agréable ». Lully l'avait composé pour l'opéra *Atys,* représenté en 1753. La nymphe Sangaride le chante en présence des déesses Iris et Cybèle :

Quand le péril est agréable
Le moyen de s'en allarmer ;
Est-ce un grand mal de trop aymer
Ce que l'on trouve aymable
Peut-on estre insensible aux plus charmants appas !

Le P'tit Quinquin

Né en 1820 rue Saint-Sauveur, à Lille, Alexandre Desrousseaux fut mis dès l'âge de six ans en apprentissage chez un ouvrier tisserand, puis chez un tailleur en chambre. Il eut cependant la chance d'avoir un père et deux patrons successifs épris de musique, qui lui permirent de suivre les cours de solfège du Conservatoire de Lille. A dix-sept ans, il compose et chante, le jour du Carnaval, *Spectacle gratis,* qui eut un succès immédiat. Mais ayant tiré un mauvais numéro, il doit faire son service militaire — qui durait alors sept ans — et de retour à Lille, il mène une vie difficile avec sa mère, habitant au 37 Cour Jeannette à Vaches, au cœur du quartier Saint-Sauveur.

Découragé et malade, il songe à gagner Paris quand un camarade l'incite un soir à chanter en public son *Spectacle gratis.* Sa belle voix de ténor lui assure un nouveau succès, ce qui lui permet de publier un premier *Recueil de Chansons et Pasquilles Lilloises* (les « pasquilles » sont de petites scènes dialoguées). Son originalité, outre la qualité des chansons, tient au choix fait par l'auteur du patois lillois, transcrit selon un code orthographique précis.

La carrière du chansonnier commence en cette année 1848, et atteindra son apogée lorsque paraîtra notre chanson, sous le titre *L' Canchon dormoire.*

L' Canchon dormoire, écrit Desrousseaux, c'est une « chanson que disent les femmes pour endormir les enfants. (...) Par extension, les paroles inintelligibles que prononcent ordinairement les enfants au moment de s'endormir s'appellent aussi canchon-dormoire ».

« Dors, min p'tit quinquin (*mot d'affection*)
Min p'tit pouchin (*poussin*)
Min gros rojin ! (*raisin ; mot tendre*)
Te m' f'ras du chagrin
Si te n' dors point qu'à d'main. »

Ainsi l'aut' jour eun' pauv' dintellière
In amiclotant sin p'tit garchon (*en berçant*)
Qui, d'puis tros quarts d'heure, n' faijot qu' braire
Tâchot d' l'indormir par eun' canchon.
  Ell' li dijot : « Min Narcisse
  D'main t'aras du pain n'épice,
  Du chuc (*sucre*) à gogo
  Si t'es sache et qu' te fais dodo.

Et si te m' laich' faire eun' bonn' semaine
J'irai dégager tin biau sarrau (*blouse*)
Tin patalon d' drap, tin giliet d' laine,
Comme un p'tit milord, te s'ras farau (*bien mis*) !
  J' t'acat'rai, l' jour d' la ducasse (*fête locale*), je t'achèterai
  Un porichinell' cocasse
  Un turlututu
  Pour juer l'air du Capiau-pointu (*Chapeau pointu*).

Nous irons dins l' cour (*dans la ruelle*)Jeannette-à-Vaques
Vir (*voir*) les marionnett's. Comm' te riras,
Quand t'intindras dire : « Un doup' (*sou*) pou' Jacques ! (*nom de
            Polichinelle*) »
Pa' l' porichinell' qui parl' magas (*qui zézaye*)
  Te li mettras dins s' menotte
  Au lieu d' doupe, un rond d' carotte !
  I' t' dira : Merci !
  Pins' (*pense*) comm' nous arons du plaisi !

Et si par hasard sin maîte s' fâche
Ch'est alors Narciss' que nous rirons !
Sans n'n avoir invi', j' prindrai m'n air mache (*méchant*)
J' li dirai sin nom et ses surnoms
  J' li dirai des fariboles.
  I' m'in répondra des drôles,
  Infin, un chacun
  Verra deux pestac' (*spectacles*) au lieu d'un.

Allons serr' tes yeux, dors min bonhomme
J' vas dire eun' prière à P'tit-Jésus
Pour qu'i vienne ichi pindant tin somme
T' fair' rêver qu' j'ai les mains plein's d'écus
      Pour qu'i t'apporte eun' coquille (*gâteau offert à Noël*)
      Avec du chirop qui guile (*coule*)
      Tout l' long d' tin minton...
      Tet' pourléqu'ras tros heur's de long !

L' mos (*mois*) qui vient, d' Saint-Nicolas ch'est l' fiête,
Pour sûr, au soir, i' viendra t' trouver.
I' t' f'ra un sermon, et t' laich'ra mette,
In d'zous du balot (*tuyau de cheminée*) un grand painnier
      I' l' rimplira, si t'es sache,
      D'séquois (*de choses*) qui t' rindront bénache (*bien aise*)
      Sans cha, sin baudet
      T'invoira un grand martinet.

Ni les marionnettes, ni l' pain n'épice
N'ont produit d'effet. Mais l' martinet
A vit' rapajé (*apaisé*) l' petit Narcisse,
Qui craignot d' vir arriver l' baudet.
      Il a dit s' canchon-dormoire...
      S' mèr' l'a mis dins s'n ocheinnoire (*berceau*)
      A r'pris sin coussin (*métier, ou carreau de dentelle*)
      Et répété vingt fos che r'frain :

      « Dors, min p'tit quinquin... »

C'est le 13 novembre 1853 qu'Alexandre Desrousseaux chante pour la première fois la célèbre berceuse dans la salle à manger de l'auberge « A la ville d'Ostende ». Il y prenait ses repas, travaillant alors au Mont-de-Piété, situé non loin de là. Avec sa ponctualité habituelle, il remit cette chanson à la cinquième livraison de ses œuvres, qui paraissaient régulièrement sous forme de publications de 12 pages, avec la musique, au prix modique de 15 centimes. Ces livraisons étaient ensuite regroupées dans les fameux volumes de *Chansons et Pasquilles Lilloises*.

Dès 1855, la berceuse était interprétée au théâtre dans une pièce intitulée *La Poule aux œufs d'or*. Chantée à Paris, elle fut très vite transformée, contre le gré de l'auteur, en quadrille, en ronde, en pas redoublé, et l'air, sur lequel dansait toute la France, fut utilisé pour bien d'autres chansons, berceuses, bien sûr, mais aussi parodies et satires de tous poils : « Bois, mon p'tit chien-chien » !

De nombreuses boutiques prirent le nom du « P'tit Quinquin », titre sous lequel la chanson fut désormais connue.

> Mais l'inseinne est incor pus bielle :
> Elle r'présint le P'tit-Quinquin
> Que s' mère indort, et qui se r'belle...

dit Desrousseaux dans une autre chanson, qu'il intitule *Au cabaret du P'tit Quinquin*, d'après une enseigne aperçue au cours d'une promenade. Sa popularité fut telle qu'une anthologie anglaise de tous les chants populaires d'Europe la publie en 1886 comme une « vieille chanson inédite » ! Et elle fut gravée sur un disque 78 tours dès 1930.

Jouée comme marche funèbre le 27 novembre 1892, la chanson-fétiche des gens du Nord accompagna vers sa dernière demeure le chansonnier lillois comblé de titres et d'honneurs.

Jean Petit qui danse

Jean Petit qui danse (*bis*)
De son doigt il danse (*bis*)
De son doigt, doigt, doigt (*bis*)
Ainsi danse Jean Petit.

Jean Petit qui danse (*bis*)
De sa main, il danse (*bis*)
De sa main, main, main
De son doigt, doigt, doigt
Ainsi danse Jean Petit.

(au doigt, puis à la main s'ajoutent successivement le bras, le pied, la jambe, chaque partie du corps dansant à son tour)

Voici ce qu'écrivait en 1854 un de ces ardents collecteurs de chansons du XIXe siècle, qui ont si chaleureusement défendu notre patrimoine.

« Ce chant, qui est très populaire dans tout le midi, et notamment dans la Guyenne et le Béarn, nous paraît remonter à 1355, époque de la bataille de Poitiers.

Il retrace, d'une manière grotesque, la déroute et la captivité du roi Jean-le-Bon.

Les malheurs éprouvés par Jean durent trouver un barde parmi les partisans et les sujets de Charles-le-Mauvais. Le peuple, alors, comme aujourd'hui, exprimait sa joie par des danses et des farandoles. »

L'allusion possible au roi Jean-le-Bon est plus évidente dans la chanson béarnaise :

Yan-Pétit qui danse
Dap lou rèy de France
Dap lou rèy, rèy, rèy,
Dap lou dit, dit, dit,
Ataou qui danse Yan-Pétit

Mais la chanson remonte-t-elle vraiment à une époque aussi ancienne ? Tout ce que l'on peut affirmer, c'est qu'elle était assez populaire à la veille de la Révolution Française pour qu'un habitant d'Orthez, expatrié à Saint-Domingue, l'apprît à ses nègres qui en firent le *Cake-Walk*. Cette « promenade du gâteau », issue de la bamboula, doit son nom au fait qu'un immense gâteau était offert aux vainqueurs des concours de cake-walk après avoir fait fureur dans les music-halls américains, nous revint en France lors de l'Exposition Universelle de 1900. Bien rares furent ceux qui y reconnurent notre *Yan-Pétit* béarnais.

Les Petites Marionnettes

Ainsi font, font, font
Les petites marionnettes
Ainsi font, font, font
Trois p'tits tours et puis s'en vont.

Mais elles reviendront
Les petites marionnettes
Mais elles reviendront
Car les enfants grandiront.

Puis elles danseront
Les petites marionnettes
Puis elles danseront
Et les enfants chanteront.

Quand elles partiront
Les petites marionnettes
Quand elles partiront
Tous les enfants dormiront.

Si les premiers airs qui éveillent nos enfants à la musique sont des berceuses, c'est bien souvent avec *Les Petites Marionnettes* que commence leur apprentissage gestuel : avant de savoir parler, ils miment avec sérieux cette chanson, dont ils essaient de suivre le rythme.

On ne sait à quand remonte cette ronde enfantine sous sa forme actuelle. La popularité des marionnettes en France commença vers la fin du XVIe siècle, mais la chanson semble plus récente.

Deux chansons du XVe siècle, cependant, ont un refrain dont le rythme et les paroles offrent une ressemblance frappante avec nos *Petites Marionnettes*. La première, qui figure dans un manuscrit du XVe siècle, a été reprise par Attaignant dans son recueil de *36 chansons musicales* en 1529 :

> Je m'en vois
> Au vert bois
> Ouir chanter l'oysillon.
> Mesdisans
> Vont disans
> Que g'y vois pour Marion.

> Or y vont, vont, vont,
> Pastoureaux et pastorelles
> Et y font, font, font
> Ung touret et puis s'en vont.

La seconde se trouve dans les *Chansons du XVe siècle*, publiées en 1875 par Gaston Paris et Auguste Gevaert :

> Della la rivière sont
> Les troys gentes damoiselles
> Della la rivière sont,
> Font un sault et puys s'en vont.

> Je perdy assoir icy (*bis*)
> Le bonnet de mon amy (*bis*)
> Et vous l'avez
> Et vous mentez.
> Et qui l'a donc ?
> Nous ne savons.

> Della la rivière sont...

L'initiation au rythme et à la cadence de nos douces têtes blondes — et brunes — perpétuerait-elle donc une longue tradition ? Mais n'est-ce pas le propre de toute initiation ?

167

Berceuses

Dodo Béline

Théodore Paulinier, originaire du Gard, se souvient que sa nourrice lui chantait la berceuse de Sainte Marguerite : c'était en 1815. Les paroles étaient dites en provençal, et il nous propose la traduction suivante :

Refrain
Sommeil ! Sommeil ! Sommeil !
Viens, viens, viens, viens,
Sommeil ! Sommeil ! Sommeil !
Viens de quelque part !

Sainte Marguerite
Qui êtes si jolie,
Endormez mon enfant
Jusqu'à l'âge de quinze ans

Quand quinze ans seront passés
Il nous le faudra marier
Avec une jolie fille
Riche et de bonne famille

Mon enfant va s'endormir
Si le sommeil, sommeil veut venir
Et si sainte Marguerite
Est aussi bonne que jolie

Bien ! mon enfant s'endort :
Allons voir les amis
Bonne sainte Marguerite
Oui, certes ! vous êtes bonne et jolie.

En provençal, la berceuse commence par le mot *Néné, nono* ou *nenna*, qui correspond à notre *dodo :*

Néné, petite,
Sainte Marguerite...

L'invocation de Sainte Marguerite vient sans doute du fait que cette sainte protège les femmes en couches. La sainte, au moment de mourir décapitée pour n'avoir pas voulu trahir sa foi, promit que toute femme en travail qui l'invoquerait enfanterait sans risque. Et, longtemps, la vie de la sainte fut lue au chevet des femmes en mal d'enfant.

Certaines régions invoquent plutôt sainte Catherine :

> Dodo, Béline
> Sainte Catherine
> Endormez les petits enfants
> Jusqu'à l'âge de quinze ans
> Quand quinze ans seront passés
> Il sera temps de les marier.

Cette sainte est la patronne des jeunes filles jusqu'au mariage, ce qui explique sans doute le choix de la sainte et le sens de la chanson.

Béline, dit-on, viendrait de « berline », mot qui désigne dans le Berry le simple d'esprit, aux yeux écarquillés. L'enfant qui résiste au marchand de sable « s'araille comme un berlin ». Ce « berline », a été pris pour un diminutif.

Fais dodo

> Fais dodo, Colas mon p'tit frère,
> Fais dodo, t'auras du lolo.
> Maman est en haut
> Qui fait du gâteau
> Papa est en bas
> Qui fait du chocolat.
> Fais dodo, Colas mon p'tit frère,
> Fais dodo, t'auras du lolo.

Encore une berceuse répandue dans de nombreuses régions de France, du Languedoc à la Champagne, en passant par les provinces de l'Ouest. L'occupation des parents change d'ailleurs selon les lieux : maman fait du caillé, papa coupe du bois, fait du nougat. Mais les paroles ne varient guère, et l'air semble ancien, puisqu'un noël du XVIIIe siècle, composé par Simon, se chante sur le même rythme et sur une mélodie presque identique.

Dodo, l'enfant do

> Dodo, l'enfant do
> L'enfant dormira bien vite
> Dodo, l'enfant do
> L'enfant dormira bientôt.

La plus courte de nos berceuses est aussi la plus ancienne, au moins pour la musique : elle reproduit un très vieux carillon sonné pour l'Angélus. Leclerc, d'abord danseur et maître de ballet, puis violoniste du roi, l'harmonisa en 1758 pour en faire une contredanse * ; l'air de la contredanse plut à quelque nourrice, qui en fit une berceuse.

169

La Bonne Aventure ô gué

Si le Roi m'avait donné
Paris, sa grand'ville
Et qu'il me fallût quitter
L'amour de ma mie
Je dirais au roi Henri :
Reprenez votre Paris
J'aime mieux ma mie, au gué !
J'aime mieux ma mie.

La rime n'est pas riche, et le style en est vieux ;
Mais ne voyez-vous pas que cela vaut bien mieux
Que ces colifichets, dont le bon sens murmure,
Et que la passion parle là toute pure ?

Ce jugement d'Alceste dans *Le Misanthrope* n'est certes pas étranger à la grande popularité de la chanson. Antoine de Bourbon, roi de Navarre et père d'Henri IV, en aurait composé les paroles alors qu'il recevait ses amis en son château de Bonne-Aventure, près du village du Gué-du-Loir, dans les environs de Vendôme. S'il en est ainsi, le refrain célèbre

La bonne aventure au gué

serait antérieur à celui que nous propose Molière, devenu lui-même le « ô gué », puis le « ô gai » de plus d'une chanson française.

Le rythme de la chanson est ancien et avait déjà été utilisé par Thibaut de Champagne au XIIIe siècle. La musique a parfois été attribuée à Eustache de Caurroy, maître de la chapelle royale sous Henri IV. Un air intitulé *Bonne Aventure*, composé par Gilliers, sert de vaudeville ★ à la pièce de Dancourt, *Les Trois Cousines,* jouée en 1700, et un autre, nommé *Si le Roy...,* est noté en 1712 par Christophe Ballard dans ses *Mille et un airs*. Mais c'est d'une chanson à boire, *Dedans mon petit réduit,* publiée par Ballard en 1719 dans son *Recueil d'airs sérieux et à boire* qu'est issu l'air actuel, qui serait de Ponteau.

L'air s'est fixé peu à peu, et son rythme ancien a inspiré bon nombre de chansons de tous genres. On peut mettre en parallèle la chanson enfantine, qui garde un petit aspect désuet :

Je suis un petit garçon
De bonne figure
Qui aime bien les bonbons
Et les confitures.
Si vous voulez m'en donner
Je saurai bien les manger.
La bonne aventure, ô gai !
La bonne aventure !

et cette « Chanson Folastre » extraite du recueil des Comédiens Français :

Je suis un joly garçon
Petit clergeon de pratique
Qui entend bien la façon
Au gaillard jeu vénérique
Je me lève du matin
Pour avaller le bon vin
Et ne souhaite rien de plus
Que d'avoir bien des escus

(Bellone, 1612)

et encore une chanson badine du XVIIIe siècle intitulée *L'on dit que j'aime Fanchon,* dont voici la dernière strophe :

> Toi qui languis nuit et jour
> Pauvre amour fidèle
> Filant le parfait amour
> Auprès d'une belle
> Cherche une grosse dondon
> Baise-la bien et prends son...
> Qu'on se réjouisse icy
> Qu'on se réjouisse.

Enfin, sur ce rythme, Victor Hugo composa une *Nouvelle chanson sur un vieil air,* qui sera mise en musique par Camille Saint-Saëns en 1915, et qui se termine ainsi :

> S'il est un rêve d'amour
>   Parfumé de rose,
> Où l'on trouve chaque jour
>   Quelque douce chose,
> Un rêve que Dieu bénit
> Où l'âme à Jésus s'unit,
> Oh ! j'en veux faire le nid
>   Où ton cœur repose !

Fervent admirateur de la chanson dont Alceste louait la beauté simple, Hugo écrit aussi dans *Les Contemplations :*

> Thérèse, la duchesse à qui je donnerais
> Si j'étais roi, Paris, si j'étais Dieu, le monde.

Le Carillon de Vendôme

> Mes amis que reste-t-il
> A ce Dauphin si gentil ?
> Orléans, Beaugency
> Notre-Dame de Cléry
> Vendôme, Vendôme.

Un carillon est un ensemble musical de cloches, chacune sonnant une note différente. Les carillons devinrent à la mode au XVIᵉ siècle, mais deux siècles plus tard, la Révolution fit taire nombre de cloches : le métal, fondu et récupéré, servit bien souvent à fabriquer des pièces d'artillerie.

Tel fut le sort des cloches de l'Abbaye de la Trinité, à Vendôme. Jusqu'alors, elles avaient sonné, sur les notes d'un canon * du XIVᵉ siècle, l'air sur lequel nous chantons « Orléans, Beaugency... » :

> ré-mi-do   ré-mi-do
> ré mi fa mi ré mi do
> mi-ré do   mi-ré do
> do do do (*3 heures*)

Désormais, ce fut l'horloge de la Tour Saint-Martin qui sonna les heures sur un air plus sommaire. Mais un jour de 1948, un amoureux des carillons, M. Paul Dujardin, conseiller municipal de Vendôme, eut l'idée de rendre à sa cité son refrain de jadis. Une nouvelle cloche fut fondue. Le carillon d'antan était rendu aux Vendômois, qui chantent encore :

> Amis chantons joyeusement
> Les cloches de notre abbaye,
> Et son antique sonnerie,
> Qui semblait dire innocemment :
>
> (*air du carillon*)
> Bon paysan, bon manant,
> Arrivez tous promptement
> Apportez beaucoup d'argent,
> Aux moines, aux moines.

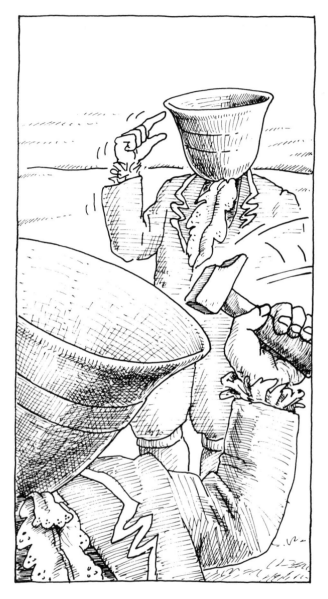

Les paroles du *Carillon de Vendôme* évoquent la situation du domaine royal aux heures les plus sombres de la guerre de Cent ans.

Orléans et Beaugency sont historiquement liés à la résistance, puis à la victoire française face à l'envahisseur anglais. Jean d'Orléans, prince de Dunois, possédait un château à Beaugency ; il fut compagnon d'armes de Jeanne d'Arc qui délivra Orléans assiégée depuis plusieurs mois par les Anglais. Durant tout le siège, les Anglais eurent en main le pont de Beaugency qui constituait, à l'époque, le seul moyen de traverser la Loire entre Orléans et Blois.

Si Vendôme fut une place d'importance stratégique, son nom était surtout lié, avec celui de Cléry, à la piété de la France, fille aînée de l'Église : la ville fut, jusqu'à la Révolution, le lieu du pèlerinage de la Sainte Larme, rapportée des Croisades (la larme que le Christ aurait versée sur Lazare). A Cléry est enterré Louis XI qui, tout jeune, se voua à la Vierge ; il offrit son poids en argent à Notre-Dame de Cléry qui l'avait sauvé de la mort au siège de Dieppe.

Le *carillon de Vendôme* sonne aussi au beffroi de Beaugency, à Notre-Dame de Cléry et à l'une des églises d'Orléans.

Au XVIIᵉ siècle, l'air du carillon de Vendôme est noté dans *La Clé des Chansonniers* de Ballard. A l'époque, on l'utilise volontiers pour composer quelque couplet moqueur et à la mode. Par exemple cette complainte, écrite par Coulange et intitulée *Le Goutteux :*

> Quel chagrin, quel ennui
> De compter toute la nuit
> Les heures, les heures.
>
> Le genou, le jarret
> La main gauche, le poignet
> L'épaule, l'épaule.

On chansonne aussi l'acteur Ragotin, célèbre pour son débraillé et son intempérance :

> Ragotin, ce matin
> A bu tant de pots de vin
> Qu'il branle, qu'il branle.

Et c'est encore sur l'air du carillon que l'on se moque du maréchal de Villeroi qui, en 1695, ne sut empêcher Guillaume II d'Orange d'assiéger Namur :

> Villeroi, Villeroi
> A fort bien servi le roi
> Guillaume, Guillaume

Quelques années plus tard, on chante sur le même air la gloire du duc de Vendôme : ce descendant direct d'un fils naturel d'Henri IV s'illustra en combattant le prince Eugène, duc de Savoie.

> Savoyards, Savoyards
> Qui vous rend si mécontents ?
> Vendôme, Vendôme.

> Buvons au petit-fils
> Du grand roi Ventre Saint-Gris
> Vendôme, Vendôme.

> Qui te rend si chagrin
> Eugène, prince mutin ?
> Vendôme, Vendôme.

> Turin, tu seras battu
> Car ainsi l'a résolu
> Vendôme, Vendôme.

Il est né le divin enfant

Il est né le divin enfant
Jouez hautbois, résonnez musettes
Il est né le divin enfant
Chantons tous son avènement.

Une étable est son logement
Un peu de paille sa couchette
Une étable est son logement
Pour un dieu quel abaissement.

Ce chant est publié pour la première fois en 1874, dans un recueil d' « airs de noëls lorrains », par Romans Grosjean, organiste à la cathédrale de Saint-Dié, dans les Vosges.

La naissance du Sauveur est célébrée, ici, sur un ancien air de chasse, *La Tête Bizarde,* noté dans les recueils de sonnerie de trompe de l'époque de Louis XV, comme ceux de Thiberge et de Frontier. En termes de vénerie, la « tête » désigne les bois qui ornent la tête du cerf ; ainsi, le cerf qui « fait sa tête » n'est en rien capricieux, c'est le cerf dont les bois sont en train de pousser ; et celui qui a une « tête bizarre » est celui dont les bois sont disposés de façon inhabituelle.

Les paroles, sans doute écrites au XIXᵉ siècle, évoquent la scène traditionnelle de l'adoration des bergers. L'image remonte à l'Évangile de Luc, le seul des quatre évangélistes à avoir donné aux bergers ce rôle privilégié :

Vous trouverez un nouveau-né enveloppé de langes et couché dans une crèche... Et l'ayant vu, les bergers firent connaître ce qui leur avait été dit de cet enfant ; et tous ceux qui les entendirent furent émerveillés de ce que leur racontaient les bergers (Luc 2, 12-18).

On retrouve dans bien d'autres noëls populaires les bergers venus célébrer en musique l'enfant divin, avec leurs hautbois, leurs pipeaux et leurs musettes (petites cornemuses), par exemple dans ce noël connu dès 1520, *Tous les bourgeois de Chastres* (Chastres est l'ancien nom d'Arpajon) :

Tous les bourgeois de Chastres
Et de Mont-le-Héry
Menèrent grande joie
Cette journée-ci
Que naquit Jésus-Christ
De la Vierge Marie,
Près le bœuf et l'ânon
Entre lesquels coucha
En une bergerie.

Les anges ont chanté
Une belle chanson, ·
Aux pasteurs et bergers
De cette région
Qui gardaient les moutons
Paissant sur la prairie.
Disaient que le mignon
Était né près de là,
Jésus le fruit de vie.

Laissèrent leurs troupeaux
Paissant parmi les champs
Prirent leurs chalumeaux
Et droit à Saint-Clément
Vinrent dansant, chantant
Menant joyeuse vie
Pour visiter l'Enfant — si gent
Lui donner des joyaux — si beaux,
Jésus les remercie.

Minuit, Chrétiens !

> Minuit, Chrétiens, c'est l'heure solennelle
> Où l'Homme Dieu descendit jusqu'à nous
> Pour effacer la faute originelle
> Et de son Père apaiser le courroux.
> Le monde entier tressaille d'espérance
> En cette nuit qui lui donne un Sauveur.
> Peuple à genoux ! Attends ta délivrance !
> Noël, Noël, voici le Rédempteur.

Tout commence par une histoire de pont. En 1847, l'ingénieur Laurey est installé à Roquemaure, près d'Uzès, pour diriger la construction d'un pont suspendu. Il fréquente quelques gens du lieu, le curé, bien sûr, et un négociant en vins, Placide Cappeau, « homme instruit, auteur de poésies écrites en français et en langue d'oc ». Monsieur le curé voudrait une belle messe de minuit, cette année-là. Il prie Placide Cappeau d'écrire un texte émouvant ; Madame Laurey, cantatrice, le chantera après qu'un ami à elle, Adolphe-Charles Adam, en aura écrit la musique. Adolphe Adam, né à Paris en 1803, a été élève de Boïeldieu ; il est professeur de composition au Conservatoire et laissera, à sa mort, une cinquantaine d'œuvres lyriques.

Placide Cappeau prend la diligence début décembre et écrit quatre strophes, entre Mâcon et Dijon. Adam, pour les besoins de la musique, fait modifier quelque peu les paroles de la première strophe. Là où nous chantons :

> Où l'Homme Dieu descendit jusqu'à nous
> Pour effacer la faute originelle
> Et de son Père apaiser le courroux

Cappeau avait d'abord écrit :

> Où, dans l'heureux Bethléem, vint au jour
> Le messager de la bonne nouvelle
> Qui fit, des lois de sang, la loi d'amour.

Et, cette heureuse correction effectuée, Madame Laurey peut, à pleins poumons, célébrer la naissance du Sauveur, le 24 décembre 1847 à minuit. Le succès est immédiat, l'air se chante jusque dans les cabarets ; la police doit parfois intervenir devant le scandale et interdire de beugler un chant sacré.

Cappeau, lui, tient aux vers qu'il avait écrits : lorsqu'en 1876 il publie *Le Château de Roquemaure, poème historique en vingt chants,* il insère son cantique au chant X, sous le titre *Cantique à l'orgue de Roquemaure ;* il rétablit, bien entendu, les vers qu'Adam avait supprimés.

Quelques années plus tard, devenu radical, Cappeau sera tiraillé entre son orgueil littéraire et le souci constant de renier ce noël, un peu trop vibrant aux yeux de ses compagnons de politique.

Toute la gloire de l'œuvre restera au seul compositeur ; c'est sous le nom de « Noël d'Adam » que ce cantique fait désormais partie du patrimoine populaire. Adam, qui ne s'y était pas trompé, l'avait lui-même surnommé, devant son énorme succès, la « Marseillaise religieuse ».

Le Miracle de Saint Nicolas

Ils étaient trois petits enfants
Qui s'en allaient glaner aux champs.
Tant sont allés, tant sont venus
Que sur le soir se sont perdus.

S'en furent frapper chez le boucher :
« Boucher, voudrais-tu nous loger ?
— Entrez, entrez, petits enfants
Y a de la place assurément. »

Ils n'étaient pas sitôt entrés
Que le boucher les a tués
Les a coupés en petits morceaux
Mis au saloir comme pourceaux.

Mais au bout de sept ans passés
Saint Nicolas vint à passer.
S'en fut frapper chez le boucher
« Boucher, voudrais-tu me loger ?

— Entrez, entrez, Saint Nicolas
Y a de la place, il n'en manque pas. »
Il n'était pas sitôt entré
Qu'il a demandé à souper.

« Du petit salé voudrais avoir
Qui est depuis sept ans dans le saloir. »
Quand le boucher ouït cela
Hors de sa maison se sauva.

« Boucher, boucher ne t'enfuis pas
Repens-toi, Dieu te pardonnera. »
Et puis il étendit trois doigts
Les enfants se levèrent tous trois.

Le premier dit : « J'ai bien dormi »
Le second dit : « Et moi aussi »
Et le troisième répondit :
« Je me croyais en Paradis. »

Saint Nicolas était évêque de Myre, en Asie Mineure, au
IIIᵉ siècle. Lettré et savant, il devint naturellement le saint
patron des « clercs », les étudiants du Moyen Age. Le corps
du saint repose dans une église de Bari, en Italie. A la fin du

XIe siècle, un Croisé lorrain, seigneur de Varangeville, rapporte une relique : une phalange du saint. Pour l'abriter, il fait bâtir une chapelle Saint Nicolas à Port, en Meurthe-et-Moselle, appelé depuis Saint-Nicolas-de-Port.

Une *Vie de Saint Nicolas,* par le trouvère Wace au XIIe siècle, une légende, au XIIIe siècle, relatent le miracle du saint qui sauva de la damnation un boucher meurtrier. Les victimes sont des « clercs » ; c'est l'épouse du boucher qui provoque le meurtre, afin de s'emparer des pièces d'or des voyageurs.

Un recueil de noëls de 1582, publié par Hernault, reprend le sujet de façon identique :

> Saint Nicolas, vray Escolier,
> Qui des clercs avait quatre-vingts,
> Trois y en a de ses clergeons
> Qui sont frères et compagnons.
>
> De leur maître congé ont pris
> Pour s'en aller à leur pays
> Il leur a donné librement :
> « Allez à Dieu omnipotent !
>
> Celui qui fit le firmament
> Qu'il vous conduise apertement. »
> Trois jours et trois nuits sans tarder
> Ne cessèrent de cheminer.
>
> Chez un boucher sont arrivés
> Logis pour Dieu vont demander.
> La bouchère les regarda,
> Qui onc en nul bien n'y pensa...
>
> Saint Nicolas messe chanta,
> Et les trois clercs ressuscita ;
> Quand ce fut au définement
> Les trois clergeons dirent : « Amen ».
> Amen ! Noël !

En se popularisant, le cantique devint une complainte. Gérard de Nerval l'entendit en Valois et la mit à la mode dans les salons parisiens, vers 1840. C'est celle que nous chantons encore.

Il existait au XVIIIe siècle, en Espagne et dans le Sud de la France, une chanson dite *Saint Nicolas et le nourrisson brûlé :* une nourrice s'endort en allaitant le fils du roi. A son réveil, elle découvre le bébé en cendres. De désespoir, elle court se noyer, et rencontre Saint Nicolas en chemin.

Retourne-t'-en bien vite ! Ton enfant est chez toi
Dans le bras de la Vierge, tu le retrouveras
Voilà les grands miracles que fait Saint Nicolas.

L'iconographie religieuse est riche en représentations du miracle de Saint Nicolas, sauveur d'enfants. Une statuette, dans l'église de Saint-Nicolas de Brem, en Poitou, montre le saint debout à côté d'un baquet où sont trois enfants. Deux médaillons d'une verrière, dans la cathédrale de Bourges, montrent un homme qui s'apprête à tuer trois enfants à coups de hache ; une femme, derrière lui, tient une corbeille. Sur l'autre médaillon, Saint Nicolas bénit trois enfants qui sont debout dans un saloir.

Le Petit Navire

Il était un petit navire (*bis*)
Qui n'avait ja ja jamais navigué. (*bis*)

Refrain
Ohé ohé matelot
Matelot navigue sur les flots. } (*bis*)

Il entreprit un long voyage
Sur la mer Mé-Mé-Méditerranée.

Au bout de cinq à six semaines
Les vivres vin-vin-vinrent à manquer.

On tira-z-à la courte paille
Pour savoir qui qui qui serait mangé.

Le sort tomba sur le plus jeune
Le pauvre mousse mousse mousse sera mangé.

Il est monté sur la grand' hune
Ne voit que l'eau l'eau l'eau de tous côtés.

Ô Sainte Vierge ma patronne
Empêchez-les les les de me manger.

Du haut du ciel sur le navire
On voit de gros gros gros poissons tomber.

On fit chercher la poêle à frire
Le petit mousse mousse mousse sera sauvé.

Cette chanson amuse beaucoup les enfants ; s'ils ont eu peur, c'était « pour rire ». Qui prendrait au sérieux les aventures d'un bateau qui n'a « ja-ja-jamais navigué... » ?

L'histoire du *Petit Navire* se rattache pourtant à la légende du vaisseau fantôme, mystérieusement condamné à ne jamais accoster. Une chanson islandaise du XVIIe siècle conte l'aventure tragique d'un équipage affamé, réduit au cannibalisme !

C'est le plaisir des marchands
De hisser les voiles au mât
De partir là où ils étaient
De naviguer sur la mer
Bien qu'elle les asperge.

Ils étaient dans le port
Depuis quarante jours
Ils y restèrent si longtemps
Que la faim gagna l'équipage.

Ils mangèrent les cordes
Et brûlèrent le mât
Ils mangèrent leurs gants
Et leurs bons habits.

Ils étaient fils de sept sœurs
Ils étaient de la même famille.
Maintenant il faut tirer au sort
Lequel nous devons manger.

S'avança un second
Il n'avait pas de parents :
« Vous ne devez pas tirer au sort
Vous pouvez m'avoir à manger.

Prenez ma petite chemise
Roulez-la autour de mes yeux. »
Ils le prirent par ses cheveux jaunes
Ils le décapitèrent.

Ils prirent le foie et les poumons
Les portèrent devant le jeune roi.
« Je ne veux pas manger de lui
Il a été mon second. »

Il regarda en l'air :
« Dieu des Cieux, bénis-moi.
J'ai vu voler un petit oiseau
C'est une belle colombe.

Donnez-moi mes flèches et mon arc
J'attraperai l'oiseau.
— Bon chevalier, ne me prends pas
Je te donnerai un vent favorable. »

Une version danoise de la même époque met en scène, non
plus des cousins, mais des frères :

Il y avait un roi de Babylone
Vingt-quatre fils il avait.
…
Ils naviguèrent sur l'eau bleue
Ils arrivent sous un rocher et y restent.

Ils se couchèrent sur le pont en pleurant
Ils n'avaient rien à manger.

Le second s'offre en sacrifice, l'aventure tragique se
poursuit et se conclut de la même façon que dans la chanson
islandaise.

Les marins scandinaves ont appris la chanson à leurs camarades de l'Europe entière. On chante la mésaventure du *Petit Navire* jusqu'en Catalogne et au Portugal.

En France, la chanson du *Petit Navire,* dite aussi de la *Courte paille,* est publiée dans les revues de folklore du XIXᵉ siècle. On la trouve aussi bien dans *l'Histoire du Béarn* de M. Mazure en 1839, que dans les *Chants populaires de la Provence* de Damase Arbaud en 1861. Il n'existe pas moins de vingt-cinq variantes de l'histoire.

Ces variantes peuvent se réduire à deux grandes tendances, qui se dessinent dans l'évolution de la chanson lorsqu'elle se popularise au siècle dernier. La première garde un ton sérieux : la tragédie ne sera évitée que de justesse lorsque le petit mousse, grimpé au mât, aperçoit la terre à l'horizon... tout finit par une idylle. Voici ce que l'on chantait encore en 1906, en Nivernais, d'après la *Littérature orale et traditions du Nivernais* d'Achille Millien :

C'est un petit navire d'Espagne
Mais que la France a protégé.
A bien marché sept ans sur mer
Mais sans avoir pu aborder.

Au bout de la septième année
Le pain, le vin viennent à manquer.
Il faut tirer la courte paille
Lequel de nous sera mangé.

Le capitaine a fait les pailles
La plus courte lui est restée.
Faut donc manger notre capitaine
Qui si bien sut nous protéger.

« Celui qui montera à la hune
Un beau cadeau je lui ferai.
Je lui donnerai ma fille en mariage,
Le beau navire qui est sous nos pieds. »

C'est le plus jeune de l'équipage
C'est le plus jeune qui est monté.
« Courage, courage, mes camarades,
Je vois la terre de tous côtés.

Je vois les moutons dans la plaine
De belles bergères qui les gardont
Je vois la tour de Babylone
Des pigeons blancs qui voltigeont.

Je vois la fille du capitaine
Dessous un oranger fleuri.
Je vois la fille du capitaine
Qui nous regarde et nous sourit. »

En 1841, l'*Écho de Morlaix* publiait la traduction d'une très longue chanson bretonne, tragique, dont nous donnons ici les passages essentiels :

Ils naviguaient sur la mer profonde
Quand le bétail leur a manqué.
Le capitaine dit aux mariniers :
« Cuisinier, mets la broche au feu
Que le page soit servi à souper ce soir. »
Les mariniers disaient au capitaine :

« Il ne sera pas fait ainsi.
On doit tirer à la courte paille.
Celui qui sera désigné par le sort mourra. »
Le capitaine dit au page :
« Page, petit page, tu es prompt et diligent.
Monte vite au haut des mâts, pour voir où nous sommes.
...

« J'ai vu... trois navires espagnols
Avec leurs voiles rouges comme le sang
Présage de guerre et de combat.
...

Courage, courage, matelots !
J'ai vu la tour de Bréhat
Et la procession autour du cimetière. »
...

Il eût été un cœur de pierre, celui qui
se fût trouvé alors à Bréhat et n'eût point gémi
En voyant trente-trois matelots aller ensemble sous le pont.
Les uns demandaient du pain, d'autres un prêtre.
D'autres regardaient l'eau et priaient
Dieu de les secourir.

Le recteur de Bréhat...
A donné l'extrême-onction à dix-huit personnes
Sans ôter l'étole de son cou.
Au dix-neuvième, son cœur a failli
Voyant la détresse des mariniers.

Contrastant avec ces versions sérieuses et mélancoliques, apparaît au milieu du XIXe siècle une version parodique : on joue au théâtre du Vaudeville, en août 1852, une comédie-vaudeville en un acte, *Méridien.*

Méridien est un pêcheur un peu benêt ; ses compagnons s'appellent Goudron et Cabestan. A la fin du banquet qui fête son retour au pays, Méridien entonne la chanson des *Étoiles,* sur un poème de Théophile Gautier, dont voici le début :

> Sur l'eau bleue et profonde
> Nous allons voyageant,
> Environnant le monde
> D'un sillage d'argent.

Les convives trouvent le couplet fort ennuyeux :

DUGOUDRON : — Ah ! c'est bien !... mais c'est pas assez... c'est pas assez bacchanale !

MÉRIDIEN : — Ah ! tu veux de la bacchanale, toi !... Eh bien, attention ! en v'là une à mourir de rire... bouchez-vous les oreilles... v'là le charivari qui commence !

> Il était un petit navire (*bis*)
> Dessus la mer s'en est-z-allé. (*bis en chœur*)
> Mais au bout de quelques jours (*bis*)
> Le pain le vin leur-z-a manqué. (*bis en chœur*)
> Ont tiré-z-à la courte paille (*bis*)
> Savoir qui qui sera mangé. (*bis en chœur*)
> Le plus jeune qu'a fait les pailles (*bis*)
> La plus courte lui est tombée. (*bis en chœur*)
> S'est écrié : « Ô Vierge Mère ! (*bis*)
> Sera donc moi qui sera mangé ! » (*bis en chœur*)

L'air, dit *Souvenir maritime,* harmonisé par Montaubry, est l'air sur lequel nous chantons encore la mésaventure du *Petit Navire.* De façon grotesque, la chanson du vaudeville *
continuait ainsi :

> Au lieu d' manger un brav' garçon,
> Nous allons manger de gros poissons !
> Du bœuf et d' la gibelotte
> Des navets, des carottes
> Du canard, du dindon
> Le tout en marmelade
> Avec de la salade.
> En avant l' rigodon !
> Sabat et bacchanal !
> Branle-bas général !

L'aventure horrible a décidément tourné à la caricature. Une version bretonne, notée dans *Mélusine* en 1878, conclut :

> ... A la sauce piquante il fut mangé.

L'écrivain anglais Thackeray publia une version triviale, de son crû, reprise en septembre 1888 par la revue américaine *The Bookmart* sous le titre *Little Billee* :

> *There was gorging Jack and guzzling Timmee*
> *And the third he were the little Billee.*
>
> *But they hard not scarcely got to the Equator*
> *When they'd not got left not one split pea...*

> Il y avait Jacques le bafreur et Jimmy le pochard
> Le troisième c'était le petit Billee.
>
> Mais ils atteignaient à peine l'Équateur
> Qu'il leur restait même plus une épluchure...

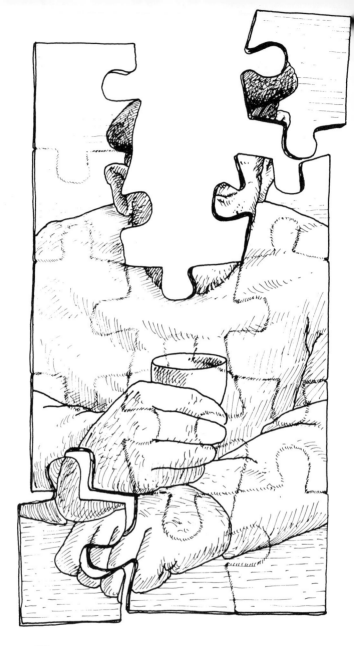

190

Brave marin revient de guerre

Brave marin revient de guerre $\Big\}$ *(bis)*
Tout doux
Tout mal chaussé, tout mal vêtu
« Brave marin, d'où reviens-tu ?
Tout doux

— Madame, je reviens de guerre.
Tout doux
Qu'on apporte ici du vin blanc
Que le marin boive en passant. »
Tout doux

Brave marin se met à boire
Tout doux
Se met à boire et à chanter
Et la belle hôtesse à pleurer.
Tout doux

« Ah ! dites-moi, la belle hôtesse
Tout doux
Regrettez-vous votre vin blanc
Que le marin boit en passant ?
Tout doux

— Ce n'est pas mon vin que je regrette
Tout doux
Mais c'est la mort de mon mari
Monsieur, vous ressemblez à lui...
Tout doux

— Ah ! dites-moi, la belle hôtesse,
Tout doux
Vous aviez de lui trois enfants,
Vous en avez quatre à présent !
Tout doux

— On m'a écrit de ses nouvelles
Tout doux
Qu'il était mort et enterré
Et je me suis remariée. »
Tout doux

Brave marin vide son verre,
Tout doux
Sans remercier, tout en pleurant
S'en retourne à son bâtiment.
Tout doux

Cette complainte, surtout chantée dans les provinces de l'Ouest, a sans doute été adaptée d'un « retour du soldat », devenu « marin », comme le laisse supposer une version ancienne, connue dans toute la France, où un « Pauvre soldat », au dernier vers,

S'en retourne à son régiment.

En 1866, la chanson est mentionnée sur un air qui était connu dès 1792 pour accompagner un couplet sur un thème semblable, mais d'un ton bien différent :

Coucou, je suis un bon patriote,
Je reviens de la guerre, je m'en fous.

Mais peut-être a-t-elle été composée plusieurs années auparavant, dans les armées de Louis XIV ou Louis XV. Quoi qu'il en soit, le retour du soldat parti en guerre pour de longues années, pleuré puis oublié, voire remplacé à son foyer, est un thème qui remonte au temps les plus lointains : il n'est que de penser au retour tragique des héros homériques.

Le thème eut un regain d'actualité au XIXe siècle, avec la pratique impopulaire de la conscription. Il a d'ailleurs inspiré de nombreuses œuvres littéraires : *Le Colonel Chabert* de Balzac et *Le Retour* de Maupassant sont sans doute les plus connues.

Devant Bordeaux

Devant Bordeaux est arrivé (*bis*)
Un beau bateau chargé de blé.

Refrain
Nous irons sur l'eau, nous irons promener
Nous irons jouer dans l'île.

Un beau bateau chargé de blé
Trois dames vont le marchander.

« Bon marinier, combien ton blé ?
— J' l' vends dix-huit francs la perrée.

— Ce n'est pas cher si c'est bon blé
— Entrez, mesdames, vous verrez. »

La plus jeune a le pied léger
Dedans le bateau a sauté.

Voilà que le vent a soufflé
Le bateau s'est mis à voguer.

« Arrête, arrête, marinier
Je suis femme d'un conseiller.

— Quand vous seriez femme du Roi
Avecque vous je coucherai. »

C'est sur la mélodie d'une version canadienne de la chanson que nous chantons ce petit conte facétieux qui date probablement du XVIIIe siècle, comme beaucoup de chansons de marins.

Bordeaux, riche ville marchande, fut aussi jusqu'à la Révolution le siège d'un Parlement. Cette Cour souveraine de justice était formée d'un Président entouré de Conseillers, détachés de la Cour du Roi. Il est partout de tradition de ridiculiser les gens de robe (ainsi fit la « chèvre de fort tempérament », voir p. 45) en leur prêtant d'humiliantes infortunes, ce dont témoigne aussi la version suivante, beaucoup plus méchante, qui fut à la mode sur le boulevard du Temple vers 1800 ; elle était chantée par un Paillasse qui avait nom Rousseau.

Dedans la ville de Bordeaux
Sont arrivés trois beaux vaisseaux.
Les matelots qui sont dedans
Vrai Dieu ! qu'ils sont de bons enfants !

Y'a une dame dedans Bordeaux
Amoureuse des matelots.
« Servante va t'en moi quérir
Le matelot le plus joli. »

Le matelot en s'en allant
Il commença-t-une chanson :
« Vrai Dieu ! J'ai bien passé mon temps
Avec la femme du Président ! »

Au gré des escales et selon les équipages, le nom de la ville a pu changer, au premier vers. On trouve tantôt « A Saint-Malo, beau port de mer », tantôt « A Nantes, à Nantes, beau port de mer ».

La satire est absente d'une version recueillie en Savoie ; la chanson compte simplement l'histoire d'une jeune fille séduite :

Dedans Marseille sont arrivés
Trois bâtiments chargés de blé.
Trois demoiselles se promenant :
« C'est pour voir le prix du froment... »

Refrain

Ah, ah, ah ! Je donnerais bien cinq sous
Belle, pour passer la mer avec vous.

« Marinier, laisse-moi mon honneur
Je suis fille d'un laboureur.
— Quand ce serait la fille du Roi,
Je l'aimerais pas plus que toi. »

194

Le trente et un
du mois d'août

Le trente et un du mois d'août   } (*bis*)
Nous vîmes venir sous le vent à nous
Une frégate d'Angleterre
Qui fendait la mer et les flots
C'était pour aller à Bordeaux

Refrain
Buvons un coup, buvons-en deux
A la santé des amoureux
A la santé du roi de France
Et merde pour le roi d'Angleterre
Qui nous a déclaré la guerre.

Le capitaine en la voyant
Fait appeler son lieutenant :
« Dis, lieutenant, es-tu capable
Dis-moi, te sens-tu-z-assez fort
Pour aller accoster son bord ? »

Le lieutenant fier-z-et-hardi
Lui répondit : « Capitaine, oui !
Faites monter votre équipage
Braves soudards et matelots
Faites-les tous monter en haut. »

Le maître donne un coup d' sifflet :
« En haut ! largue les perroquets
Largue les ris et vent arrière !
Laisse arriver près de son bord
Pour voir qui sera le plus fort ! »

Vir' lof pour lof ! En abattant
Nous l'accostons par son avant
A coups de hache d'abordage
A coups de piqu's et d' mousquetons
Nous l'avons mis à la raison.

Que va-t-on dir' de lui tantôt
En Angleterre et à Bordeaux
D'avoir laissé prendr' sa frégate
Par un corsaire de six canons
Lui qu'en avait trent' six, et d' bons ?
ou
Que dira-t-on du grand rafiot
A Brest, à Londres et à Bordeaux,
Qu'a laissé prendre son équipage
Par un corsaire de dix canons :
Lui qu'en avait trent' six, et d'bons !

Le 31 août 1800, deux mois après la victoire de Bonaparte à Marengo, le corsaire malouin Surcouf s'empare de la frégate anglaise « Kent », au terme d'une sanglante bataille. Le « Kent » avait à bord quatre cents hommes d'équipage et trente-huit canons le défendaient : ou plutôt trente-six si l'on en croit le dernier couplet de la chanson.

L'échec était d'autant plus cuisant pour les Anglais qu'ils avaient mis à prix la capture de Surcouf. Les corsaires, en effet, étaient de redoutables ennemis. Une « lettre de marque » de leur gouvernement les autorisaient à armer un bateau et à chasser tout bâtiment marchand d'une nation ennemie. A la différence des pirates, ils n'opéraient qu'en temps de guerre et dans la plus stricte légalité.

En 1744, quelque cinquante ans avant la victoire de Surcouf, on chansonnait déjà les Anglais, vaincus sur mer par un autre corsaire français : *Chanson nouvelle. D'un vaillant corsaire nommé le Barnabas de Saint-Malo, qui a fait cinq prises anglaises.* En voici le dernier couplet :

Messieurs les Anglais
Cherchez une retraite
Mettez-vous à l'abri de l'aimable goulette,
Et cherchez un asile
Dans de nouveaux climats
Crainte de la béquille
Du père Barnabas.

Les Filles de La Rochelle

Sont les filles de La Rochelle } *(bis)*
Qu'ont armé un bâtiment
Pour aller faire la course
Dedans les mers du Levant.
ou
Pour aller faire la guerre
Aux pays de l'Orient.

Refrain
Ah ! la feuille s'envole, s'envole
Ah ! la feuille s'envole au vent.

La grand'vergue est en ivoire } *(bis)*
Les poulies en diamant
La grand'voile est en dentelle
La misaine en satin blanc.

Les cordages du navire } *(bis)*
Sont des fils d'or et d'argent
Et la coque est en bois rouge
Travaillé fort proprement.

L'équipage du navire } *(bis)*
C'est tout filles de quinze ans
Le capitaine qui les commande
Est le roi des bons enfants.

Hier, faisant sa promenade } *(bis)*
Dessus le gaillard d'avant
Aperçut une brunette
Qui pleurait dans les haubans :

« Qu'avez-vous, gentille brunette } *(bis)*
Qu'avez-vous à pleurer tant ?
Avez-vous perdu père et mère
Ou quelqu'un de vos parents ?

Je ne pleure ni père ni mère } *(bis)*
Ni quelqu'un de mes parents
J'ai perdu ma rose blanche
Qui s'en fut la voile au vent.

Elle est partie vent arrière } *(bis)*
Reviendra-z-en louvoyant
Elle reviendra jeter l'ancre
Dans la rade des bons enfants. »

Comme *Le Roi Renaud* (voir p. 104), comme *Le Miracle de Saint Nicolas* (voir p. 181), *Les Filles de La Rochelle* fait partie des chansons mises à la mode au siècle dernier par des revues et des écrivains épris de folklore. Traditionnellement chantée dans l'Ouest de la France, de l'Atlantique à la Manche, cette chanson de marins fait aussi partie du répertoire québécois : le port de La Rochelle avait participé de façon très active à la colonisation du Canada : nombre d'Aunisiens et de Saintongeais constituèrent, avec les Poitevins, la première population d'Acadie.

La mer et les bateaux sont propices à l'éclosion du désir amoureux. Qui part seul en croisière revient souvent à deux. Aphrodite, déesse de l'Amour, naquit de l'écume des vagues. Au XIIᵉ siècle de notre ère, c'est la mer qui vit naître la passion la plus intense de la littérature européenne ; sur le navire qui les portait en Cornouaille, Tristan et Iseult burent un puissant philtre d'amour qui ne leur était pas destiné :

> Del beivre (*breuvage*) qu'ensemble beümes
> En la mer quant surpris en fumes

Mais il est d'usage qu'une communauté exclusivement masculine, comme l'équipage d'un navire, chante l'amour sur un ton grivois. Dans sa version première, *Les Filles de la Rochelle* ne manque pas à la tradition. Au 7ᵉ couplet, la jeune fille pleure tout autre chose qu'une rose blanche.

> Je ne pleure ni père ni mère
> Ni quelqu'un de mes parents.
> J'ai perdu mon avantage
> Qui s'en fut la voile au vent.

Cette plaisanterie égrillarde se retrouve, presque mot pour mot, dans d'autres chansons de marins, par exemple *La Danaé* (c'est le nom d'un navire) dans sa version non édulcorée :

> « Je pleure mon avantage
> Dans la mer qui est tombé
>
> — Et qu'aurait donc, la belle,
> Celui qui vous le rendrait ?

— A lui en ferais l'offrande
Avec mon amitié. »

A la première plonge
Le gabier n'a rien trouvé.

A la centième plonge
Le pauvre s'est noyé.

Car jamais avantage
Perdu n'est retrouvé.

Le thème grivois de l' « avantage » perdu rejoint ici un
autre thème, mélancolique et funèbre, du folklore maritime :
une jeune fille pleure ; elle a perdu dans l'eau un objet qui lui
tient à cœur. Un brave garçon lui offre de l'aider et en meurt
noyé. Par exemple, dans *Le Pont de Tréguier,* une fille pleure
son anneau tombé dans l'estuaire. Le gars plonge une fois,
deux fois...

Au troisième coup qu'il a plongé
Landéra lidéré
Il voit l'anneau qui brille
Landéra délira
Il n'est pas remonté
Landéra lidéré.

Fort heureusement, l' « avantage » perdu n'entraîne pas
toujours mort d'homme. Une chanson de la région nantaise
est pleine d'un bon sens cocasse :

Je pleure mon avantage que vous m'avez volé
Que vous m'avez volé sur les bords de la Loire
Que vous m'avez volé sur les bords du ruisseau
Tout près du vaisseau, charmant matelot.

— Ne pleurez pas la belle, je vous le rendrai.
...
— Ça ne se rend pas, dit-elle, comme de l'argent prêté...

Sur ce thème, la plus glorieuse chanson reste celle qui
continue d'égayer les salles de garde et les banquets bien
arrosés : *Les Filles de Camaret.*

Ô fille de Camaret
Où est ton pucelage ? } *(bis)*
Il s'en est allé sur l'eau
Par derrière les grands vaisseaux
Il nage, il nage...

L'originalité des *Filles de la Rochelle,* parmi les chansons de marins, ne tient certes pas à ses derniers couplets conformes à tant d'autres. En revanche, les deuxième et troisième couplets retiennent notre attention. L'évocation du navire précieux, serviteur de l'amour, relève d'une longue tradition littéraire.

C'est la nef qui doit ramener Iseult près de Tristan blessé :

> Il est chargé d'étoffes de soie,
> De mercerie aux couleurs chatoyantes,
> De riche vaisselle de Tours,
> Vin de Poitou, oiseaux d'Espagne
>
> De seie porte draperie
> Danré d'estranges colurs
> E riche veissele de Turs,
> Vin de Peito, oisels d'Espaine

C'est aussi le bateau de l'amant, dans une très belle chanson du XVe siècle.

> ...
> Voici mes amours venir
>
> En un beau bateau sur Seine
> Qui est couvert de sapin
>
> Les cordons en sont de soie
> La voile en est de satin
>
> Le grand mât en est d'ivoirê
> L'estournai (= *le gouvernail*) en est d'or fin

L'évocation semble ici lointainement inspirée du fameux navire à bord duquel Cléopâtre rendit visite à Antoine, bien décidée à le séduire. Le voici, décrit par Plutarque, dans la traduction d'Amyot.

Elle n'en daigna autrement s'avancer, sinon que de se mettre sur le fleuve Cydnus dans un bateau dont la poupe était d'or, les voiles de pourpre, les rames d'argent, que l'on maniait au son et à la cadence d'une musique de flûtes, hautbois, cithares, violes et autres tels instruments dont on jouait dedans. Et au reste, quant à sa personne elle était couchée dessous un pavillon d'or tissu, vêtue et accoutrée tout en la sorte que l'on peint ordinairement Vénus, et auprès d'elle d'un côté et d'autre de beaux petits enfants habillés ni plus ni moins que les peintres ont accoutumé de portraire les Amours, avec des éventaux en leurs mains, dont ils l'éventaient. Ses femmes et demoiselles semblablement, les plus belles, étaient habillées en nymphes Néréides, qui sont les fées des eaux, et comme les Grâces, les unes appuyées sur le timon, les autres sur les câbles et cordages du bateau, duquel il sortait de merveilleusement douces et suaves odeurs de parfums, qui remplissaient deçà et delà les rives toutes couvertes de monde innumérable.

C'est enfin, dans la Bible, la description par Ezéchiel (27, 3-9) du navire somptueux qui symbolise l'opulence du port de Tyr :

Tes constructeurs t'ont faite merveilleuse de beauté :
En cyprès de Senir ils ont construit tous tes bordages.
Ils ont pris un cèdre du Liban pour te faire un mât.
Des plus hauts chênes du Bashân
ils ont fait tes rames.
Ils t'ont fait un pont d'ivoire
incrusté dans du cèdre des îles de Kittim.
Le lin brodé d'Égypte fut ta voilure
pour te servir de pavillon.
La pourpre et l'écarlate des îles d'Elisha
formaient ta cabine.
Les habitants de Sidon et d'Arwad
étaient les rameurs...

Chantons...
pour passer le temps

Chantons, pour passer le temps
Les amours charmants d'une belle fille.
Chantons, pour passer le temps
Les amours charmants d'une fille de quinze ans.
Aussitôt que son amant l'eut prise
Aussitôt elle changea de mise
Et prit l'habit d'un matelot
Et vint s'engager à bord d'un navire
Et prit l'habit d'un matelot
Et vint s'engager à bord d'un vaisseau.

Le capitaine, enchanté
D'avoir à son bord un si beau jeune homme
Le capitaine, enchanté,
Lui dit : « A mon bord je veux te garder.
Tes beaux yeux et ton joli visage
Tes cheveux et ton joli corsage
Me font toujours me rappeler
D'anciennes amours avec une belle
Me font toujours me rappeler
A une beauté que j'ai tant aimée.

— Monsieur, vous vous moquez de moi
Vous me badinez, vous me faites rire
Je n'ai ni frères ni parents
Et suis embarqué au port de Lorient.
Je suis né à la Martinique
Et même je suis enfant unique
Et c'est un navire hollandais
Qui m'a débarqué au port de Boulogne
Et c'est un navire hollandais
Qui m'a débarqué au port de Calais. »

Ils ont ainsi vécu sept ans
Sur le même bateau sans se reconnaître
Ils ont ainsi vécu sept ans
Se sont reconnus au débarquement.
« Puisqu'enfin l'amour nous rassemble

Il faudra nous marier ensemble.
L'argent que nous avons gagné
Il nous servira à notre ménage
L'argent que nous avons gagné
Il nous servira à nous marier. »

C'ti là qu'a fait cette chanson
C'est l'nommé Camus, gabier de misaine
C'ti là qu'a fait cette chanson
C'est l'nommé Camus, gabier d'artimon.
Matelots ! Faut carguer la grand voile
Au cabestan, faut que tout l'monde y soye,
Et vire, et vire, vire donc !
Sans ça t'auras rien dedans ta gamelle
Et vire, et vire, et vire donc !
Sans ça t'auras rien dedans ton bidon.

Contrairement à ce que l'on pourrait croire, l'audace de cette fille de quinze ans n'est pas unique, si l'on en juge par les diverses chansons qui mettent en scène « la fille-soldat ». A une époque où le service militaire durait sept ans, la jeune promise pouvait douter quelque peu de l'avenir de ses amours quand son galant partait pour l'armée, surtout s'il était engagé dans une guerre lointaine. On peut citer, par exemple, *Nanon Trésorier,* recueillie en Aunis en 1863. Après des adieux émouvant,

Le galant partit du pays.
Sitôt Nanon se met en route
Pour rejoindre son cher ami
Et ne plus le quitter sans doute.

Fume sa pipe en vrai dragon
Tire un bon coup de mousqueton
Ou bien un coup de pistolet
Tout aussi bien qu'ces gros sujets...

De simpl' soldat devient sergent
De sergent devient lieutenant.
Elle était bien beau trésorier
Quand elle arriva-t-au quartier...

Dessus la plac' se promenant
Elle a rencontré son amant,
Et lui a dit : « Mon cher enfant,
Ah ! viens me parler un instant. »

Simple soldat était surpris
Que son trésorier l'accoste.
« Oui, Monsieur, je vous parlerai
Quoique ça ne soit pas la mode...

— Depuis sept ans j' sers la nation
Pour te rencontrer, camarade ;
Pour renouv'ler nos amitiés
Il faut tous deux nous embrasser. »

Au bout d' neuf mois l'a-t-accouché
Sans dire une seule parole
Mais ell' dit à son bien-aimé :
« Mon Dieu ! ce tour-là est bien drôle

Le colonel faut avertir.
— Hélas ! Monsieur, faut s'en venir !
Le trésorier assurément
A-t-accouché d'un bel enfant. »

Une autre héroïne, Angélique, s'engage « dedans les grenadiers » avec l'assentiment de son amoureux :

La bel' servit sept ans
Sept ans dedans la troupe
Marchant le jour, la nuit
Auprès d' son bon ami.
Personn' la reconnaît,
Que son chef bien-aimé.

Tout au bout des sept ans
La belle entre en bataille.
Au milieu du combat
Ell' fut blessée au bras.
Alors elle déclara
Qu'ell' n'était pas soldat.

Mais il arrive que l'amant qui a pris la clé des champs en partant pour la guerre apprécie peu le déguisement qui a permis à la belle de le rejoindre :

« Oh ! ton amant, la Belle
Il est bien loin d'ici
A vingt-cinq jours de marche
Y a bien de quoi marcher.

Habille-toi, la Belle !
Habille-toi en guerrier.
Tu marcheras sans doute
Trente-six jours entiers. »

Quand la Belle fut en Prusse
Aperçoit son amant
Qui faisait l'exercice
Au beau milieu du rang.

« Si j'avais su, la Belle
Que tu m'aurais connu
J'aurais passé en Flandre
Jamais tu n' m'aurais vu. »

Le thème de la « fille-soldat » est donc bien connu et a eu son heure de gloire au XVIIIᵉ siècle.

Quant à la dernière strophe de *Chantons pour passer le temps,* elle est, elle aussi, d'une facture tout à fait traditionnelle. De très nombreuses chansons du XVIᵉ et du XVIIᵉ siècles se terminent par la formule (reprise dans *Le Conscrit du Languedô,* voir p. 212) : « Celui qu'a fait cette chanson... »

Celuy qui fist ceste jolye chanson
Un cuysinier qui estoit de Lyon
Cuysinier en gallere
En hallant l'aviron
Toujours en grand misère
Hélas, toujours en grand misère.

(*Recueil Bonfons,* 1548)

Qui a fait cette chanson ?
C'a été une jeune fille
En pensant à son bon ami.
Dedans Lyon la bonne ville
Toujours veit en mélancolie
Du doute qu'elle a de s'amy
Qu'il ne face une autre amie
En un autre étrange pays.

(*Recueil* de 1555)

Celluy quy fist ceste chanson
Ce fut un garçon de villaige
Quy long temps fut en prison
Quy n'avoit denier ne maille
Il n'avoit maille ne denier
Ne du pain pour mangier.

(*Manuscrit de Lucques,* 1575)

205

Qui a fait la chansonnette ?
Un bon garçon d'Orléans
Qui, caressant sa maîtresse
Lui levait son satin blanc.
Dieu te gard, La Rose !
Ne te moque point des gens.

(La Caribarye des artisans, 1644)

On peut remarquer, à travers ces quelques exemples, que l'auteur se désigne en général par sa fonction, son origine, et précise le plus souvent les circonstances qui ont inspiré la chanson ou présidé à sa création. On peut penser qu'il s'agit parfois d'un simple procédé de style qui justifie les paroles et forme une jolie conclusion. Dans notre chanson, en revanche, si l'auteur indique lui aussi son emploi : « gabier de misaine, gabier d'artimon », c'est-à-dire matelot attaché à la hune des mâts d'avant comme d'arrière, il a le souci d'y joindre son nom de famille. Nous savons donc que :

C'ti qu'a fait cette chanson,
C'est l'nommé Camus...

sauvé ainsi de l'anonymat.

Fanfan La Tulipe

Le personnage de Fanfan La Tulipe a été immortalisé par le fougueux Gérard Philipe dans le film de Christian-Jaque (1952). L'action en est soutenue par la musique alerte de la chanson, empruntée à un vaudeville ⋆ de Scribe, *Thibault, comte de Champagne* (1813), qui a lui-même utilisé, semble-t-il, un air populaire en son temps. Dans le vaudeville, c'est déjà un soldat gai et vivant, Dagobert, qui chante avec son accent suisse :

> Le tiscipline est pas sache
> Elle raisonner bas pien.
> Le pon fin fait le courache
> Et nous craindrons chamais rien
> Tant que nous boirons
>   Larirette
> Tant que nous boirons
>   Larira.
> Tant que nous boirons
> Nous tiendrons bons
>   Farilon
>   Farilon
>   Farilette
> Poira qui voudra
>   Larirette
> Paiera qui pourra
>   Larira.
>
> Quand ch'ai pu, che suis un tiable
> Auprès des jeunes tendrons.
> Pufons, le fin rend aimable
> Et dans tout temps nous plairons.
>   Tant que...
>
> Chacun dit que le fieillesse
> Vers nous arrive à grands bas.
> Mes amis, puvons sans cesse
> Et nous ne vieillirons bas.
>   Tant que...

207

La Tulipe est le type même du soldat de troupe des guerres de Louis XV. Il apparaît dans plusieurs chansons : *Les Adieux de La Tulipe* (1736), dont les paroles ont parfois été attribuées à Voltaire ; *Adieu donc cher La Tulipe* (noté en 1765) ; *Le Retour de M. La Tulipe* (1776), composé par Mangenot. Et c'est pendant la Guerre de Sept Ans (1756-1763) que Christian-Jaque situe fort justement le cadre de son film.

Mais la popularité de notre héros serait-elle parvenue jusqu'à nous sans Émile Debraux, « le roi de la goguette » ? C'est Debraux en effet, le « Béranger de la canaille », à la voix peu mélodieuse et qui dit de lui-même :

> La nature, à mes yeux rebelle,
> Me fit chétif, petit, mal achevé,

c'est cet homme pauvre et malade (il mourut à 33 ans) qui donna véritablement la vie au fringant soldat de la garde. Tandis que Béranger assurait la gloire de son *Roi d'Yvetot* (voir p. 233) devant le public bourgeois du Caveau, Debraux établissait celle de *Fanfan La Tulipe* dans les goguettes des quartiers populaires. Il existait près de 300 goguettes quand il créa sa chanson en 1819 ! Dans ces arrière-boutiques de marchands de vin se réunissaient chaque semaine des sociétés chantantes qui accueillaient volontiers les nouveautés, dont les refrains étaient repris en chœur. Debraux savait toucher ce public simple et direct par des chansons qui comportent presque immanquablement leur couplet patriotique, leur strophe gaillarde ou bachique et un élan de tendresse. La postérité a retenu *Fanfan La Tulipe* dont le théâtre, puis le cinéma ont perpétué le souvenir.

> Comme l' mari d' notre mère
> Doit toujours s'app'ler papa.
> Je vous dirai que mon père
> Un certain jour me happa
> Puis me m'nant jusqu'au bas de la rampe
> M' dit ces mots, qui m' mir'ent tout sens d'sus d'sous :
> « J' te dirai, ma foi,
> N'y a plus pour toi
> Rien chez nous,
> V'là cinq sous,
> Et décampe ! »

Refrain
En avant Fanfan La Tulipe
Oui, mill' noms d'une pipe
En avant !

Puisqu'il est d'fait qu'un jeune homme
Quand il a cinq sous vaillant
Peut aller d' Paris à Rome
Je partis en sautillant.
L' premier jour, je trottai comme un ange
Mais l' lendemain, j' mourais quasi de faim.
Un r'cruteur passa
Qui m' proposa.
Pas d'orgueil
J' m'en bats l'œil
Faut que j' mange.

Quand j'entendis la mitraille
Comm' je r'grettais mes foyers !
Mais quand j' vis à la bataille
Marcher nos vieux grenadiers
Un instant, nous sommes toujours ensemble
Ventrebleu ! me dis-je alors tout bas
Allons, mon enfant
Mon p'tit Fanfan
Vite au pas !
Qu'on n' dis' pas
Que tu trembles !

En vrai soldat de la garde
Quand les feux étaient cessés
Sans regarder la cocarde
J' tendais la main aux blessés.
D'insulter des homm's vivant encore
Quand j' voyais des lâches se faire un jeu
Ah ! mille ventrebleu !
Quoi ! d'vant moi, morbleu !
J' souffrirais
Qu'un Français
S' déshonore !

Longtemps soldat vaille que vaille
Quoique au devoir toujours soumis
Un' fois hors du champ de bataille
J' n'ai jamais connu d'enn'mis.
Des vaincus la touchante prière
M' fit toujours voler à leur secours.
P't-êtr' que c' que pour eux
J' fais, les malheureux
L' f'ront un jour
A leur tour
Pour ma mère.

A plus d'une gentille friponne
Maintes fois j'ai fait la cour
Mais toujours à la dragonne
C'est vraiment l' chemin l' plus court.
Et j' disais, quand une fille un peu fière
Sur l'honneur se mettait à dada :
« N' tremblons pas pour ça
Car ces vertus-là
Tôt ou tard
Finiss't par
S' laisser faire. »

Mon père dans l'infortune
M'app'la pour le protéger.
Si j'avais eu d' la rancune
Quel moment pour me venger !
Mais un franc, un loyal militaire
D' ses parents doit toujours êtr' l'appui.
Si j' n'avais eu que lui
Je s'rais aujourd'hui
Mort de faim
Mais enfin
C'est mon père.

Maintenant je me repose
Sous le chaume hospitalier,
Et j'y cultive la rose
Sans négliger le laurier.
D' mon armur' je détache la rouille.
Si le roi m'app'lait dans les combats
De nos jeunes soldats
En guidant les pas
Je m'écrierais :
« J' suis Français !
Qui touche mouille. »

Le Conscrit du Languedô

Le Départ du Conscrit parut pour la première fois en 1846 dans les *Chansons nationales et populaires de la France* de Du Mersan, avec l'indication : « paroles d'un anonyme ».

> Je suis t'un pauvre conscrit
> De l'an mille huit cent dix.
> Faut quitter le Languedô,
> Le Languedô, le Languedô.
> Oh ! faut quitter le Languedô
> Avec le sac sur le dos.
>
> Le maire et aussi le préfet
> N'en sont deux jolis cadets.
> Ils nous font tirer z'au sort
> Pour nous conduire à la mort.
>
> Adieu, mon père, au revoir,
> Et ma mère, adieu, bonsoir !
> 'Crivez-moi de temps en temps
> Pour m'envoyer de l'argent.
>
> Dites à ma tante que son neveu
> A t'attrapé le numéro deux
> Qu'en partant son cœur se fend
> Tout comme un fromage blanc.
>
> Adieu donc, chères beautés
> Dont nos cœurs sont z'enchantés !
> Ne pleurez point notre départ.
> Nous reviendrons tôt z'ou tard.
>
> Adieu donc, mon tendre cœur
> Vous consolerez ma sœur.
> Vous y direz que Fanfan
> Il est mort en combattant.
>
> Qui qu'a fait cette chanson
> N'en sont trois jolis garçons.
> Ils étiont faiseux de bas
> Et à cette heure ils sont soldats.

Le même recueil regroupe d'autres chansons sur ce thème, comme *Le Départ du Grenadier* et *Le Retour du Conscrit* de Du Mersan et Brazier, ou encore *La Lettre de faire-part* ou *La Mort du Conscrit*, sans nom d'auteur. On pourrait citer de nombreux autres titres évoquant la conscription, mise en place sous la Révolution, mais *Le Départ du Conscrit,* mieux connu sous le titre du *Conscrit du Languedô,* semble être une des plus anciennes chansons sur le sujet, et la seule qui soit restée véritablement populaire. Une image d'Épinal l'illustre en 1856, et elle se chantait en 1870 dans tout le Midi, sous la forme :

> Je suis t'un pauvre conscrit
> De l'an mil huit cent-te-dix !

Une adaptation de la fin du XIXe siècle se termine ainsi :

> Dit's aux fileurs de coton
> Que leur brave compagnon
> Qui filait bonnets et bas
> D'vant l'enn'mi ne fil'ra pas.

On a d'ailleurs épilogué sur le dernier couplet, et affirmé que « Fanfan », qui se dit « faiseur de bas », était sans doute un de ces bergers landais qui, perchés sur leurs deux échasses et appuyés sur une troisième, surveillent leur troupeau en tricotant inlassablement des bas. Cette idée est séduisante, mais cadre mal avec la réalité historique : la conscription du Languedoc n'a jamais dépassé à l'Ouest la limite de Toulouse. « Qui qu'a fait cette chanson » est donc plus probablement employé dans une des florissantes fabriques de bas de soie d'Aubenas ou dans quelque bonneterie de Montpellier, d'Uzès ou du Puy, ou tout simplement ouvrier dans l'une des manufactures de textiles établies le long du Rhône, elles aussi en pleine expansion.

Les « trois jolis garçons », victimes du tirage au sort, n'apprécient pas plus de quitter leur Languedoc natal pour participer aux campagnes de Napoléon que le héros de *L'Histoire d'un Conscrit de 1813* d'Erckmann-Chatrian n'appréciait de quitter l'Alsace. Ils partent, cependant, alors que beaucoup tentent de déserter. Le « déserteur » est en effet à cette époque un thème de chanson fréquent, qui témoigne de l'attitude de plus en plus hostile du peuple envers des guerres lointaines et meurtrières. Tout le monde n'a pas le goût de l'uniforme, l'amour du sacrifice ni l'âme d'un héros.

Il arrive même que l'on frôle la révolte, comme en témoigne cette chanson de l'Ancien Régime, composée par « un tambour du bataillon », *Le Soldat mécontent :*

Dès le matin au point du jour } *bis)*
On entend ce maudit tambour }
Qui nous appelle à ce noble exercice,
Et toi, pauvre soldat, c'est ton plus grand supplice.

Les caporaux et les sergents
Nous font aligner sur deux rangs.
L'un dit : « Recule ! » et l'autre dit : « Avance ! »
Et toi, pauvre soldat, faut prendre patience.

Si l'argent du prêt est mangé
Il ne faut pas t'en étonner.
Les caporaux s'en vont boire de la bière
Et toi, pauvre soldat, va boire à la rivière.

La patience que nous perdrons
Si jamais en guerre nous allons !
Ah, si jamais nous partons en campagne
Les grands coups de fusil paieront les coups de canne.

Qui a composé la chanson ?
C'est un tambour du bataillon.
C'était un soir, en battant la retraite,
En pensant à sa mie, que toujours il regrette.

POUR MON CAPORAL

La Complainte de Mandrin

Ils m'ont jugé à pendre,
Ah ! c'est dur à entendre !
A pendre et étrangler
Sur la place du...
     Vous m'entendez !

Nous étions vingt ou trente
Brigands dans une bande
Tous habillés de blanc
A la mode des...
     Vous m'entendez !
Tous habillés de blanc
A la mode des marchands.

La première volerie
Que je fis dans ma vie
C'est d'avoir goupillé
La bourse d'un...
     Vous m'entendez !
C'est d'avoir goupillé
La bourse d'un curé.

J'entrai dedans sa chambre
Mon Dieu, qu'elle était grande !
J'y trouvai mille écus,
Je mis la main...
     Vous m'entendez !
J'y trouvai mille écus
Je mis la main dessus.

J'entrai dedans une autre
Mon Dieu, qu'elle était haute !
De robes et de manteaux
J'en chargeai trois...
     Vous m'entendez !
De robes et de manteaux
J'en chargeai trois chariots.

Je les portai pour vendre
A la foire en Hollande.
Je les vendis bon marché
Ils n' m'avaient rien...
     Vous m'entendez !
J' les vendis bon marché
Ils n' m'avaient rien coûté.

Ces Messieurs de Grenoble
Avec leurs longues robes
Et leurs bonnets carrés
M'eurent bientôt...

Vous m'entendez !
Et leurs bonnets carrés
M'eurent bientôt jugé.

Ils m'ont jugé à pendre,
Ah ! c'est dur à entendre !
A pendre et étrangler
Sur la place du...
Vous m'entendez !
A pendre et étrangler
Sur la place du Marché.

Monté sur la potence
Je regardai la France
J'y vis mes compagnons
A l'ombre d'un...
Vous m'entendez !
J'y vis mes compagnons
A l'ombre d'un buisson.

« Compagnons de misère
Allez dire à ma mère
Qu'elle ne me reverra plus
Je suis un enfant...
Vous m'entendez !
Qu'elle ne me reverra plus
Je suis un enfant perdu ! »

216

Louis Mandrin naît en 1724, près de Grenoble, et meurt, à l'âge de trente et un ans, à Valence, pendu si l'on en croit la chanson, les membres brisés sur la roue par le bourreau si l'on se fie à la tradition historique. Son épitaphe, recueillie dans le *Chansonnier Clairambault Maurepas*, aurait convenu à Robin des Bois, le bandit redresseur de torts :

> Tel qu'on vit autrefois Alcide
> Parcourir l'univers, la massue à la main,
> Pour frapper plus d'un monstre avide
> Qui désolait le genre humain ;
> Ainsi, j'ai parcouru la France.
> Je péris pour avoir dépouillé des brigands ;
> J'aurais joui comme eux d'une autre récompense
> Si j'avais dépouillé des peuples innocents.

Certes, les premiers forfaits de Mandrin peuvent attirer une indulgence bienveillante : à la tête d'une petite bande parfaitement organisée, il dévalise les hommes chargés du recouvrement de l'impôt, de la gabelle en particulier, cet impôt sur le sel, honni de tous. Mandrin et ses compagnons vont jusqu'en Bourgogne. Enhardis, ils attaquent à main armée Autun et Beaune ; dans cette ville, Mandrin perce d'un coup d'arquebuse la sphère mi-noire mi-dorée qui orne la tour de l'Hôtel de Ville, et dont le mouvement tournant représente les phases successives de la lune.

D'autres brigands de grand chemin avaient, avant Mandrin, défrayé la chronique. En Vendée, à la fin du XVIe siècle, une troupe de brigands terrorisait la région, rançonnant, pillant, violant. Le 3 février 1583, le vice-sénéchal de Fontenay-le-Comte et ses soldats tuent une quarantaine de ces voleurs ; deux d'entre eux — dont l'un était sergent — seront jugés et pendus. L'histoire est rapportée dans la chanson des *Trente voleurs de Bazoges,* dont les paroles inspireront plus tard celles de la complainte de Mandrin :

> La première volerie
> Qu'avons fait en notre vie
> Mes camarades et moi
> Avons volé le roi.
>
> Avons défoncé les coffres
> Pour y voler les robes
> Des robes, aussi de l'or
> Le sujet de ma mort.

Nous en furent à Nantes
A Nantes au marché vendre
Vendre à bien bon marché
Ce qui nous a rien coûté.

Le curé de Bazoges
Avec sa grande robe
Et son bonnet carré
Nous a bien mal jugés.

Nous a jugés à pendre
Lundi sans plus attendre
Mardi sans plus tarder
A pendre ou à brûler.

Si j'avais cru mon père
Mon père aussi ma mère
Je ne serais point ici
Dans ce maudit pays.

Si j'avais cru ma femme
Ma femme, ma jolie femme
Mes trois petits enfants
Je serais riche marchand.

Une autre complainte, aux paroles toutes semblables, fait partie du *Cabinet des plus belles chansons nouvelles*, publié à Lyon en 1592, sous le titre de *Chanson nouvelle sur les regrets d'un voleur nommé Caplanbou, qui fut mis sur la roue et exécuté à Tholose, le 3 septembre 1583.*

Si la chanson de Mandrin est restée célèbre, c'est aussi grâce à sa mélodie, inspirée d'un bel air de l'opéra de Rameau, *Hippolyte et Aricie*, paru en 1733 et qui connut un grand succès.

Auprès de ma blonde

Au jardin de mon père, } (*bis*)
Les lilas sont fleuris
Tous les oiseaux du monde
Y viennent faire leur nid.

Refrain
Auprès de ma blonde
Qu'il fait bon, fait bon, fait bon,
Auprès de ma blonde
Qu'il fait bon dormir.

Tous les oiseaux du monde } (*bis*)
Y viennent faire leur nid
La caille, la tourterelle
Et la jolie perdrix.

Et ma jolie colombe
Qui chante jour et nuit.

Qui chante pour les filles
Qui n'ont pas de mari.

Pour moi ne chante guère
Car j'en ai un joli.

Dites-nous donc, la Belle
Où est donc votre mari ?

Il est dans la Hollande
Les Hollandais l'ont pris.

Que donneriez-vous, Belle
Pour ravoir votre mari ?

Je donnerais Versailles
Paris et Saint-Denis,

Les tours de Notre-Dame
Et l' clocher d' mon pays,

Et ma jolie colombe
Qui chante jour et nuit.

Cette chanson s'inspire de deux thèmes anciens : celui du « jardin de mon père », fleuri et bercé par le chant des oiseaux, et celui de la belle dont l'ami est parti au loin.

Une romance du *Chansonnier de Bayeux* (xvᵉ siècle) nous dit :

> Au jardin de mon père
> Il y croist un rousier.
> Trois jeunes demoiselles
> Si s'y vont umbragier.

Et dans le *Manuscrit de Lucques,* daté de 1575 et dû à J. Balbani, Italien émigré en Flandre, on trouve une chanson qui se termine ainsi :

> — Qu'attendez-vous les belles ?
> Qu'attendes vous icy ?
> — Nous attendons le moys de may
> Nous sommes au mois d'avril.
> Quand toutes jeunes dames
> Quierent nouveaux amys
> Je ne le dis point pour moy
> car j'en ay un gentil
> Il n'est point en France
> ne en ce pays icy
> Il est en Angleterre
> il sert le roi Henry
> — Que me donnez-vous, belle
> si je l'iray querir ?
> — Je vous donray Bolongne (*Boulogne*)
> Bruges Gand et Paris
> Et la clere fontaine
> Quy sort en no jardin.

Telle que nous la connaissons, la chanson n'apparaît qu'en 1704, sous le titre *Le Prisonnier de Hollande,* ce qui laisse supposer qu'elle fut écrite à l'époque de la Guerre de Hollande, qui opposa les Pays-Bas à Louis XIV. On a attribué les paroles à un jeune homme, nommé Joubert, pris en otage lors du débarquement des Hollandais dans l'île de Noirmoutier en 1674. Si rien ne prouve qu'il soit l'auteur de la chanson, il se peut qu'elle ait été écrite à cette occasion. En tout cas, c'est à partir de ce moment-là que les Hollandais se substituent aux Anglais du manuscrit de Lucques :

Il est en Angleterre	devient	Il est dans la Hollande
Il sert le roi Henri.		Les Hollandais l'ont pris

220

Les Canadiens, eux, chantent :

Les Irlandais l'ont pris.

Dès son origine, cette chanson de marche eut une immense popularité auprès des fantassins qui, de la bataille de Denain, en 1712, à l'entrée dans Tananarive, en 1895, et jusque dans les tranchées de la Grande Guerre, avancèrent hardiment à son rythme. Ils l'ont répandue, avec des variantes portant surtout sur les noms de lieux, dans toute la France, en Suisse et au Canada. Son air, gai et tendre, est plus ancien que les paroles et pourrait remonter au début du XVIe siècle.

Trois jeunes tambours

Trois jeunes tambours } *(bis)*
S'en revenaient de guerre
Et ri et ran
Ranpataplan
S'en revenaient de guerre.

Le plus jeune a
Dans la bouche une rose.

La fille du roi
Était à sa fenêtre.

« Joli tambour
Donnez-moi votre rose.

— Fille du roi
Donnez-moi votre cœur.

— Joli tambour
Demandez à mon père.

— Sire le roi
Donnez-moi votre fille.

— Joli tambour
Tu n'es pas assez riche.

— J'ai trois vaisseaux
Dessus la mer jolie

— L'un chargé d'or
L'autre de pierreries

Et le troisième
Pour promener ma mie.

— Joli tambour
Dis-moi qui est ton père.

Sire le roi
C'est le roi d'Angleterre.

Et ma mère est
La reine de Hongrie.

— Joli tambour
Je te donne ma fille.

— Sire le roi
Je vous en remercie.

Dans mon pays
Y en a de plus jolies.

Cette chanson de marche figure au répertoire militaire depuis la bataille de Fontenoy (1745), où la France battit les Anglais, alliés de Marie-Thérèse d'Autriche. On peut penser qu'elle était alors très récente, car la réponse du tambour :

> Sire le roi, c'est le roi d'Angleterre
> Et ma mère est la reine de Hongrie.

semble être une allusion aux événements contemporains. Les droits de Marie-Thérèse au trône des Habsbourg étaient contestés et même attaqués. Pour la première fois, une femme succédait à une longue lignée d'empereurs. Quand elle fut couronnée reine de Hongrie à la Diète de Presbourg (aujourd'hui Bratislava), en septembre 1741, elle se présenta tenant dans ses bras son fils, le futur Jacques II, qu'elle confia « à la sauvegarde de la chevaleresque et vaillante nation hongroise ». Les Hongrois, émus, levèrent aussitôt des troupes qui leur permirent de repousser la coalition ennemie. La situation de la jeune reine bouleversa les cœurs sensibles, et son attitude dut impressionner le compositeur de la chanson, qui était peut-être un tambour de l'armée royale engagé dans cette guerre, comme le laissent supposer le sujet et le refrain.

Une chanson du XVe siècle nous présente déjà une belle qui s'en remet à son père pour répondre à la demande d'un galant gentilhomme :

> Au jardin de mon père, il y croist un rousier :
> Troys jeunes damoiselles sy s'i vont umbragier
>
> *Refrain*
> Aymés moy, ma mignonne
> Aymés moy sans danger (*refus*)
>
> Troys jeunes gentizhommes sy les vont regarder
> Je choisy la plus belle et la priay d'amer
>
> Mon père est en sa chambre, allez luy demander
> Et s'il en est content je m'y vieulx acorder.

Mais les *Trois Jeunes Tambours* nous rappellent surtout la chanson berrichonne des *Trois Fendeurs* que George Sand évoque dans son roman *Les Maîtres Sonneurs,* en la présentant comme « un échantillon de ce mode gris et triste qu'il appelait le mineur ». Nous ne donnerons pas les paroles que propose George Sand, car elle les composa sans doute elle-même pour illustrer son propos, et elles s'éloignent de notre sujet. En revanche, celles qui sont chantées dans le Berry

nous intéressent directement. Le « Joli Fendeur » mis en
scène n'est pas exactement un bûcheron. Son travail consiste
à dépecer les troncs et à les transformer en poutres et
planches.

C'est un joli fendeur
Dans sa loge jolie
Qui tenait à sa main
Une rose fleurie

Refrain
Fendeur, dormez-vous ?
Fendeur, joli fendeur
Réveillez-vous.

Par là vient à passer
Le roi avec sa fille.
Le roi dit au fendeur :
« Donn' mi donc ta rose. »

Le fendeur dit au roi :
« Donn' mi donc ta fille. »
Le roi lui répondit :
« Tu n'es pas assez riche.

Ah ! pour te la donner
Tu n'es pas assez riche.
Car tu n'as pas vaillant
La robe de ma fille.

— J'ai bien aussi vaillant
Sa jupe et sa chemise.
J'ai trois vaisseaux sur l'eau
Chargés de marchandises.

Y en a un qu'est plein d'or
L'autre de pierres fines
Et l'aut' de rien du tout
C'est pour emm'ner ta fille. »

La roi dit au fendeur :
« Tiens ma fille, prends-la vite. »
Le fendeur dit au roi :
« Je m'barrassé de ta fille !

Ma rose elle est pour moi
Ta fille elle est pour d'autres.
Ma rose je donnerai
A celle que mon cœur aime. »

Laquelle des deux chansons a influencé l'autre ? Il est
difficile de se prononcer, mais on peut imaginer qu'un
tambour originaire du Berry aura utilisé une chanson de son
pays pour créer ses *Trois Jeunes Tambours*.

Malbrough s'en va-t-en guerre

Malbrough s'en va-t-en guerre
Mironton ton ton mirontaine
Malbrough s'en va-t-en guerre
Ne sait quand reviendra. (*bis*)

Il reviendra-z-à Pâques
Ou à la Trinité.

La Trinité se passe
Malbrough ne revient pas.

Madame à sa tour monte
Si haut qu'elle peut monter.

Elle aperçoit son page
Tout de noir habillé.

« Beau page, ah ! mon beau page
Quelles nouvelles apportez ?

— Aux nouvelles que j'apporte,
Vos beaux yeux vont pleurer.

Quittez vos habits roses
Et vos satins brochés.

Monsieur Malbrough est mort,
Est mort et enterré.

Je l'ai vu porté-z-en terre
Par quatre-z-officiers :

L'un portait sa cuirasse
L'autre son bouclier.

L'un portait son grand sabre
Et l'autre rien portait.

Sur la plus haute branche
Le rossignol chanta.

On vit voler son âme
A travers les lauriers. »

Selon la tradition, la chanson de *Malbrough* apparaît à la
Cour de France vers 1780, lorsque la nourrice du Dauphin,
madame Poitrine, la fredonne à son nourrisson. Émerveillée,

la reine Marie-Antoinette — et la Cour à sa suite — chantent *Malbrough*. Sur cet air à la mode, Beaumarchais écrit en 1784 la romance de Chérubin, pour *le Mariage de Figaro :*

> J'avais une marraine
> Que mon cœur, que mon cœur a de peine,
> J'avais une marraine
> Que toujours adorai... (*bis*)

La tradition est ici légende, car l'air de Malbrough circule déjà dans Paris depuis quelques années, quand madame Poitrine le chante au royal nourrisson. La chanson fait partie d'un recueil de colportage * publié vers 1770, et en 1779 Favart mentionne le timbre de Malbrough dans son vaudeville * *Rêveries renouvelées des Grecs*.

Mais qui était Malbrough, chansonné à la ville, puis à la Cour grâce aux nobles fonctions de madame Poitrine ? Le général anglais John Churchill, duc de Marlborough, naît en 1650, meurt en 1722. Il mène une brillante carrière diplomatique et militaire. Ami du duc d'York, il est nommé ambassadeur en France lorsque le duc devient roi d'Angleterre sous le nom de Jacques II. Mais il passe ensuite au service de Guillaume d'Orange, gouverneur des Pays-Bas et gendre de Jacques II. Cette défection contribue à la chute du roi et facilite l'accession de Guillaume d'Orange au trône d'Angleterre.

L'essentiel de la carrière militaire du duc de Marlborough fut consacrée à lutter contre la France. C'est pourquoi les Français trouvèrent plaisant de raconter sur un ton parodique sa mort et son enterrement.

Les paroles en effet dateraient de la bataille de Malplaquet (1709), où Marlborough battit les troupes françaises... le bruit courut, en pleine bataille, qu'il venait d'être tué. Il est certain que, durant des années, les soldats français souhaitèrent la mort de cet ennemi toujours vainqueur et se donnèrent courage en la célébrant.

Mais le thème du cortège d'enterrement n'est pas propre à *Malbrough*. Deux chansons ont pu servir de modèles directs. La première narre la mort du Prince d'Orange, tué à Saint-Dizier en 1543, en combattant les troupes françaises (n'oublions pas que quelque cent cinquante ans plus tard, Marlborough sera au service de son descendant et combattra, lui aussi, contre la France).

Nous en donnons ici le texte intégral :

> Le beau prince d'Orange
> S'est un peu trop pressé.
> Il fit son équipage
> A cheval est monté.
>
> Où allez-vous mon prince ?
> Demande l'écuyer.
> Je vais aller en guerre
> Tout droit à Saint-Dizier.
>
> Sa femme lui demande :
> « Prince, quand reviendrez ?
> — Je reviendrai à Pâques
> A Pâques ou à Noël. »
>
> Voici Pâques venue
> Et le Noël passé,
> Le beau prince d'Orange
> N'y est point arrivé.
>
> Sa femme en est en peine
> Et ne fait que pleurer.
> Elle entra dans sa chambre
> Pour son corps y parer.
>
> Regarde à la fenêtre
> Et voit un messager :
> « Messager porte lettre
> Quelles nouvelles apportez ?
>
> — J'apporte des nouvelles
> Qui vous feront pleurer :
> Le beau Prince d'Orange
> Est mort et enterré.
>
> Je l'ai vu porter en terre
> Par quatre cordeliers. »

La seconde, le *Convoi du duc de Guise*, conte les funérailles d'un duc de Guise, assassiné en 1563 par un gentilhomme protestant, Poltrot de Méré. Nous n'en retiendrons que les éléments repris dans *Malbrough*, comme le refrain en onomatopées :

> Et bon, bon, bon, bon
> Di dan di dan don,

et le défilé des pages :

> Quat' gentilshommes y avait
> Dont l'un portait un casque
> Et l'autre ses pistolets...

Le dernier couplet du *Convoi du duc de Guise* a inspiré les derniers couplets de *Malbrough*, qui est vite devenue une chanson à rallonges :

> La cérémonie faite
> Chacun s'alla coucher
>
> Les uns avec leur femme
> Et les autres tout seuls.

... ce qui amène *Malbrough* à une fin assez plate et triviale :

> Ce n'est pas qu'il en manque
> Car j'en connais beaucoup
>
> Des brunes et des blondes
> Et des châtaignes aussi
>
> Je n'en dis pas davantage
> Car en voilà-z-assez !

Remontons plus haut encore dans le temps. La chanson du Prince d'Orange et celle du duc de Guise pourraient s'inspirer d'une Chanson sur la guerre de Bretagne. A la mort de Louis XI, en 1483, la Bretagne se soulève. L'armée française, avec ses étendards frappés d'une croix blanche, marche contre François de Bretagne :

> Gentils galants de France
> Qui en la guerre allez
> Je vous prie qu'il vous plaise
> Mon ami saluer.
>
> — Comment le saluerai
> Quand point ne le connais ?
> — Il est bon à connaître
> Il est de blanc armé.
>
> Il porte la croix blanche
> Les éperons dorés
> Et au bout de sa lance
> Un fer d'argent doré.
>
> — Ne pleurez plus la belle
> Car il est trépassé.
> Il est mort en Bretagne,
> Les Bretons l'ont tué.
>
> J'ai vu faire sa fosse
> A l'orée d'un vert pré
> Et vu chanter sa messe
> A quatre cordeliers.

Le Bon Roi Dagobert

> Le bon roi Dagobert
> A mis sa culotte à l'envers.
> Le grand Saint Éloi
> Lui dit : « Ô, mon Roi
> Votre Majesté
> Est mal culottée.
> — C'est vrai, lui dit le roi
> Je vais la remettre à l'endroit. »

Le croirait-on ? Cette chanson enfantine, un peu simpliste, fut d'abord une chanson satirique, qui fut même interdite à un moment de notre Histoire.

Elle fut écrite à la fin de l'Ancien Régime, sur un air de chasse dit *Fanfare du Cerf.* Aucun souci de vérité historique, mais plutôt le plaisir de railler, à travers un roi lointain et mal connu, le roi Louis XVI, nonchalant et indécis, qu'on veut faire passer pour un benêt ou un couard. La reine elle-même est égratignée dès le deuxième couplet, qu'on ne chante plus guère aujourd'hui.

> Comme il la remettait
> Un peu trop il se découvrait.
> Le grand saint Éloi
> Lui dit : « Ô mon Roi
> Vous avez la peau
> Plus noire qu'un corbeau.
> — Bah ! lui dit le roi
> La reine l'a plus noire que moi. »
>
> Le bon roi Dagobert
> Chassait dans la plaine d'Anvers.
> Le grand saint Éloi
> Lui dit : « Ô mon Roi
> Votre Majesté
> Est bien essoufflée.
> — C'est vrai, lui dit le roi,
> Un lapin courait après moi. »
>
> Le bon roi Dagobert
> Avait un grand sabre de fer.

Le grand saint Éloi
Lui dit : « Ô mon Roi
Votre Majesté
Pourrait se blesser.
— C'est vrai, lui dit le roi
Qu'on me donne un sabre de bois. »

Le bon roi Dagobert
Se battait à tort et à travers.
Le grand saint Éloi
Lui dit : « Ô mon Roi,
Votre Majesté
Se fera tuer.
— C'est vrai, lui dit le roi
Mets-toi bien vite devant moi. »

Tout autre fut le roi Dagobert, n'en déplaise à la chanson. Il vécut dans la première moitié du VIIe siècle ; successivement roi de Neustrie, de Bourgogne et d'Aquitaine, c'est par la force qu'il conquit le pouvoir. Sa réputation de roi juste doit beaucoup à Saint Éloi, son chancelier. Éloi, né en 588, est mis tout jeune en apprentissage chez un orfèvre de Limoges. Son habileté est telle que le roi Clotaire II, père du futur roi Dagobert, lui demande de lui faire un fauteuil d'or. Éloi, avec l'or qui lui est confié, réussit à faire deux fauteuils. On ne sait ce que le roi admira le plus : l'habileté de l'orfèvre ou l'esprit d'économie d'un artisan aussi scrupuleux. Toujours est-il qu'Éloi devint chancelier et continua ses travaux d'orfèvrerie, la fabrication de châsses, surtout. Ordonné prêtre, puis sacré évêque de Tournai et de Noyon, il accomplit sa mission avec zèle jusqu'à sa mort, en 659. Cet homme pieux et austère est le patron des orfèvres.

Tels étaient donc les héros sans faiblesses qui prêtèrent leurs noms à la chanson.

Le malheureux Louis XVI, lui, mourut sur l'échafaud en 1793. Mais la chanson resta. Lorsque, vingt ans plus tard, Napoléon fut vaincu par l'Europe coalisée et confiné à l'île d'Elbe, les royalistes, à leur tour, s'en donnèrent à cœur joie :

Le bon roi Dagobert
Voulait conquérir l'univers.
Le grand Saint Éloi
Lui dit : « Ô, mon Roi
Voyager si loin
Donne du tintoin.
— C'est vrai, lui dit le roi
Il vaut bien mieux rester chez soi.

Pareil couplet suffit à faire interdire la chanson pendant les Cent Jours ; bien sûr, sa popularité redoubla après la défaite de Waterloo.

Avant de rejoindre sagement le répertoire enfantin, la chanson connut une dernière heure de gloire dans sa carrière de subversion. Lorsque Louis XVIII s'installe sur le trône, un certain nombre de mesures marquent une tentative de retour à l'Ancien Régime, et l'on voit revenir au pays bon nombre de petits seigneurs qui avaient émigré. Le chansonnier Béranger, sur l'air du *Roi Dagobert*, ridiculise ces châtelains que le petit peuple acclame par obligation, un peu comme les faucheurs dans leurs champs saluaient bien bas le « marquis de Carabas », sous la menace du Chat Botté.

> Voyez-vous ce marquis
> Nous traitant de peuple conquis ?
> Son coursier décharné
> Clopin-clopant l'a ramené
> Vers son vieux castel.
> Ce noble mortel
> Marche en brandissant
> Un sabre innocent.
> Chapeau bas ! chapeau bas !
> Gloire au marquis de Carabas !

Si ce couplet reste dans la tradition de la chanson originale (dont ne subsiste que le « sabre de bois », devenu « sabre innocent ») pour brocarder les seigneurs incapables, le ton se durcit ensuite, pour dénoncer les abus de la noblesse. On est bien loin du *Roi Dagobert* et de sa bonhomie :

> Prêtres que nous vengeons
> Levez la dîme, et partageons !
> Et toi, peuple animal
> Porte encore le bât féodal !
> Seuls nous chasserons
> Et tous vos tendrons
> Subiront l'honneur
> Du droit du Seigneur.
> Chapeau bas ! chapeau bas !
> Gloire au marquis de Carabas !

Le Roi d'Yvetot

Un cabaret de la rue Saint Honoré portait l'enseigne « Au Roi d'Yvetot ». « Quel beau sujet d'opéra-comique ! » pensa Béranger, qui en fit une chanson. Et pour illustrer la chanson, Grandville réunit sous l'enseigne bourgeois, militaire, artisan et paysans.

C'est en 1813 que Pierre-Jean de Béranger compose *Le Roi d'Yvetot*. A cette époque, la soif de conquête de Napoléon ne tarit pas, malgré les défaites qui commencent à s'accumuler. Mais les Français perdent peu à peu leur enthousiasme guerrier et leur confiance en l'Empereur. Béranger rêve alors d'un souverain débonnaire, d'un roi sans prétention. Le héros de sa chanson est aussitôt adopté par le peuple. « Critique fort modérée du gouvernement impérial, lorsque le mutisme était d'ordre public, dit Béranger lui-même, ma chanson eut la bonne fortune de voir la police la suivre à la piste. » Le succès fut immédiat et considérable ; on fredonna la chanson dans les villages les plus reculés de France. Napoléon eut le bon goût d'en rire, lui qui pourtant avait censuré tant d'autres vers satiriques.

On raconte que la chanson courait déjà sur toutes les lèvres quand Désaugiers (l'auteur de *Monsieur Dumollet;* voir p. 244) invita Béranger au Caveau. Lorsque ce dernier dut à son tour « prendre le galoubet », selon l'expression consacrée, il entonna timidement *Le Roi d'Yvetot :*

> Il était un roi d'Yvetot
>   Peu connu dans l'histoire
> Se levant tard, se couchant tôt
>   Dormant fort bien sans gloire
> Et couronné par Jeanneton
> D'un simple bonnet de coton
>   Dit-on.

Oh ! oh ! oh ! oh ! Ah ! ah ! ah ! ah !
Quel bon petit roi c'était là !
   La la.

Il faisait ses quatre repas
   Dans son palais de chaume
Et sur un âne, pas à pas
   Parcourait son royaume.
Joyeux, simple et croyant le bien
Pour toute garde il n'avait rien
   Qu'un chien

Il n'avait de goût onéreux
   Qu'une soif un peu vive.
Mais, en rendant son peuple heureux
   Il faut bien qu'un roi vive.
Lui-même, à table et sans suppôt
Sur chaque muid levait un pot
   D'impôt

Aux filles de bonnes maisons
   Comme il avait su plaire
Ses sujets avaient cent raisons
   De le nommer leur père
D'ailleurs il ne devait de ban
Que pour tirer, quatre fois l'an
   Au blanc

Il n'agrandit point ses états
   Fut un voisin commode
Et, modèle des potentats
   Prit le plaisir pour code.
Ce n'est que lorsqu'il expira
Que le peuple qui l'enterra
   Pleura

On conserve encor le portrait
   De ce digne et bon prince.
C'est l'enseigne d'un cabaret
   Fameux dans la province.
Les jours de fête, bien souvent
La foule s'écrie en buvant
   Devant :

Oh ! oh ! oh ! oh ! Ah ! ah ! ah ! ah !
Quel bon petit roi c'était là !
   La la.

La chanson fut acclamée. Mais quelle ne fut pas la surprise de l'honorable assemblée lorsqu'elle apprit que cet homme au visage grave, et déjà chauve à 33 ans, était l'auteur en personne. Le jour-même, il était élu membre du Caveau.

On sera peut-être étonné d'apprendre que le royaume d'Yvetot a réellement existé. Il fut, paraît-il, créé au VIe siècle par Clotaire Ier, en expiation de l'assassinat qu'il avait perpétré un Vendredi Saint dans la Cathédrale de Soissons sur la personne de Gautier, seigneur d'Yvetot. Les actes officiels font défaut jusqu'au XIVe siècle, mais sont bien attestés ensuite, et le Conseil Municipal de la ville a retrouvé et exposé en 1889 un autographe du roi d'Yvetot daté de 1490. Le titre fut maintenu jusqu'au XVIe siècle, puis s'affaiblit en celui de prince sous le règne d'Henri II. Peut-être est-ce ce souvenir historique qui amena une telle unanimité autour de Béranger. Louis XVIII lui-même disait « qu'il faut pardonner bien des choses à l'auteur du Roi d'Yvetot », qui pourtant ne fut pas tendre pour la monarchie.

Les Amours de Bastien et Bastienne, parodie du *Devin de Village* de Rousseau, par Mme Favart et M. Harny, représentés en 1753 par les Comédiens Ordinaires du Roi, fournirent à Béranger la musique de sa chanson. En effet, c'est à cette parodie, d'après laquelle Mozart, à l'âge de 12 ans, devait composer en 1768 son premier opéra, *Bastien et Bastienne*, que fut emprunté l'air du *Roi d'Yvetot*.

Le Sire de Framboisy

Le Sire de Framboisy
Légende du Moyen Âge
recueillie par
MM. E. Bourget et Laurent de Rille
exécutée par Monsieur Joseph Kelm
au Théâtre des Folies-Nouvelles en 1855

Au bruit retentissant de ma grande trompette
Du bugle et du saxhorrrrn, venez, petits et grands,
Peuple, bourgeois, manants !
Venez prêter l'oreille à mon historiette,
Elle contient pour tous de hauts enseignements.
Or donc, oyez ! oyez ! oyez !
Ce qui veut dire : écoutez ! écoutez !

(*Il se mouche sur le dernier accord.*
Avec emphase et d'un ton héroïque)

Avait pris femme le sir' de Framboisy. (*bis*)

(*avec regret. Voix cassée de vieillard*)

La prit trop jeune... bientôt s'en repentit. (*bis*)

(*d'un air belliqueux*)

Partit en guerre pour tuer les ennemis.

(*d'un air piteux et boitant*)

Revint de guerre après sept ans et d'mi

(*d'un air ébahi*)

De son domaine tout l' monde était parti.

(*avec anxiété*)

Que va donc faire le sir' de Framboisy ?

(*d'un air effaré*)

Chercha sa femme trois jours et quatre nuits.

(*avec indignation*)

Trouva Madame dans un bal de Paris !

(*Le Sire de Framboisy.*
Voix sourde et cuivrée d'un tyran basse-taille)
— Cordieu ! Madame, que faites-vous ici ?

(*La dame de Framboisy.*
Voix de fausset. Avec coquetterie)
— J' dans' la polka avec tous mes amis.

(*Le sire avec une fureur croissante*)
— Cordieu ! Madame, avez-vous un mari ?

(*La dame d'un air folichon et satisfait*)
— Je suis, Monsieur, veuve de cinq ou six.

(*Le sire avec exaspération*)
— Corrrdieu ! Madame, cett' vie-là va fini' !

(*La dame suffoquée et effrayée*)
— Qui êt's-vous donc pour me parler ainsi ?

(*Le sire d'une voix foudroyante*)
— Je suis lui-même... le Sir' de Framboisy !

(*avec une précipitation effarée*)
La prend, l'emmène au château d' Framboisy.

(*explosion criarde*)
Lui tranch' la tête... d'un' ball' de son fusil.

(*parle pendant la ritournelle*)
Hélas !

MORALITÉ

(*d'un air très piteux*)
De cette histoire, la moral' la voici : (*bis*)
A jeune femme il faut jeune mari ! (*bis*)

Le 12 août 1855, *Framboisif* était joué au Théâtre Impérial
d'Inkermann. Les soldats profitaient de l'accalmie qui suivait
le siège de Sébastopol et l'hiver terrible qu'ils venaient de
subir. Le programme précisait : « On est prié de venir en
armes en cas d'attaque, on commencera à 7 heures 1/2 si les
Russes le permettent. »

Dans cette chanson, présentée comme une petite comédie,
Ernest Bourget tourne en dérision le drame de l'ancienne
romance picarde du *Sire de Créqui,* ou la chanson bretonne du
Duc de Kervoisy :

— Bonjour madame, où est votre mari ?
— Il est en guerre, que n'y puisse-t-y mouri...

Refrain
Le ducque du Maine, le ducque de Kervoisy.
— Et's-vous son frèr', son parent, son ami?

— Non, non, madame, je suis votre mari.
— Oh! Sainte Vierge! quell' parole ai-je dit!
Prenez vot' sabre et me tuez ici.

— Non, non, madame, je n'en ai point souci
La prit, l'embrasse, dans son carross' la mit
Hors de la ville la tête lui tranchit

Mais est-ce un hasard si les soldats de Sébastopol voyaient au même programme que *Framboisif* un vaudeville ★ intitulé *La Pompadour des Porcherons?* En effet *La Porcheronne,* connue aussi sous les titres de *Germine* ou *Le Retour du*

Croisé, semble bien être la source commune aux chansons sur le retour inattendu du mari qui revient de guerre. Guillaume de Beauvoir vécut en Dauphiné et partit à la Croisade à la fin du XIIIe siècle :

> C'est Guilhèm de Beauvoir
> Qui va se marier.
> Prend femme tant jeunette
> Ne sait pas s'habiller.
>
> Le lendemain des noces,
> Le Roi l'a appelé
> Pour aller à la guerre
> Servir sa Majesté.
>
> « A qui donner ma mie,
> Ma mignonne à garder ?
> — Va, va, mon fils Beauvoir
> Je te la garderai.
>
> Ne lui faites rien faire
> Ni laver, ni pâter
> Que filer sa quenouille
> Quand elle voudra filer. »
>
> Quand Guilhèm de Beauvoir
> Eut les talons tournés
> Dut s'habiller de serge
> Et les pourceaux garder.
>
> A gardé sept années
> Sans rire et sans chanter.
> Au bout de la septième
> Elle s'est mise à chanter.
>
> Beauvoir est delà l'eve (*l'eau*)
> L'a entendue chanter :
> « Arrête, arrête, page
> Entends-tu bien chanter ?
>
> Semble que c'est ma mie
> La faut aller sauver. »
> A traversé montagnes
> La mer a trépassé.

A son retour, il retrouve son épouse fille de ferme, devenue « la porcheronne ». Et c'est la mère du croisé qui est ainsi menacée pour avoir failli à sa parole :

> Si vous n'étiez ma mère,
> Vous ferais étrangler.

La satire d'Ernest Bourget est aujourd'hui mieux connue que la complainte de Guilhèm. Elle le mérite, sans doute. Non pour des raisons esthétiques : le pastiche est plaisant, certes, mais *La Porcheronne* est une de nos plus belles complaintes, digne de *Roi Renaud* et de *La Pernette*. Mais nous devons au *Sire de Framboisy* la création de la SACEM !

Le Café des Ambassadeurs, un des plus brillants de Paris sous le Second Empire, avait aménagé une petite scène sur laquelle des artistes renommés venaient chanter les airs à la mode. Ernest Bourget, se promenant aux Champs-Élysées, passa devant le café et s'installa à la terrasse. On y chantait sa chanson. A la fin de la soirée, il refusa de payer sa consommation. Voici comment le chansonnier Avenel raconte la scène :

« Monsieur, veuillez me dire pourquoi vous vendez 50 centimes un verre d'eau sucrée au lieu de 40 centimes comme cela a lieu partout ?
— Il faut bien que je paie mes artistes, répondit M. Morel.
— Et les auteurs, les payez-vous ?
— Les auteurs, ça ne me regarde pas. Et je voudrais bien savoir quelles prétentions ils peuvent avoir sur des chansonnettes qui appartiennent à tout le monde, une fois publiées. »

Un procès s'ensuivit, qui donna raison à Bourget ; Lakanal n'avait-il pas établi le principe du droit d'auteur, confirmé par des lois en 1791 et 1793 : l'auteur seul peut autoriser l'exécution de ses œuvres en public. Mais ces lois n'étaient guère respectées, et souvent même ignorées. Le jugement du Tribunal de Commerce de la Seine, puis la confirmation de la Cour d'Appel de Paris, en condamnant la direction des Ambassadeurs, reconnaissaient pleinement le droit d'auteur. Ernest Bourget, et deux compositeurs, Victor Parizot et Paul Henrion, conseillés par l'éditeur Jules Colombier, créèrent alors, le 28 février 1851, par un acte passé devant Maître Halphen, notaire à Paris « l'Agence centrale pour la perception des droits d'auteurs et compositeurs de musique », qui deviendra la SACEM, « Société des Auteurs, Compositeurs et Éditeurs de Musique ».

Et quand en 1855 Joseph Kelm assurait le succès du *Sire de Framboisy* au Théâtre des Folies-Nouvelles, on peut penser que c'était avec le plein accord de l'auteur !

Monsieur de La Palisse

Nul n'ignore ce qu'est une « vérité de La Palisse ». Et nous savons tous que l'expression tire son origine d'une chanson. Mais — s'il n'était pas mort — le véritable La Palice (telle était l'orthographe originale) serait sans doute bien étonné du sort réservé à son nom !

En octobre 1524, François Ier assiégea la ville de Pavie, en Italie. Le siège dura quatre mois. Il semblait sans issue quand Charles, Connétable de Bourbon, chef de l'armée de Charles-Quint, vint attaquer le roi dans son camp, la nuit du 24 au 25 février 1525. La bataille fut rude et François Ier dut se rendre. Jacques de Chabannes, seigneur de La Palice, Maréchal de France, fut tué en se battant pour tenter d'épargner la défaite à son roi. On consacra au guerrier héroïque le premier couplet d'une chanson :

> Hélas ! La Palice est mort.
> Il est mort devant Pavie.
> Hélas ! s'il n'était pas mort
> Il serait encore en vie.

dont la suite relate la bataille de Pavie et l'infortune du roi :

> Quand le roi partit de France
> A la malheur il partit.
> Il en partit le dimanche
> Et le lundi il fut pris...

Bernard de La Monnoye, Conseiller au Parlement de Bourgogne, et auteur des fameux *Noëls Bourguignons,* qui firent scandale en leur temps, remarqua la logique inattaquable de la première strophe, due peut-être à une erreur d'interprétation de copiste : l'ancienne graphie du s et du f est presque identique, et la version primitive ne disait-elle pas tout simplement :

> ... Il ferait encore envie ?

Quoi qu'il en soit, La Monnoye, qui, en 1715, réédite à sa manière les *Menagiana*, « ou bons mots et remarques critiques de M. Ménage », en est devenu, dit-il, non seulement le « réviseur », mais « l'amplificateur ». « Dans cette disposition d'esprit, j'ai dressé pied à pied divers articles, les uns de plaisanterie, les autres d'érudition. » Notre chanson fait partie de ces articles nouveaux. Voici comment son auteur la présente :

Gabriel Naudé qui dans son *Dialogue de Mascurat et de Sainte-Ange* a discouru fort au long de la Poésie Burlesque et de ses différents styles, ne paraît pas en avoir connu un qu'on pourrait fort bien, ce me semble, appeler le style *niais,* tel qu'est celui de la chanson intitulée *Le Fameux La Galisse,* homme imaginaire, dont on a pris plaisir de faire en cinquante quatrains la description suivante :

Messieurs, vous plaît-il d'ouïr
L'air du fameux La Galisse ?
Il pourra vous réjouir
Pourvu qu'il vous divertisse.

La Galisse eut peu de bien
Pour soutenir sa naissance
Mais il ne manqua de rien
Dès qu'il fut dans l'abondance.

Bien instruit dès le berceau
Jamais, tant il fut honnête
Il ne mettait son chapeau
Qu'il ne se couvrît la tête...

Ce « on » (« qui a pris plaisir de faire... ») est manifestement un « je », et pour qui connaît un peu le spirituel La Monnoye, il est facile d'imaginer qu'avec cette chanson, il vise quelque personnage en vue.

Quand Ballard fit paraître dans *La Clef des Chansonniers,* en 1717, les strophes :

Hélas ! La Palisse est mort
Il est mort devant Pavie !
Hélas ! s'il n'était point mort
Il serait encor en vie

Hélas ! qu'il eut bien grand tort
De s'en aller à Pavie !
Hélas ! s'il ne fût point mort
Il n'eût point perdu la vie.

242

le maréchal reprit ses droits, et c'est sous ce nom de La Palisse, avec un changement d'orthographe (*ss*) sans doute dû à La Galisse, que la chanson de La Monnoye fut publiée en 1770 dans ses *Œuvres Mêlées.*

Ni l'air donné dans *La Clef des Chansonniers,* ni celui qu'on trouve sous le nom de *La Palisse* dans *Les Rondes et Chansons à danser* de Ballard, en 1724, n'ont été conservés. La mélodie d'un vieux noël accompagne aujourd'hui les couplets de La Monnoye, ainsi que ceux que nous inventons au gré des « vérités de La Palisse » qui nous viennent à l'esprit.

Bon voyage, Monsieur Dumollet

La chanson fut composée par Marc-Antoine Désaugiers, le célèbre président du « Caveau Moderne », qui se réunissait au « Rocher de Cancale », chez le restaurateur Baleine, rue Montorgueil. « Excellent compositeur et doué d'une voix agréable, il charmait absolument son public, car il *jouait* ses chansons », écrit un de ses biographes.

Le *Départ pour Saint-Malo,* appelé aussi *La Suite des Trois Étages,* folie en un acte entrecoupée de chansons, fut représenté au Théâtre des Variétés-Panorama, le 25 juillet 1809. Notre chanson en formait le vaudeville* final et se chantait sur l'air d'un vieux pont-neuf* : *Bonne fête, monsieur Denis,* dont l'auteur est inconnu. Voici ce *Vaudeville de Monsieur Dumollet :*

> *Refrain*
> Bon voyage
> Cher Dumollet
> A Saint-Malo débarquez sans naufrage
> Bon voyage
> Cher Dumollet
> Et revenez si le pays vous plaît.

> P'têt bin qu'un jour une femme charmante
> Vous rendra père aussi vite qu'époux.
> Tâchez c'te fois qu' personn' ne vous démente
> Quand vous direz que l'enfant est à vous.

> Si vous venez revoir la capitale
> Méfiez-vous des voleurs, des amis
> Des billets doux, des coups de la cabale
> Des pistolets et des torticolis.

> *Dumollet*
> Allez au diable ! et vous et votre ville
> Où j'ai souffert mille et mille tourments.

> *(au public)*
> Il vous serait cependant bien facile
> De m'y fixer, messieurs, encor longtemps.
> Pour vous plaire je suis tout prêt

A rétablir ici mon domicile
Faites connaître à Dumollet
S'il doit rester ou faire son paquet.

Tous
Pour vous plaire, le voilà prêt
A rétablir ici son domicile
Faites connaître à Dumollet
S'il doit rester ou faire son paquet.

Mais qui est ce fameux Dumollet ? Inutile d'essayer de résumer la comédie échevelée dont il est le héros. Sachons seulement, pour éclairer les paroles du vaudeville, qu'il a soutenu, en faisant la claque, une pièce écrasée par la cabale. La querelle a dégénéré en bagarre générale. « C'est donc ça que vous avez les mollets sens devant derrière », lui dit son portier. Car, avouons-le, Dumollet est affublé... de mollets postiches ! Voilà pour la cabale et les mollets. Un duel s'ensuit. Dumollet tire... en l'air, et tue le chat de Mme Caquet qui se promenait sur la gouttière. Voilà pour les pistolets. Le même soir Rosette se marie. Dumollet, amoureux éconduit, recevra d'elle un billet doux qui l'invite à l'enlever dans la nuit. Rosette, bien sûr, reste dans les bras de son tendre époux, et Dumollet enlève... l'auteur de la pièce sifflée, somnambule caché sous un voile, qu'il prend pour la belle. Voilà pour les billets doux et l'époux. Pour se débarrasser d'un importun qui survient alors, ne va-t-il pas se prétendre le père attentionné d'un bébé que porte sa nourrice ? — ce que le vrai papa n'apprécie guère. Voilà pour l'enfant. On comprend que dans ses malheurs Dumollet hésite entre Saint-Malo et la capitale !

Du *Vaudeville de Monsieur Dumollet,* on ne chante plus guère que la 2e strophe et le refrain d'entrée. En revanche, d'autres couplets, s'inspirant du nom du héros, ont été ajoutés à ceux de Desaugiers :

> Là vous verrez, les deux mains dans les poches
> Aller, venir des sages et des fous
> Des gens bien faits, des tordus, des bancroches
> Nul ne sera jambé si bien que vous.
>
> Des polissons vous feront bien des niches
> A votre nez riront bien des valets
> Craignez surtout les barbets, les caniches
> Car ils voudront caresser vos mollets.
>
> L'air de la mer peut vous être contraire
> Pour vos bas bleus, les flots sont un écueil.
> Si ce séjour venait à vous déplaire.
> Revenez-nous avec bon pied bon œil.

Quel est l'auteur de ces nouvelles paroles ? Le public, à n'en pas douter, qui répondait ainsi à Dumollet.

Cadet Rousselle

Cadet Rousselle a trois maisons
Qui n'ont ni poutres ni chevrons
C'est pour loger les hirondelles
Que direz-vous de Cadet-Rousselle ?

Refrain
Ah, ah, ah oui, vraiment
Cadet Rousselle est bon enfant.

Cadet Rousselle a trois habits
Deux jaunes, l'autre en papier gris.
Il met celui-là quand il gèle
Ou quand il pleut et quand il grêle.

Cadet Rousselle a trois chapeaux
Les deux ronds ne sont pas très beaux
Et le troisième est à deux cornes
De sa tête il a pris la forme.

Cadet Rousselle a trois beaux yeux
L'un regarde à Caen, l'autre à Bayeux.
Comme il n'a pas la vue bien nette
Le troisième c'est sa lorgnette.

…

Cadet Rousselle a trois garçons
L'un est voleur, l'autre est fripon
Le troisième est un peu ficelle
Il ressemble à Cadet Rousselle.

Cadet Rousselle a trois gros chiens
L'un court au lièvre, l'autre au lapin
Le troisième s'enfuit quand on l'appelle
Comme le chien de Jean de Nivelle.

…

Cadet Rousselle ne mourra pas
Car avant de sauter le pas
On dit qu'il apprend l'orthographe
Pour faire lui-même son épitaphe.

Les soldats de la Révolution sont les pères de Cadet Rousselle. Si la *Marseillaise* et le *Chant du Départ* exaltent leur patriotisme, le personnage fantasque et attendrissant de Cadet Rousselle les distrait des privations quotidiennes de leur vie de soldats. Comme eux, Cadet Rousselle est mal loti ;

c'est un « cadet », un bidasse. Qui plus est, c'est un « roussel », un rouquin. C'est d'eux-mêmes que se moquent les soldats avec ce sobriquet.

Toutefois, ils ne font que reprendre les paroles d'une vieille chanson, *Jean de Nivelle,* en changeant le nom du héros. Jean de Nivelle est un personnage tristement célèbre de notre histoire. Fils de Jean de Montmorency, seigneur de Nivelle, dans le Brabant, il prit les armes contre Louis XI en 1454. Son père, fidèle au Roi, le déshérita, le traita de « chien » et voulut le citer en justice. Mais, après avoir giflé son père, le fils s'enfuit, « chien de Jean de Nivelle, qui fuit quand on l'appelle ! »

L'histoire devient chanson, en un débordement de détails à la fois grotesques et humiliants, tant l'imagination populaire se plaît à déconsidérer un seigneur qui s'abaissa à souffleter son père. Mentionnée dès le XVIe siècle dans la *Farce des deux savetiers,* la chanson paraît dans le *Recueil des plus belles chansons des comédiens français* de 1610, les *Chansons folastres* de 1612 et de 1637.

A ce noble déshérité ne restent que quelques biens pitoyables, animaux mal en point et valet coureur de jupons.

> Jean de Nivelle a trois chevaux.
> Deux sont par monts et par vaux
> Et l'autre n'a point de selle.
> Hay, hay, hay avant
> Jean de Nivelle est un galant.
>
> Jean de Nivelle a trois gros chats.
> L'un prend souris, l'autre rats
> L'autre mange la chandelle.
>
> Jean de Nivelle a un valet.
> S'il n'est beau il n'est pas laid
> Il accoste une pucelle.
> Hay, hay, hay avant
> Jean de Nivelle est triomphant.

Et ce fils indigne est puni à son tour dans sa descendance : fils déchus ou dégénérés ; en 1610, on chante :

> Jean de Nivelle a trois enfants.
> L'un est sans nez, l'autre sans dents
> Et le troisième sans cervelle.
> C'est bien dur pour Jean de Nivelle

et en 1612

> Jean de Nivelle a trois enfants
> Dont il y en a deux marchands
> L'autre rince la vaisselle
> Hay avant Jean de Nivelle...

A la suite d'une fausse interprétation de l'insulte « chien de... ! », Jean de Nivelle se retrouve maître d'un, parfois de trois, chiens poltrons :

> Jean de Nivelle n'a qu'un chien
> Il en vaut trois, on le sait bien
> Mais il s'enfuit quand on l'appelle
> Connaissez-vous Jean de Nivelle ?

ou :

> Jean de Nivelle a trois beaux chiens
> Il y en a deux vauriens
> L'autre fuit quand on l'appelle
> Hay avant Jean de Nivelle

Au XVIIIe siècle encore, on brocarde Jean de Nivelle, sans méchanceté. Le traître est devenu un niais, dont on raille aussi, de façon un peu égrillarde, la faible constitution. La *Clef des chansonniers* de 1717 le présente ainsi :

> Quelqu'un a dit à ma belle
> Que j'étais un infidèle
> Je ne le suis pas pourtant.
> On m'en a dit autant d'elle
> Qu'en dis-tu, Jean de Nivelle ?
> Pour moi, je n'en sais pas tant.
>
> Bonhomme aux yeux de ratine
> Vous avez l'âme bien fine
> D'allumer un si beau feu
> Quand la force naturelle
> Manque à un Jean de Nivelle
> L'artifice fait son jeu.

D'autre part, une chanson du *Recueil de plusieurs chansons tant musicales que rurales,* publié en 1567, montre que le thème du personnage pittoresque, qui possède tout par trois, existait depuis longtemps dans le répertoire populaire.

Oyez par bonne façon
D'un petit homme la chanson
Et de ses faits toute la somme.
Dieu garde de mal ce petit homme !

Ce petit homme tout joli
Toujours chante et toujours rit
Et toujours baise sa mignonne.
Dieu garde de mal ce petit homme !

Ce petit homme a trois enfants
Et il n'a pas vaillant trois blancs
Et aux champs fait du gentilhomme.
Dieu garde de mal ce petit homme !

Ce petit homme a trois maisons
Pour loger trois petits cochons
Et les cochons et la cochonne
Dieu garde de mal ce petit homme

Le côté bon enfant du personnage prend définitivement le dessus lorsque Cadet Rousselle remplace Jean de Nivelle (l'air de *Cadet Rousselle* est noté dans la *Clé du Caveau* au XVIIIe siècle). Celui-ci tombe dans l'oubli, Cadet Rousselle continue à vivre. Sous la Terreur Blanche, les royalistes de Provence en font leur chant de ralliement. Beaucoup plus tard, l'air de *Cadet Rousselle* sert à chanter un couplet hargneux contre Zola, qui a eu le courage de défendre le capitaine Dreyfus :

Un syndicat de trahison
Veut tirer Dreyfus de prison
Empruntant, pour salir l'armée
Et baver sur sa renommée,
La plume trempée dans l'égout
D'un être suant le dégoût.

Ah, ah, cet oiseau-là,
Cet oiseau-là, c'est toi, Zola.

Jamais *Cadet Rousselle* n'avait été utilisé de si basse façon.

Depuis longtemps maintenant, Cadet Rousselle appartient au répertoire enfantin. Mais la chanson glisse doucement dans l'oubli.

Le Petit Mari

Mon père m'a donné un mari
Mon Dieu, quel homme, quel petit homme !
Mon père m'a donné un mari
Mon Dieu, quel homme, qu'il est petit !

Dans mon grand lit je le perdis
Mon Dieu, quel homme, quel petit homme !
Dans mon grand lit je le perdis
Mon Dieu, quel homme, qu'il est petit !

Pris la chandelle et le cherchis.

A la paillasse le feu prit.

Je trouvai mon mari rôti.

Sur une assiette je le mis.

Le chat le prit pour une souris

Au chat, au chat, c'est mon mari !

Fillettes qui prenez un mari
Mon Dieu, quel homme, quel petit homme !
Fillettes qui prenez un mari
Ne le prenez pas si petit.

L'air sur lequel nous chantons *Le Petit Mari* est celui que nota Du Mersan dans ses *Chansons et Rondes enfantines* de 1846. Cet air et ces paroles seront désormais ceux de la chanson dans les recueils enfantins, qu'il s'agisse des *Jeux et exercices des jeunes filles* de Madame de Chabreul, en 1860, des *Chansons de France pour les petits Français,* de Weckerlin, en 1886, ou des *Chansons et Rondes enfantines* de Vermot en 1893.

C'était une manière convenable d'inscrire au répertoire enfantin une chanson dont les multiples versions tournent autour d'un thème scabreux : le mari trop « petit » laisse sur sa faim l'épouse qui crie son désappointement en termes parfois très crus.

Certaines chansons de maumariées * sont touchantes. Le droit au plaisir est revendiqué par ces femmes, souvent mariées contre leur gré.

Le *Chansonnier de Bayeux,* au XVe siècle, contient une très belle chanson :

Ne l'oserai-je dire
Si j'aime par amour ?
Ne l'oserai-je dire ?

Mon père m'a mariée
Ung petit devant le jour.
A un vilain me donna
Qui ne sait ni bien ni honnour.

La première nuitée
Que fus couchée o luy *(avec lui)*
Guère ne m'a prisée
Au lit s'est endormi.

Je suis délibérée
De faire un autre ami
De qui serai aimée
Mieux que ne suis de lui.

Fi de l'argent, si le désir n'est point satisfait ; c'est ce que dit cette chanson, de même inspiration, publiée en 1576 dans un recueil de Chardavoine :

Mon mari est riche
Et n'est qu'un vilain.
D'amour il est chiche
Et je meurs de faim.

Fi de la richesse
Qui n'a son plaisir.
Je suis femme fraîche
Et n'ai mon désir.

Oh ! le gros lourdaud
Lequel n'entend pas
Le plaisir des dames
Le soulas *(consolation)* du bas...

Si l'épouse se réjouit des richesses de son futur époux, un vieillard ennuyeux, c'est uniquement parce qu'elles lui permettront de se réjouir avec un jeune amant :

Mon père et ma mère
Leur foi ont juré
Que dans six semaines
Je me marierai.
Au joli bois m'en vais
Au joli bois j'irai.

A un vieux bonhomme
Que je tromperai.
Droit en Cornouaille
Je l'enverrai.
Au joli bois...

Et de ses richesses
Largesse en ferai.
A un beau jeune homme
Je les donnerai
Au joli bois...

(*La Fleur des Chansons amoureuses*, Launay, 1600)

Le thème des époux mal assortis est, bien sûr, un vieux sujet de plaisanteries, ou de tragédies. Il est ainsi formulé dans une ballade d'un troubadour anonyme du XIIe siècle, *A l'entrée du temps clair* :

... Le roi vient, d'un autre côté, pour troubler la dame, tant il a grand crainte qu'on lui veuille dérober la reine d'Avril.

Mais elle n'en veut rien faire, elle n'a cure d'un vieillard et préfère un jeune homme qui sache la réjouir, elle, la dame savoureuse.

La dame s'accommode rarement d'un époux décevant. Les quelques chansons qui énumèrent les avantages qu'offre un mari trop « petit » le font en termes trop dérisoires pour être sincères ; le burlesque aide à faire contre mauvaise fortune bon cœur. Écoutons l'une des maumariées des *Rondes à danser* de Ballard, en 1724, *Pourquoi j'ai pris un petit mari*, et comparons-la à *Moi j'ai un homme qui est petit*, chanson de la région toulousaine :

BALLARD

Refrain
Et voilà pourquoi je l'ai pris
Afin qu'il m'en coûtât moins
En chaussure et en pourpoint

Du dedans d'une noix
Je le nourris trois mois

De la pelure d'un oignon
Je lui ai fait un caleçon
Avec un bonnet de nuit

D'une vieille aiguille épointée
Je lui ai fait faire une épée
Et un petit poignard aussi

TOULOUSE

Refrain
Moi j'ai un homme qui est petit.
Je peux le dire, je peux le dire
Moi j'ai un homme qui est petit
Je peux le dire, il est petit.

D'une coque d'aveline
Je lui fis une cabane
Et du reste un cabanon.

D'une peau de musaraigne
Je lui fis une capuche
Et du reste un capuchon.

D'une aiguille dépointée
Je lui fis une aiguillade
Et du reste un aiguillon.

Un mariage aussi mal assorti provoque d'habitude les protestations de l'épouse. La plainte est parfois justifiée par un mauvais traitement infligé par le mari, toujours vieux et grincheux :

Quand mon mari vient de dehors
Ma rente est d'être battue.
Il prend la cueiller du pot
A la tête il me la rue.
J'ai grand peur qu'il ne me tue.

C'est un faux vilain jaloux
C'est un vilain rioteux grommeleux
Je suis jeune et il est vieux.

(Roland de Lassus, XVIᵉ siècle)

Mais, de façon quasi systématique, c'est plutôt l'absence de tout « traitement » que la maumariée reproche à un époux vieux ou paresseux. Les accusations sont même très précises, dans ces chansons du XVIIᵉ siècle :

Mon père a choisi un mari
Mais il me l'a si mal choisi
Le gros lourdaud
Le vilain maladroit
Jamais il ne pourra
Trouver mon berlinguet.

ou encore

Mon père m'a donné un mari
Un faux vieillard tout raccourci
Tant j'étais innocente,
Qui n'avait point qui n'avait point
De bonne avoine à vendre

255

Un faux vieillard tout raccourci
La nuit que couchai avec lui
Après ma longue attente
Il me jura qu'il n'avait point
De bonne avoine à vendre...

(Chansons de Gaultier-Garguille, 1632)

L'épouse déçue n'hésite pas à prendre de louables initiatives pour ranimer le mari défaillant :

Si en ma main je prends sa lance
Pour voir en quel point elle est
Je trouve qu'il n'a puissance
De la coucher en l'arrêt.
Je la voudrais tant, tant...

(La Fleur des chansons amoureuses, Launay, 1600)

Pour échauffer mon vieillard
J'ai beau chercher des ruses
J'ai toujours du vieux pénard
De nouvelles excuses.
Sa carcasse est immobile
En ce que je vais cherchant...

(Gaultier-Garguille)

Une chanson du *Parnasse des Muses* de 1633 préfigure ce que sera la chanson de maumariée à partir du XIXe siècle : cocasse et convenable.

Les mots grivois disparaissent. La taille réduite du mari fournit un élément burlesque ; un animal minuscule, la souris, apparaît dans la chanson :

Mon père m'a donné un mari
Encornati encornati
Il me l'a donné si petit
Encornati que Jacques
Encornati encornati.
Encornati que j'ai acquis
Qu'il me faut le porter au lit.

Sitôt qu'il fut dedans le lit
Il mit la main sur mon nombril.
« Que fais-tu, malheureux mari ?
— Je cherche mon bonnet de nuit.
— Il est au coffre, au pied du lit.
Prends la clé, va le quérir. »
Du premier tour que la clé fit
Du coffre sort une souris.
Le pauvre mari s'enfuit.
Courez après et rendez-lui.

Quelques années plus tard, l'acteur La Rancune, héros du *Roman comique* de Scarron chante :

> Mon père m'a donné mari
> Qu'est-ce d'un homme si petit ?
> Il n'est pas plus grand qu'une fourmi.
> Hé qu'est-ce ? qu'est-ce ? qu'est-ce ?
> Qu'est-ce d'un homme
> S'il n'est, s'il n'est homme
> Qu'est-ce d'un homme si petit ?

Dans les *Rondes à danser* de Ballard, en 1724, et dans le manuscrit aux armes du duc de Castries (1738-1742), la chanson gagne en élégance. Elle devient aussi très cruelle. L'infortuné époux ne sera pas cocu, il mourra étouffé par l'impétuosité de son épouse (manuscrit de Castries), ou asphyxié dans la paille (Ballard).

BALLARD

> Mon père m'a donné un mari.
> Qu'est-ce d'un homme si petit ?
> Il me l'a donné je l'ai pris.
> Qu'est-il ? Où est-il ?
> Qu'est-ce d'un homme
> S'il n'est, s'il n'est homme
> Qu'est-ce d'un homme
> Qui est si petit ?
>
> Le soir quand avec lui je couchis
> Dedans le lit il se perdit.
>
> Dedans la paille je le cherchis
> Bien quatre jours il y restit.
>
> Tant qu'à la fin il étouffit
> M'en voilà quitte, Dieu merci.

MANUSCRIT DE CASTRIES

> Mon père m'a donné un mari.
> Il me l'a donné je l'ai pris.
> Il est si menu si chétif
> Qu'on le mettrait dans un étui.
> Quand couchai le soir avec lui
> Dedans les draps il se perdit.
> J'eus beau tâtonner dans le lit
> Je restai sur mon appétit.
> Que je trouvai longue la nuit.
> Voyant qu'il esquivait ainsi
> D'un saut je me jetai sur lui.
> Du coup il s'est évanoui
> Dans mes bras il rendit l'esprit.

La Rose au boué

Mon père avec ma mère
N'avaient fille que moué
N'avaient fille que moué
La destinée, la rose au boué
La rose au boué ;
N'avaient fille que moué
La destinée, ohé !

Ils me firent faire une robe
Une robe de soué.

On me la porte à coudre
Au grand tailleur du roué.

A chaque coup d'aiguille :
« Ma fille embrasse-moué. »

— C'est pas l'affaire des filles
D'embrasser les garçons.

— Mais c'est l'affaire des filles
De balayer la maison.

Quand les maisons sont propres,
Les amoureux y vont.

Ils y vont quatre par quatre,
En jouant du violon.

Quand les maisons sont sales,
Les amoureux s'en vont.

Ils s'en vont quatre par quatre,
En jouant du bâton. »

Cette chanson doit peut-être sa popularité à sa morale rassurante : les hommes n'aiment que Cendrillon.

Ils affirment leur autorité possessive de la façon la plus insolente ; voici ce qu'on chantait en Bourgogne :

Quand les maisons sont propres
Les amoureux y vont.

Ils s'asseoient sur les coffres
En frappant du talon.

258

Le modèle de la chanson est, pourtant, une ronde galante du XVIIIᵉ siècle, *Les Souhaits de l'Amoureux*, parue dans le recueil de Ballard en 1724. Nous sommes au Siècle des Lumières. Les femmes tiennent des salons littéraires et philosophiques. La jeune héroïne de la chanson va à l'école, elle n'est pas confinée aux soins du ménage.

> Quand j'étais chez mon père
> Jeune fille à marier
> On m'envoyait à l'école
> Pour ma leçon raccorder.
>
> *Refrain*
> Trop matin sont-ils levés les drôles
> Trop matin sont-ils levés.

La chanson continue sur un ton coquin. Voici les propos que tient le valet Pierre à la demoiselle :

> Tenez ma mie Marguerite
> Voilà votre déjeuner.
>
> Je voudrais de toute mon âme
> Que vous sussiez ma pensée
>
> Que vous fussiez dans ma chambre
> Vous et moi bien enfermés
>
> Que la clef en fût perdue
> Qu'on ne la pût retrouver.

La même gaieté galante anime une version moins connue, traditionnellement chantée pour la Saint-Jean, dans l'Ouest de la France :

> Mon père aussi ma mère
> N'avaient que moi d'enfant.
>
> Ils ont voulu me mettre
> Dedans un couvent.
>
> Moi qui étais jeunette
> Qui aimais les amants
>
> Je ne voulus pas être
> Dedans un couvent.

Une autre variante de la chanson garde trace du modèle original :

> Mon père ainsi que ma mère
> N'avaient fille que moué.
>
> Ils me mirent à l'école
> A l'école du roué.
>
> Le maître qui m'enseigne
> Devint amoureux de moué.
>
> Il me fit faire une robe
> Une robe de soué.
>
> A chaque coup d'aiguille
> « Ma mie embrasse-moué. »

La suite est un retour aux couplets sérieux :

> C'est pas l'affaire des filles
> D'embrasser les garçons...

La Rose au boué est très populaire au Canada. Sur un thème semblable, on y chante aussi une chanson de marins, dont le refrain suit le même air que le refrain d'une autre chanson de marins, *Devant Bordeaux est arrivé* (voir p. 193).

> Mon père n'avait fille que moi
> Or donc sur la mer il m'envoie
>
> Le marinier qui m'y menoit
> Se devint amoureux de moi.
>
> Souvent de moi il s'approchoit
> Il dit : « Ma mie, embrasse-moi.
>
> — Non, non, monsieur, je n'oseroi.
> Si mon papa il le savoit
>
> Fille battue ce serait moi
> — Mademoiselle, qui lui diroit ? »
>
> *Refrain*
> Marie-Madeleine
> Son petit jupon de laine
> Marie-Madelon
> Son tout petit jupon

Le prénom biblique de Marie-Madeleine, pécheresse repentie, le jupon très court, la réplique du marinier, sont une invitation au badinage. La leçon de morale a disparu. La chanson a retrouvé la légèreté et la gaieté du modèle original.

Signalons enfin que l'on trouve dans le recueil de Charda-voine (1575) une chanson, *Gaudinette,* commençant à peu près de même façon. C'est dire que le thème, populaire, est fort ancien :

> Mon père et ma mère
> N'ont que moi d'enfant
> Et ils m'ont fait faire
> Un cotillon blanc.
>
> *Refrain*
> Gaudinette, je vous aime tant
> ...

La Chanson de la Mariée

Nous sommes venus vous voir
Du fond de notre village
Vous souhaiter ce soir
Un heureux mariage
A monsieur votre époux
Aussi bien comme à vous.

Selon un article du *Moniteur* de 1853, la chanson aurait été chantée aux noces d'Anne de Bretagne et de Louis XII à Nantes, en 1499.

Si une chanson de vœux a été chantée ce jour-là, ce n'était pas celle-ci, qui est beaucoup plus récente. Vers 1860 paraissent des *Poésies patoises,* recueil posthume de l'abbé Gusteau. Il contient une chanson pour la cérémonie du gâteau et du bouquet qu'on présente à la mariée dans les noces de village : *Y sont venus ve voy.* C'est la chanson que nous connaissons.

L'abbé Gusteau était curé prieur en Vendée, près de Maillezais. C'était aussi un artiste. Outre les chansons qu'il composa, il laissa à son église un lutrin de bois représentant un aigle, qu'il avait lui-même sculpté.

Cet homme d'Église, soucieux avant tout des convenances, a écrit une chanson d'une haute tenue morale. Aucune allusion, si pudique soit-elle, n'est faite à la couche nuptiale. Une fois formulés les vœux du premier couplet, la suite n'est qu'un long avertissement sur les contraintes du mariage ; travail et soumission sont les seuls plaisirs promis à la future épouse :

262

Vous n'irez plus au bal
Madame la mariée
Danser sous le fanal
Dans les jeux d'assemblée.
Vous garderez la maison
A bercer le poupon.

Avez-vous écouté
Ce que vous dit le prêtre ?
A dit la vérité
Et comme il vous faut être
Fidèle à votre époux
Et l'aimer comme vous.

Quand on dit son époux
On dit souvent son maître.
Ils ne sont pas si doux
Comme ils ont promis d'être.
Il faut leur conseiller
De mieux se rappeler.

Si vous avez, Bretons
Des bœufs dans vos herbages
Des brebis, des moutons
Des oisillons sauvages
Songez soir et matin
Qu'à leur tour ils ont faim.

Recevez ce gâteau
Que ma main vous présente.
Il est fait de façon
A vous faire comprendre
Qu'il faut pour se nourrir
Travailler et souffrir.

Chantée dans toute la France, la chanson prend, en se popularisant, un ton moins édifiant et se rapproche un peu de la verdeur de ton des chansons de maumariées. Ainsi, en Eure-et-Loir, des avertissements précis sont donnés à la mariée :

Vous ne serez plus ce soir
Comme vous étiez la veille.
Vous étiez dans votre lit
Mais ce soir on vous dit
Il faudra vous gêner
Pour votre époux placer.

Margoton va-t-à l'eau

La chanson — air et paroles — est restée la même depuis le recueil de *Brunettes et petits airs tendres* publié en 1711 par Ballard :

> Margoton va-t-à l'eau
> Avecque son cruchon.
> La fontaine était creuse
> Elle est tombée au fond.
>
> *Refrain*
> Aïe, aïe, aïe, aïe,
> Se dit Margoton.
>
> Par là ils y passèrent
> Trois jeunes beaux garçons.
> « Que donnez-vous, la Belle
> Nous vous retirerons.
>
> — J'ai dedans ma pochette
> Quelques demi-testons (*petites pièces de monnaie*).
> — Ce n'est pas là, la belle,
> Ce que nous vous voulons. »
>
> La prirent, la menèrent
> Dessus le vert gazon
> Et puis ils lui apprirent
> Trois fois la chanson.

Le sous-entendu gaillard de la fin est dans le goût des bergeries * polissonnes du XVIII⁰ siècle. Il se retrouve dans d'autres chansons composées sur le même thème, dont les paroles présentent quelques variantes. Parfois, le cruchon est remplacé par une cueillette de cresson ou de jonc.

Dans le Cambrésis :

> Mon père m'envoie à l'herbe
> Ma dodinette !
> A l'herbe et au cresson.
>
> Je ne trouvai point d'herbe
> J'ai cueilli du cresson.
>
> La fontaine était haute
> Je suis tombée au fond...

Dans les *Rondes* de Ballard, en 1724 :

> Quand j'étais chez mon père
> Petite camuson [1]
> J'allais à la fontaine
> Verduette oh verduron
> Pour y cueillir du jonc.

A mesure qu'elle se popularisait, la chanson acquérait un air de sagesse : les versions folkloriques offrent souvent une fin vertueuse :

En Charente :

> Quand elle fut retirée
> Chanta une chanson.

En Artois :

> Mon cœur n'est pas pour toi, garçon
> C'est pour un homme de guerre
> Qui loge à la maison.

Mais si l'on remonte jusqu'en 1600, on trouve, dans la *Fleur des chansons amoureuses,* une chanson qui, pour conter la même aventure, n'y met pas tant de façons. Ce que les recueils galants du XVIIe siècle disaient d'une jolie métaphore est évoqué ici avec une plus grande audace. C'est même tout à fait inconvenant...

> Je m'en vais planter le cresson
> (...)
> Si ne le savez planter
> Je vous apprendrai la guise.
> Sa robe lui va lever
> Son pelisson, sa chemise.
> D'une plante au bas rouget
> Lui planta son jardinet
> Puis lui a dit : « Marion
> On plante ainsi le cresson.
>
> — Onc jamais en mon vivant
> Ne sentis si douce chose.
> C'est bien dommage vraiment
> Qu'un tel galant se repose.
> Si vous êtes bon galois
> Commencez une autre fois.
> Je vous donnerai renom
> De bien planter le cresson. »

---

1. Au nez camus, aplati, ce qui confère un air niais.

Jeanneton prend sa faucille

Notre Margoton ne manque pas d'assurance lorsqu'elle s'en va faire sa cueillette ou puiser de l'eau. « La petite Jeanneton », elle, dite « Jeanneton la Dormeuse », est victime de son sommeil. Voici comment elle nous apparaît dans les *Brunettes et Petits Airs Tendres* publiés par Christophe Ballard en 1703 :

> Hélas ! pourquoy s'endormoit-elle
> La petite Jeanneton ?

> Par un matin s'est levée
> La petite Jeanneton

> Elle a pris sa faucillette
> Pour aller couper du jonc.

> Hélas ! Pourquoy s'endormoit-elle
> La petite Jeanneton ?

> Et quand son fagot fut fait
> S'endormit sur le gazon.

> Par son chemin sont passés
> Trois beaux et jeunes garçons.

> Le premier la regarda
> D'une tant bonne façon.

> Le second fut plus hardy
> Mit la main sous le menton.

> Ce que fit le troisième
> N'est pas mis dans la Chanson.

> C'est à vous, Mesdemoiselles,
> D'en deviner la raison.

Dès 1614, dans *La Fleur de toutes les plus belles chansons qui se chantent maintenant en France,* notre chanson s'annonce dans le couplet suivant :

Je trouvay sur l'herbe assise
Jeanneton qui s'endormoit.
Je luy levay la chemise
J'apperceu je ne sçay quoy
Que je ne vous veux
Que je ne vous veux
Que je ne vous veux pas dire.

Les *Noëls de Cour et Chansons historiques et satiriques,*
contemporains des *Brunettes,* nous proposent un autre couplet, chanté sur le même air :

Jeanneton fait la mauvaise
Quand on lui prend le menton
Mais elle se pâme d'aise
Quand on lui prend son lan la
La la lon lon lan la
Son blanc téton.

Symbole de la fille facile, aujourd'hui encore,

Jeanneton prend sa faucille
Larirette, larirette,
Jeanneton prend sa faucille
Et s'en va couper les joncs.

Elle ne s'endort plus, mais

En chemin elle rencontre
La rirette, la rirette,
En chemin elle rencontre
Quatre jeunes et beaux garçons,

qui se comportent exactement comme leurs ancêtres :

Le premier, un peu timide,
Lui chatouilla le menton.

Le deuxième, un peu moins sage,
La coucha sur le gazon.

Le troisième, encore moins sage,
Souleva son blanc jupon.

Ce que fit le quatrième
N'est pas dit dans la chanson.

On trouve parfois cette strophe supplémentaire :

Si vous le saviez, Mesdames,
Vous iriez couper du jonc.

et une morale édifiante y a été ajoutée :

> La morale de cette histoire,
> C'est qu' les hommes sont des cochons.
>
> La morale de cette morale
> C'est qu' les femmes aiment les cochons.
>
> Et la dernière morale,
> C'est qu' sur quatre trois sont couillons.

Cette fin doit être assez récente, puisqu'elle ne figure dans aucune des versions notées au siècle dernier.

L'air actuel, qui s'est substitué à celui du XVIIIe siècle est emprunté à une chanson intitulée *C'est la petite Thérèse.*

C'est la fille de la meunière

C'est la fille de la meunière
Qui dansait avec son gars
Elle a perdu sa jarr'tière
Sa jarr'tière qui n' tenait pas
Qui n' tenait, qui n' tenait, qui n' tenait guère
Qui n' tenait, qui n' tenait, qui n' tenait pas. } (*bis*)

Cette chanson a été recueillie dans diverses provinces, de la Champagne à l'Anjou. C'est une ronde qui se danse en polka au début, puis en gigue, exécutée aujourd'hui encore dans les bals populaires de l'Aube. La gigue prend son origine en Irlande, empruntant son nom à l'instrument qui rythmait la ronde, une sorte de viole : la *jigg.*

C'est à l'époque de Louis XIV qu'elle fut introduite en France, où elle eut un vif succès à la Cour puis dans les campagnes. Elle s'y est maintenue jusqu'à nos jours. Une ancienne version rappelle peut-être mieux son origine :

C'est la fille de la meunière
Qui dansait avec les gars.
Sa maman ne voulait guère
Son papa ne voulait pas.
Gig' la gig' la gig' Madame !
Gig' la gig' la gig' Monsieur !

Bien entendu, au second couplet,

Elle a perdu sa jarr'tière
Sa jarr'tière qui n' tenait pas...

Une ronde, « dansée fort innocemment par les petites filles de La Rochelle et des environs », disait l'expéditeur, avait été envoyée au Ministère de l'Éducation Nationale lors de sa grande enquête sur la chanson populaire en France en 1856.

Le rythme est différent, mais en voici les paroles :

> Hélas ! c'était la fille
> La fille d'un président
> *ou*
> C'était une jolie fille
> Qui n'avait pas quinze ans
> Ell' dormait à l'ombrage
> Sous un berceau charmant
>
> *Refrain*
> Dansons légèr' bergères
> Dansons légèrement !
>
> Le vent lève sa jupe
> J'aperçois ses bas blancs
> J'aperçois autre chose
> Qui est bien plus charmant
>
> C'est la jolie jarr'tière
> Nouée d'un ruban blanc
> Heureux, heureux, mesdames
> Qui sera son amant
>
> Il aura l'avantage
> De lui faire souvent...
> De lui faire, mesdames
> Ce joli nœud d' ruban.

Ah ! les jarretières de nos grand-mères, filles de meunières, filles de présidents, quel souci pour leurs parents, quel attrait pour leurs amants !

M'en revenant
de La jolie Rochelle
ou
C'est l'aviron
qui nous mène, mène, mène

Cette chanson, transmise de nos jours presque uniquement par tradition orale — puisque la plupart de nos recueils sont destinés aux enfants — a été transcrite dès le XVe siècle sur un manuscrit reproduit en 1875 par Gaston Paris et Auguste Gevaert dans leurs *Chansons du XVe siècle,* avec des paroles bien proches de celles que nous chantons encore :

> Faisons bonne chère, faisons-la, faisons.
> En m'en venant de Paris La Rochelle
> Faisons bonne chère, faisons-la, faisons
> Je rencontray troys jeunes damoiselles.
>
> Faisons bonne chère, faisons-là, faisons.
> Je rencontray troys jeunes demoiselles
> Faisons bonne chère, faisons-la, faisons,
> A mon advis je choisy la plus belle.
>
> Et la monté sur l'arson de ma selle.
>
> Je mys la main soubz sa verte cortelle.
>
> « Hellas ! » dist-elle, « que me voullez-vous faire ? »
>
> — Je vieulx savoir si vous estes pucelle.
>
> — Pucelle ou non, qu'en avez-vous affaire ?
>
> — Sy vous l'estiés, vous seriez m'amyete. »

Comme on peut l'imaginer, les contemporains de Rabelais continuèrent à fréquenter la route de Paris à La Rochelle qui promettait de si sémillantes rencontres. Deux éditeurs, Alain Lotrian, en 1542, et Jehan Bonfons, en 1548, publient notre chanson :

De Paris à La Rochelle
Gentil Maréchal, gentil Maréchal
Ferras-tu mon cheval ?

Il y a trois demoiselles
Gentil Maréchal, gentil Maréchal
Ferras-tu mon cheval ?

Dont la plus jeune est ma miette
Je la pris et je l'embrasse
Je la jetai sur l'herbette
Je lui levai sa chemisette
Lui mis la main sur la cuissette
Je lui fis trois fois ou quatre
Je la relevai grossette

(S'ensuyvent plusieurs belles chansons, 1542)

Entre Paris et La Rochelle
Te remues-tu gente fillette ?
Il y a trois jeunes demoiselles.
Te remues-tu, te remues-tu ?
Te remues-tu, gente fillette, te remues-tu ?

La plus jeune est ma miette
En son sein a deux pommettes.

On n'y ose les mains mettre
Je la couchis dessus l'herbette.

Je lui levis sa chemisette
Je lui baillis dessus les fesses.

Trois fois lui fis la chosette
« Recommencez, le jeu me haite.

— Je ne saurai, je suis trop faible.
— Voici du vin, si voulez boire. »

(La fleur des chansons, 1548)

Au temps du bon roi Henri IV, le ton n'est plus gaillard, mais franchement paillard. Il n'est plus possible de raconter ici ce qu'il se passe alors *Entre Paris et La Rochelle.* Nous renvoyons les curieux à *La Fleur ou l'Élite de toutes les Chansons amoureuses* (1602). Nous nous contenterons de rapporter une chanson très proche, qui annonce le personnage de Jeanneton, voué à une grande célébrité dans le même registre grivois :

En revenant de Sainct Denis en France
Je rencontray Janneton la Normande
Mon cœur, ma vie, ma mignonne, et ma belle
Je ne t'ou, je ne t'ou, je ne t'oubliray jamais.

273

« D'où venez-vous, belle, je luy demande.
— Mon bel ami, je retourne de Nante. »
Puis je la pris par sa belle main blanche
Et la ruay sur l'herbe verdoyante.
Puis la baisay sur sa bouche riante
Et bras à bras nous joignans par ensemble
Deux ou trois fois nous dansasmes le bransle
Le bransle gay qui fait que le corps tremble.
Et si vous dis qu'elle alloit fort bien l'amble
Et entendoit assez bien la cadence.
Vive l'amour, et Saint Denis en France.

Le règne de Louis XIV voit apparaître une nouvelle version notée dans plusieurs recueils, *Noëls de Cour et chansons historiques et satiriques, Rondes et chansons à danser.* Un manuscrit de la Bibliothèque de l'Arsenal conserve les paroles suivantes :

En revenant de Paris
De Paris à La Rochelle
En mon chemin rencontris
    Ma belle digue di
    Ma belle digue don
La fille d'un capitaine
    Ma belle digue don
    Digue dondaine
    Ma belle digue don
    Digue don don don.

Je lui ai d'mandé son nom.
Elle répond : Madeleine.
Je la pris et la baisay
Et la jettay sur l'avoine.

Je troussay son cotillon
Et son jupon de futaine.
En montant un peu plus haut
J'aperçus une fontaine.

La fontaine que c'estoit
Elle estoit bordée de laine.
Je détachay mon bidet.
« Va t'en boir' à la fontaine. »

Il en but cinq ou six fois
Sans reprendre son haleine.
« Tout beau, tout beau, mon bidet
Vous tarirez la fontaine. »

Quand vous viendrez par icy
N'oubliez pas Madeleine.
Vous aurez du pain, du vin
Et le bidet de l'avoine.

On y voit déjà l'amorce d'une autre chanson bien connue :

Sur la route de Dijon

Sur la route de Dijon
La belle digue di
La belle digue don
Il y avait une fontaine
La digue dondaine
Il y avait une fontaine
Aux oiseaux, aux oiseaux.

Près d'elle un joli tendron
Pleurait comme une Madeleine.

Vint passer un bataillon
Qui chantait à perdre haleine

Belle, comment vous nomme-t-on ?
On me nomme Marjolaine.

Marjolaine c'est un doux nom
S'écria le capitaine.

Marjolaine, qu'avez-vous donc ?
Messieurs, j'ai beaucoup de peine.

Paraît que tout l' bataillon
Consola la Marjolaine.

Quand vous pass'rez par Dijon
Allez boire à la fontaine.

Après 1724, le libertinage devient plus allusif. Notre chanson semble oubliée. Et pourtant, si elle n'est plus notée par écrit, elle continue à être chantée, puisque aujourd'hui encore elle fait partie du répertoire de base des assemblées viriles. Oserons-nous citer les paroles de cette « chanson vilaine ». Elles ne sont pas plus méchantes que celles de nos arrière-grands-pères :

En revenant de la jolie Rochelle
J'ai rencontré trois jolies demoiselles
J'ai pas choisi, mais j'ai pris la plus belle
Je l'ai montée dans ma plus haute chambre
Je l'ai couchée sur mon lit qui balance
J' lui ai donné cinq à six coups de lance
Quand j'eus fini elle me dit : « Recommence. »
Je répondis : « Y a plus rien dans la lance. »

Une variante existe pour les deux premiers vers :

> En revenant de Paris jusqu'à Nantes
> J'ai rencontré trois jolies filles charmantes.

Évidemment les refrains ne sont pas tous très délicats. Mais la chanson est souvent accompagnée par le refrain de la version qui a été forgée pour les oreilles honnêtes :

> M'en revenant de la jolie Rochelle (*bis*)
> J'ai rencontré trois jolies demoiselles.

> *Refrain*
> C'est l'aviron qui nous mène, mène, mène
> C'est l'aviron qui nous mène en rond.

> J'ai pas choisi, mais j'ai pris la plus belle
> J' la fis monter derrière moi sur ma selle
> Je fis cent lieues sans parler avec elle
> Au bout d' cent lieues, ell' me d'manda à boire
> Je l'ai menée auprès d'une fontaine
> Quand elle fut là, elle ne voulut point boire
> Je l'ai ram'née au logis de son père
> Quand elle fut là, elle buvit à pleins verres
> A la santé de son père et d' sa mère
> A la santé de ses sœurs et d' ses frères
> A la santé de celui qu' son cœur aime.

La Boulangère a des écus

La belle Boulangère
A presté son devant
Avec une lingère
Pour avoir de l'argent,
Et leurs maris cocus
Cocus tous pleins de cornes
Vous amassez beaucoup d'escus.

Telle est la version de *La Boulangère a des écus* que nous propose le Sieur Bellone dans son recueil de chansons daté de 1612.

Le thème fut repris par Gallet au début du XVIIIe siècle. « C'était un marchand épicier qui, plus assidu au Théâtre de la Foire qu'à sa boutique, s'était déjà ruiné lorsque je le connus », écrit de lui Marmontel. Tel Ragueneau, le rôtisseur-pâtissier d'Edmond Rostand dans *Cyrano de Bergerac,* il préférait la rime au commerce que lui avait légué son père, rue de la Truanderie, et une marchande de son voisinage l'inspira peut-être. A moins que les couplets ne visent quelque femme légère en vue à cette époque.

La boulangère a des écus
Qui ne lui coûtent guère
Elle en a, je les ai vus
J'ai vu la boulangère
Aux écus
J'ai vu la boulangère.

— D'où viennent tous ces écus
Charmante boulangère ?
— Ils me viennent d'un gros Crésus
Dont je fais bien l'affaire
Vois-tu
Dont je fais bien l'affaire.

A mon four aussi sont venus
De galants militaires
Mais je préfère les Crésus
A tous les gens de guerre
Vois-tu
A tous les gens de guerre.

Des petits-maîtres sont venus
En me disant : « Ma chère,
Vous êtes plus belle que Vénus. »
Je n' les écoutais guère
Vois-tu
Je n' les écoutais guère.

Des abbés coquets sont venus
Ils m'offraient pour me plaire
Des fleurettes au lieu d'écus
Je les envoyais faire
Vois-tu
Je les envoyais faire.

— Moi, je ne suis pas un Crésus
Abbé ni militaire
Mais mes talents sont bien connus
Boulanger de Cythère
Vois-tu
Boulanger de Cythère.

Je pétrirai le jour venu
Notre pâte légère
Et la nuit, au four assidu
J'enfournerai, ma chère
Vois-tu
J'enfournerai, ma chère.

— Eh bien ! épouse ma vertu.
Travaill' de bonn' manière
Et tu ne seras pas déçu
Avec la boulangère
Aux écus !
Avec la boulangère.

De la chanson assez libre de Gallet, qui a le caractère facile et licencieux de la Régence, on n'a guère retenu que le premier couplet qui sert de refrain, et qui est devenu une ronde enfantine aux paroles réputées innocentes.

L'air est emprunté à une contredanse ★ qui figure, dans les *Rondes et Chansons à danser* de Ballard en 1724, sous le titre *La Boulangère,* mais avec des paroles différentes des nôtres :

Si vous avez un amant
Voulez-vous qu'il soit fidèle ?
Regardez-le tendrement.
Mais s'il voulait aller
        Plus avant
Paraissez-lui cruelle.

Il est probable qu'il était déjà assez ancien en ce début du XVIIIᵉ siècle.

Offenbach a tiré du refrain un opéra bouffe donné en 1875, *La Boulangère a des écus*. Ses écus, Margot les a ici gagnés au prix d'un honnête travail, dit-elle :

> Ah ! qu'elle est fière, qu'elle est fière
>   La boulangère
> Avec ses quatre grands laquais
> Ah ! qu'elle est fière la boulangère
> Qui vend du pain dans un palais.
>
> — Lorsque j'étais fille de boutique
> Je n'en avais pas autant qu' ça
> Et je portais à la pratique
> De ces gros pains qu' vous voyez là.
> Et j'ai pu gagner honnêt'ment
> Des sommes extraordinaires
> Ce qui fait qu'on chante à présent :
>
> « La boulangère a des écus
> Qui ne lui coûtent guère
> Elle en a, car on les a vus.
> Je suis } la boulangère aux écus. »
> V'là }

Morbleu Marion

— Qu'allais-tu faire à la fontaine ?
Morbleu Marion, morbleu Marion
Qu'allais-tu faire à la fontaine ?

— J'étais allée chercher de l'eau
Mon Dieu, mon ami, mon Dieu, mon ami
J'étais allée chercher de l'eau

— Mais qu'est-ce donc qui te parlait ?

— C'était la fille de notre voisine.

— Les femmes ne portent pas d' culottes.

— C'était sa jupe entortillée.

— Les femmes ne portent pas d'épée.

— C'était sa quenouille qui pendait.

— Les femmes ne portent pas d' moustaches.

— C'étaient des mûres qu'elle mangeait.

— Le mois de mai ne porte pas d' mûres.

— C'était une branche de l'automne.

— Va m'en quérir une assiettée.

— Les p'tits oiseaux ont tout mangé.

— Alors j' te vais couper la tête.

— Et puis que ferez-vous du reste ?

— Je le jett'rai par la fenêtre
Et les corbeaux feront ripaille.

Alphonse Daudet cite cette chanson en entier, et à peu près
telle quelle, dans *Numa Roumestan* :

Hortense n'écoutait plus. Elle était rentrée dans le salon, et assise
au piano elle entonnait d'une voix éclatante :

Mount'as passa la matinado
Morbieu, Marioun...

C'était sur un air grave comme du plain-chant, une ancienne chanson populaire de Provence (...). Elle s'interrompit pour lancer avec le geste et l'intonation de Numa, quand il se montait : « Ça, voyez-vous, mes infants... C'est bo comme du Shakespeare !... »

Ce drame de la jalousie, digne d'Othello et de Desdémone, est peut-être originaire du Midi, mais on en connaît 81 versions françaises, 62 canadiennes, et il se chante dans toutes les régions de France : en Gascogne, en Velay, en Limousin, sous le titre *Le Jaloux*, mais aussi dans le Velay, sous la forme d'une comédie qui était jouée par les dentellières pendant les longues veillées d'hiver ; dans la région de Metz où, à l'occasion du Mardi-Gras, deux jeunes filles entourées de leurs compagnes chantent et miment la scène et font la quête de maison en maison : on appelle cela « faire la bergère ». La chanson s'est propagée jusqu'à Venise et en Catalogne, dans les Ardennes et en Belgique. La fin n'est pas toujours aussi tragique. Richepin, qui avait entendu la chanson sans son dernier couplet, demanda à la jeune fille qui l'interprétait devant lui : « Mais pourquoi supprimez-vous le couplet de conclusion, celui qui parle des corbeaux faisant ripaille ? » Et elle lui répondit : « Oh !, non, voyons, vous ne voudriez pas ! C'est la femme qui doit avoir le dernier mot ! » De fait très souvent, on ajoute aux dernières strophes :

— Pour cette fois je te pardonne.
— Pour cette fois et pour bien d'autres.

Le refrain est assez souvent « Corbleu, Marion », et la femme répond parfois « Jésus, mon mari ». Dans la majorité des versions, cependant, on retrouve non seulement le thème et le dialogue, mais des détails précis, comme la quenouille ou les mûres au mois de mai. On doit donc supposer une source commune suffisamment ancienne pour que la chanson fût connue dans toute la France et dans les pays avoisinants, ainsi qu'au Canada, au milieu du siècle dernier. La mélodie était connue de Favart en 1759, puisqu'il l'utilise cette année-là dans la parodie qu'il donne de l'opéra de Rameau, *Hippolyte et Aricie*.

Du reste, la fourberie féminine telle qu'elle nous est présentée ne date pas d'hier. Un fabliau du Moyen Âge, *Le Chevalier à la Robe Vermeille*, raconte comment une gente dame, surprise par son mari, parvient à éviter le pire :

Quand il est entré en sa chambre
Et voit la robe, de tous ses membres
Il tremble de colère et de fureur
Et dit : « Dame, qui est ici ?
Il y a un cheval en bas :
A qui est-il, à qui est cette robe ? »
Et la dame qui le trompe habilement
Lui dit : « Par la foi que vous devez au Saint-Père,
N'avez-vous rencontré mon frère
Qui part d'ici à l'instant ?
Il vous a laissé une bonne part
De ses joyaux, me semble-t-il. »

Avec force cajoleries, elle arrive à l'endormir et le Chevalier
s'esquive discrètement. Le lendemain, le mari veut essayer la
Robe Vermeille :

Alors la Dame se mit à regarder
Son seigneur, et elle lui a dit :
« Beau Sire, que Dieu vous aide,
Dites-moi donc, s'il vous plaît,
Quelle robe vous demandez.
Il y a bien deux mois et demi
Ou plus, que je ne vis mon frère.

Le pauvre mari devient fou, et l'auteur de conclure :

Ce fabliau prouve aux maris
Que celui qui se fie à ses yeux
Prend le risque de la folie.
Mais celui qui suit la bonne route
Doit bien croire, sans contredit,
Tout ce que sa femme lui dit.

282

La violette double double

J'ai un grand voyage à faire
Je ne sais qui le fera.
Si j' le dis à l'alouette
Tout le monde le saura.

Refrain
La violette double, double
La violette doublera.

Si j' le dis au rossignol,
Je suis sûr qu'il le fera.

Rossignol prend sa volée
Au château d'amour s'en va.

Trouva la porte fermée
Par la fenêtre il entra.

Il trouva trois dames assises
Humblement les salua.

« Bonjour l'une, bonjour l'autre
Bonjour belle que voilà,

Votre ami m'envoie vous dire
Que vous ne l'oubliiez pas. »

« J'en ai oublié bien d'autres,
J'oublierai bien celui-là.

S'il était venu lui-même
N'aurait pas perdu ses pas.

Tout amant qui craint sa peine
Restera dans l'embarras. »

Pierre d'Auvergne, qui « trobet ben e cantet ben » et qui fut « lo premiers bon trobaire que fo el mon en aquel temps » fut aussi le premier à prendre le rossignol comme messager de ses amours :

Rossignol en son repaire	Rossignol, en sa demeure
M'iras ma dona vezer	Tu iras voir mon amie
E ill diguas lo mieu afaire	Et tu lui diras mon message
E ill digua t del sieu ver...	Et elle te dira le sien.

En ce milieu du XIIe siècle, le messager de l'amour courtois prenait sa volée pour un long voyage à travers le temps. Dans les chansons du XVe siècle, le rossignolet sauvage est non seulement chargé des messages :

> Rossignolet sauvaige
> Qui chante de cœur gay
> Va moy faire un messaige
> Je t'en prie par ta foy
>
> (*Chansons du XVe siècle*, Paris-Gevaert)

mais de gentils cadeaux :

> Hellas ! où penceray-je trouver
> Messager qui me peust porter
> Ung chapelet (*petit chapeau*) de roses,
> A la belle, sans s'arrêter,
> Humblement la my saluer
> A elle parler je n'ose.
> On m'a dit que le roussignolet
> Luy fera très-bien le message :
>
> C'est de porter le chapelet
> A la belle au cler visage.
> Quant le chapiau sera porté
> Et du rocignol présenté
> A la plus gratieuse
> Quant elle orra de moy parler
> Point ne se viendra desplorer
> S'elle est vraye amoureuse.
>
> (*Manuscrit Le Pelletier*, région de Vire)

Au XVIe siècle, c'est parfois une dame qui envoie le messager à son ami :

> Rossignolet du bois ramé,
> Va me saluer, je te prie,
> Mon doux ami, plaisant et gai,
> Et lui dis qu'il ne m'oublie mie.
>
> Je te supplie, rossignolet,
> Va moi tantôt faire un message,
> Va à mon ami et lui dis
> Que je l'attends au vert bocage
> Et qu'il vienne parler à moi
> Et j'en serai plus réjouie.
>
> (*S'ensuyvent plusieurs belles chansons*, 1535)

ou encore

Rossignolet du bois joli
Qui chante au bois sous la ramée,
Va-t-en dire à mon bien-aimé
Que pour lui suis en grand pensée
Et qu'il m'enseigne la journée
Et l'heure qu'il doit revenir,
Car oncques nulle femme née
N'eut tant de mal pour son ami.

(Chansons nouvellement composées...
Recueil de J. Bonfons, 1548)

Une telle faveur est due, certes, au doux chant nocturne de l'oiseau, qui semble partager la douleur des amants esseulés ou trahis. Mais le rossignol n'est-il pas aussi le miroir du poète-musicien qui, par ses vers et ses mélodies, sait si fidèlement transmettre les sentiments de l'amour blessé ? Ce symbolisme est sans doute quelque peu oublié lorsque le rossignol se métamorphose en ange Gabriel :

J'ai un long voyage à faire
Je ne sais qui le fera.
Ce sera Gabriel ange
   Vive Jésus !
Qui pour moi fera cela
   Alleluya !

Gabriel prend sa volée
Droit à Nazareth s'en va.

Trouvant les portes fermées
Par la fenêtre il entra.

Trouvant la Vierge en prière
Tout humble la salua.

Je vous salue, Vierge très digne,
Mère du grand Dieu qui sera.

Ave Maria pour la Vierge
Pour les anges le Regina.

(recueillie en Normandie en 1856)

Mais ces écarts sont rares, et dès le Moyen-Age (XVe siècle au plus tard), on trouve une chanson dont les paroles sont bien proches des nôtres :

Rossignoille sauvaige,
Prince des amoureux,
Va t'en faire messaige
A la belle à la fleur.

Refrain :
Pourtant je suis breunette
viveraige en langueur ?

Qu'elle ne tienne mes amours
En si grande rigueur
Rigueur me faict mourir
Et changer ma couleur

Je vous prie, ma maîtresse,
Donnés moi ung faveur, mes amours,
« Mes faveurs sont donné
Ne le puis donner à deux »

Or a dieu, ma maîtresse.
« A dieu, mon serviteur ».

Le sens du refrain reste assez mystérieux :

La violette double, double,
La violette doublera.

Il existe une chanson, *La Prise du Château Double,* qui eut
lieu, en Dauphiné au mois de mars 1579 ; elle se chantait sur
l'air de « Petit Rossignolet saulvage ». Peut-on tirer une
conclusion de ce rapprochement ? On sait aussi que la violette
est le symbole de l'amour caché, et que le violet, mélange de
rouge — amour — et de bleu — souvenir — est l'emblème
des peines d'amour, d'autant plus vives que le violet est
profond : la « violette double », la sombre violette de Parme,
évoque précisément le sentiment qui domine la chanson, la
douleur due à un amour lointain qu'on ne peut oublier. Mais,
faut-il vraiment chercher une explication limpide pour ces
sortes de refrains, alors que leur charme émane du sens caché
des mots ?

Aveine, aveine, aveine

Dès 1724, les paroles de cette chanson sont publiées, telles qu'elles se chantent encore aujourd'hui, dans *Les Rondes et Chansons à danser* de Christophe Ballard :

> Qui veut ouïr
> Qui veut sçavoir
> Comment on sème l'avoine
> Mon père la semoit ainsi
> Puis se reposoit un petit
> Tapoit des pieds
> Battoit des mains
> Et faisoit le tour du vilain
> Avoine, avoine, avoine,
> Le beau temps te ramène.

> Qui veut ouïr
> Qui veut sçavoir
> Comment on fauche...
> Comment on lie...
> Comment on tasse...
> Comment on vanne...
> Comment on bat...

L'ancienne prononciation du « oi » a été maintenue dans le refrain actuel : « Aveine, aveine, aveine », « Le Rouè c'est mouè », disait encore Louis XVI.

Cette chanson, destinée à être mimée, était accompagnée d'indications scéniques. Le dernier geste était évidemment pris au pied de la lettre : « Au lieu d'achever la chanson en cet endroit, on court l'un après l'autre en se donnant des coups de poings sur le dos », dit Ballard.

L'évocation musicale et gestuelle des travaux des champs est loin d'être exceptionnelle et prend souvent un tour humoristique. Témoin cette chanson hongroise recueillie à Vészto par Béla Bartok en 1909 :

> Paysan, comment semer
> Pour bien semer le blé ?
> C'est ainsi que l'on sème
> Que l'on sème le blé.

Paysan, comment faucher

Paysan, comment battre

(...)
Paysan, comment boire
Pour tôt se ruiner ?
Il suffit de bien boire
Pour tôt se ruiner.

Témoin encore, une chanson piémontaise décrivant le
« cycle de la polenta » :

Quand on plante la belle polenta
La belle polenta, on la plante ainsi.
On la plante ainsi
Ah ! la belle polenta, ainsi.

Quand on coupe la belle polenta
La belle polenta, on la coupe ainsi.
On la coupe ainsi
On la plante ainsi
Ah ! la belle polenta, ainsi.

Jusqu'au dernier couplet, qu'il vaut mieux donner ici en
italien !

Quando si caca la bella polenta
La bella polenta si caca cosi.
Si caca cosi
Si mangia cosi
etc.
A, la bella polenta cosi.

De la même veine est notre si populaire :

Savez-vous planter les choux
A la mode, à la mode
Savez-vous planter les choux
A la mode de chez nous ?

On les plante avec le doigt
A la mode, à la mode
On les plante avec le doigt
A la mode de chez nous.
(avec la main, le pied, le nez, etc.)

Mais si cette dernière chanson appartient en propre au
répertoire des enfants, les deux autres étaient chantées et
dansées lors des fêtes des moissons, en général fort gaies et
arrosées. La bouffonnerie se substitue alors au travail
accompli que l'on peut tourner en dérision.

L'Apprenti pastouriau

Quand j'étais chez mon père
Apprenti pastouriau,
Il m'a mis dans la lande
Pour garder les troupiaux.

Refrain :
Troupiaux, troupiaux,
Je n'en avais guère,
Troupiaux, troupiaux,
Je n'en avais biaux !

Mais je n'en avais guère,
Je n'avais qu' trois agneaux,
Et le loup de la lande
M'a mangé le plus biau.

Il était si vorace,
M'a laissé que la piau,
M'a laissé que la queue
Pour mettre à mon chapiau.

Mais des os de la bête
Me fis un chalumiau
Pour jouer à la fête,
A la fêt' du hamiau.

Pour fair' danser l' village
Dessous le grand ormiau,
Et les jeun's et les vieilles,
Les pieds dans les sabiots.

Une version recueillie au milieu du siècle dernier se termine ainsi :

Pour faire danser les filles
A ce printemps nouviau,
Les jeunes aussi les vieilles, }
Toutes dans un monciau } *(bis)*

Aux gentils *tourdions*
De la fontain' les eaux.

Or le « tourdion » est une danse, qui ressemble à la gaillarde, décrite par Thoinot Arbeau dans son *Orchésographie* datée de 1588 — danse qui semble avoir quelque peu disparu ensuite. Cela ferait remonter notre chanson à une date assez ancienne. Elle est en tout cas suffisamment connue « in bea lingage Poictevinea » pour être notée en 1660 dans un recueil imprimé à Poitiers, le *Rolea divisi in beacot de peces*. Voici cette « chanson jeouse » :

Quon y éstez cheu man pere
Et petit garçonnea
Ilz m'anvoyan au chomp (*champ*)
Pre gardy lez aignea (*agneaux*).

Refrain
Trou du cu,
Pre qué me clajolle, jolle
Trou du cu,
Pre qué me flageolles-tu ?

Iglz m'anvoyan au chomp
Pre gardy lez aignea,
Y n'an gardy pas guaire
Y n'an gardy que tra.

Vecy veny le loup,
Quian porty le pu bea (*qui emporte le plus beau*)

Y ne m'an soucy gaire
Preveu qui ay la pea (*pourvu que j'aie la peau*)

Les quatre ouz doz jombe (*os des jambes*)
P'ran manchy do coustea (*manche de couteau*)

Et le bout de la coüe (*queue*)
Pre buttre (*mettre*) à mon chapea

Le trofignon do cu
Pro foere in challumea (*chalumeau*).

Au refrain qui manquait un peu de délicatesse, le Poitou et la Bretagne ont en général préféré :

Hé ! youp ! Hé ! youp ! Hé ! Jean de Linière (*ou* Lignolle)
Vous ne m'entendez guère !
Hé ! youp ! Hé ! youp ! Hé ! Jean de Linière
Vous ne m'entendez pas !

Une autre chanson commence comme *L'apprenti pastouriau*, encore que la version actuelle ait transformé le début, peut-être précisément pour éviter une confusion. Mais c'est ici une jeune fille qui chante :

Quand j'étais d' chez mon père (*bis*)
Ses moutons j'allais garder
Lentour, lentour, lalirette
Ses moutons j'allais garder
Lentour, lentour, laliret.

Comme j'étais par trop jeunette
J'oubliais mon déjeuner.

Un valet de d' chez mon père
Est venu me l'apporter.

Beau valet, j' n'en ai que faire
Vous pouvez le remporter.

Colin prit sa cornemuse
Et s' mit à cornemuser.

Tous les moutons de la plaine
Ils se mirent à danser.

Y n' restait plus qu'une vieille
Qui ne voulut pas danser.

Colin la prit par l'oreille
« Vieill' tu n' veux donc pas danser ? »

La vieille quitta ses savates
Elle mit ses beaux souliers.

Quand la vieille fut ébranlée
On n' pouvait plus l'arrêter.

(Eure et Loir, 1878)

Quand j'étais petite fille
Mes moutons j'allais gardeé
J'étais encor dans ma jeunesse ⎫
J'oubliais mon déjeuner ⎭ (*bis*)

Un matin Maître se lève
Pour venir me l'apporter.
Voici, voici, petite fille
Voici votre déjeuner.

Que voulez-vous que j'en fasse ?
Mes moutons sont égarés
Ils sont partis dans la montagne
Je ne puis les rattraper.

Maître prit sa cornemuse
Et s' mit à cornemuser.
Au son, au son de la musique
Les moutons s' sont rassemblés.

Ils se sont pris par la patte
Et se sont mis à danser
Et au milieu de cette ronde
J'ai mangé mon déjeuner.

(Version actuelle)

291

Cette chanson, manifestement composée, comme la précédente, « pour faire danser les belles », présente quelques variantes pleines de gaîté populaire, propres à animer le bal du village ; en Bas-Berry, la demoiselle garde des gorets :

> Y avait qu' la mère gorette
> Youp lon la malira
> Qui ne voulait pas danser
> Youp lon la malirette, ô gué !
> Youp lon la, youp lon la,
>   Lon lon la !

> Un gros goret vient près d'elle
> « Ma mie venez donc danser.

> — Ah ! j'ai le jarret bien raide
> Je ne saurais le plier. »

> Elle a fait la révérence
> Et sauta jusqu'au plancher.

> Voulez-vous savoir, Mesdames
> Quelle était sa parenté ?

> C'était la cousine germaine
> De la servante au curé.

et en Haute-Bretagne ses brebis noires :

> Tous les moutons de la plaine
> Ils se sont mis à valser
> Li de ra, la la, la lère
> Ils se sont mis à valser
> Li de ra !

> Y a donc plus qu' ma brebis noire
> A qui l' derr' ne peut plus l'ver

> (...)

> Il l'a pris' par der' l'oreille
> Avè l'z' autr's la m'nit danser.

> Quand la grand'mère fut en danse
> Ell' l'va l' derr' jusqu'au plancher

> La grand'mère de qui j' vous parle
> Était d'une grand' parenté

> Elle était cousin' germaine
> A la brebis du curé.

292

Le début peut être rapproché de plusieurs chansons anciennes :

> Mon père m'envoye.
> Garder les moutons
> Après moy envoye
> Dureau la duroye
> Après moy envoye
> Un beau valeton.
>
> Après moy envoye
> Un beau valeton
> Qui d'amour me prie
> Dureau la duroye
> Qui d'amour me prie
> Et je luy responds...

(*Recueil* de Bonfons, 1548)

> Quand j'estois chez mon père
> Fillette de quatorze ans
> L'on m'envoyoit à l'herbette
> Mes moutons j'allois gardant.
> Brunette allons gay, gay
> Brunette allons gaîment.
>
> L'on m'envoyoit à l'herbette
> Mes moutons j'allois gardant
> J'estois encor trop jeunette
> Je m'assis en passant temps.
> Brunette...
>
> Par le bout de ma pasture
> Passa deux gentilz gallants...

(*Recueil* de J. Mangeant, 1615)

Mais la suite, qui appartient véritablement à un folklore du terroir et aux fêtes paysannes, n'a été notée que très tardivement, au début de ce siècle, quand on a commencé à chercher dans les campagnes non plus les chansons qu'on désirait y trouver, mais celles qui y étaient réellement vivantes.

Il était une bergère

Il était une bergère
Et ron et ron, petit patapon
Il était une bergère
Qui gardait ses moutons
Ron ron
Qui gardait ses moutons.

Elle fit un fromage
Du lait de ses moutons.

Le chat qui la regarde
D'un petit air fripon.

Si tu y mets la patte
Tu auras du bâton.

Il n'y mit pas la patte
Mais y mit le menton.

La bergère en colère
Tua son p'tit chaton.

La chanson actuelle s'arrête là. Au siècle dernier, cette
ronde avait une suite :

Elle s'en fut à confesse
Vers le père Grignon

*Lorsqu'on est arrivé à ce couplet, le conducteur du jeu désigne un des
joueurs pour remplir le rôle du père Grignon. Celui-ci entre dans le rond,
et la bergère s'agenouille devant lui en chantant :*

Mon père je m'accuse
D'avoir tué mon chaton

Le confesseur répond à sa pénitence en la relevant :

Pour votre pénitence
Nous nous embrasserons

Il l'embrasse, lui prend les mains, tourne avec elle au milieu du rond, et la bergère chante avec le chœur ce dernier couplet :

> La pénitence est douce
> Nous recommencerons.

(Chansons et Rondes enfantines, 1858)

Un rondeau * de la région de Metz attribue l'aventure à une bonne dame de Pont à Mousson :

> C'était une bonne dame
> De Pont à Mousson
> Qui fondait du beurre
> Ma petite dondaine
> Dans un vieux chaudron
> Ma petite dondon.
>
> Son chat qui la regarde
> Avec attention
> Si tu y mets la patte
> Tu auras du bâton
>
> Il n'y mit pas la patte
> Mais il y mit son gron (*groin*)
> La dame, toute en colère
> A tondu son minon
>
> L'en a bien eu la laine
> De quatre-vingt moutons
> Et les dames du Pont
> En ont eu des manchons
> Et les pères capucins
> En ont eu des chaussons.

(Mélusine, 1878)

Il est probable que notre ronde enfantine, qui doit dater des bergeries * de l'époque de Louis XV, était à l'origine beaucoup moins innocente qu'il y paraît. On lit, par exemple, dans les *Chansons gaillardes et sérieuses* imprimées à Middlebourg en 1701 :

> Le loup est entré dedans ma bergerie
> Je me suis cachée dedans un petit coin (*bis*)
> Ah ! se dit Margot, sortant du bocage (*bis*)
> Le Chat a mangé, le Chat a mangé
> Mon fromage.

Et surtout, dans un recueil du XVIe siècle, *Sensuyt plusieurs belles chansons nouvelles et fort joyeuses,* publié chez Alain Lotriant, à Paris, en 1543 :

> Mon père avoit quatre vaches
> Et ma mère vingt et quatre
> Et je les meis en herbage.
> « Ma fille mais que tu soys sage
> Tu les auras en mariage.
> — Mère n'y seray point sage
> Car j'ay perdu mon pucellage
> A ung garson de village.
> Je l'ay baillé pour ung fromage.
> Je le mis sur une table
> Nostre chat vint qui le happe
> Au chat au chat ta malle rage !
> Tu as mangé mon pucellage.

« Cette leçon vaut bien un fromage sans doute » !

Le timbre de *Il était une bergère,* connu depuis 1570 sous le nom *Laissez paître vos bêtes,* servit pour une chanson contre les Huguenots, pour un noël gascon et au Théâtre de la Foire. On en retrouve les premières mesures dans un air de chasse appelé *La Royale.* Il était donc bien connu quand il fut utilisé pour accompagner notre chanson.

Il pleut, il pleut bergère

Il pleut, il pleut bergère,
Rentre tes blancs moutons.
Allons à la chaumière
Bergère vite allons.
J'entends sous le feuillage
L'eau qui tombe à grand bruit.
Voici venir l'orage,
Voici l'éclair qui luit.

Entends-tu le tonnerre ?
Il roule en approchant.
Prends un abri, bergère
A ma droite en marchant.
Je vois notre cabane
Et, tiens, voici venir
Ma mère et ma sœur Anne
Qui vont l'étable ouvrir.

Bonsoir, bonsoir, ma mère.
Ma sœur Anne bonsoir.
J'amène ma bergère
Près de vous pour ce soir.
Qu'on mène dans l'étable
Ses brebis, ses agneaux.
Et mettons sur la table
Laitage et fruits nouveaux.

Soignons bien, ô ma mère.
Son tout joli troupeau.
Donnez de la litière
A son petit agneau.
C'est fait. Allons près d'elle.
Eh bien ! donc, te voilà ?
En corset, qu'elle est belle.
Ma mère, voyez-la.

Soupons. Prends cette chaise.
Tu seras près de moi.
Ce flambeau de mélèze
Brûlera devant toi.
Goûte de ce laitage
Mais... tu ne manges pas ?
Tu te sens de l'orage ?
Il a lassé tes pas.

Eh bien ! voilà ta couche ;
Dors-y bien jusqu'au jour.
Laisse-moi sur ta bouche
Prendre un baiser d'amour.
Ne rougis pas bergère.
Ma mère et moi, demain,
Nous irons chez ton père
Lui demander ta main.

Cette romance du XVIIIᵉ siècle est une des rares chansons dont nous connaissions à la fois le compositeur et l'auteur. Le compositeur, le violoniste Victor Simon, écrivit nombre d'opéras-comiques aux titres aujourd'hui surannés : *La Fille rusée, Le Financier amoureux, La Double Récompense ou le Stratagème inutile.*

L'auteur est le poète Fabre d'Églantine. C'est lui qui para de noms champêtres (Prairial, Germinal, Fructidor...) les mois du calendrier républicain en 1792.

Né à Limoux vers 1750, fils d'un drapier établi à Carcassonne, Philippe Fabre ajoute « Églantine » à son nom lorsqu'il gagne une Églantine d'or au concours de poésie des Jeux Floraux, où chaque prix était symbolisé par un nom de fleur : la violette, l'églantine, le souci... Il mène quelque temps une carrière d'acteur qui le conduit jusqu'aux Pays-Bas. Ami de Camille Desmoulins et de Danton, il montera comme eux sur l'échafaud le 5 avril 1794. La tradition veut que, dans la charrette qui le menait à la guillotine, il ait fredonné *Il pleut, il pleut bergère.*

Publiée sans nom d'auteur dans *la Muse lyrique* de 1782, la romance est intitulée *Le Retour des champs.* Un recueil d'*Œuvres posthumes et mêlées*, édité par Moutardier en 1803 (Vendémiaire, an XI), présenta ainsi la chanson : *L'Hospitalité. Romance. Mastricht, année 1780.* L'année 1780 est, en effet, l'époque où la troupe dans laquelle jouait Fabre d'Églantine était en tournée à Mastricht, en Hollande.

La chanson connut un succès qui ne se démentit jamais. En 1787, le héros d'une pièce de Dalayrac, *Renaud d'Ast,* s'annonce en coulisse en chantant l'air d'*Il pleut, il pleut bergère*, après la réplique suivante : « Oui vraiment, et nous pourrions bien avoir de l'orage... »

L'année suivante le timbre *Il pleut, il pleut bergère* est noté dans l'*Almanach des Grâces. Étrennes érotiques chantantes ; dédié et présenté à Madame, comtesse d'Artois. Pour l'année bissextile M.DCC.LXXXVIII.*

C'est l'époque où Marie-Antoinette joue à la bergère au Petit-Trianon ; c'est aussi l'époque où la Bergerie Royale de Rambouillet s'enrichit d'un troupeau de plus de trois cents mérinos venus d'Espagne. Dans toutes les formes de l'art, les bergeries sont à la mode. On chante les moutons :

> Petits moutons accourez tous,
> Voici la nuit, gare le loup.
> Passez passez sous ma houlette
> Que je vous mette en sûreté.
> Le loup vous guette
> Passez, passez.
> Au point du jour en liberté
> Vous irez jouer sur l'herbette.

> (Romance parue dans *la Muse Lyrique* de 1781)

On chante aussi les ébats amoureux des bergers et des bergères :

> *Le berger*
> Sur ce gazon charmant
> Où l'amour nous amène
> Viens terminer ma peine
> Couche-toi promptement
> Sur ce gazon charmant.

> *La bergère*
> Que nos plaisirs sont doux !
> Ah ! berger, recommence.
> Je veux sans résistance
> Expirer sous tes coups.
> Que nos plaisirs sont doux !

En 1789, la chanson de Fabre d'Églantine courait sur toutes les lèvres. Et lorsqu'au lendemain de la prise de la Bastille, la Garde nationale fut créée, l'événement fut célébré sur l'air d'*Il pleut, il pleut bergère* :

> Frères, courons aux armes !
> L'empire est en danger.
> Dans ces moments d'alarmes
> Cours le dégager.
> Tous bouillants d'énergie
> Tous fiers de nos succès
> Prouvons à la patrie
> Que nous sommes Français.

300

Ah ! dis-moi donc bergère

Ah ! dis-moi donc bergère appartient à un genre très ancien, la pastourelle, qui apparaît en pays d'Oc dès le XIIe siècle. Dans ces chansons, un dialogue se noue entre un seigneur et une bergère — ou « pastourelle » —, l'accent étant mis avant tout sur l'habileté des interlocuteurs. La bergère « moqueuse », traditionnellement appelée « Nanon », a la répartie vive, facile et spirituelle.

L'exemple le plus ancien de ce type de pastourelle nous est donné par Marcabru, troubadour gascon, dont on sait peu de chose, sinon qu'il était un enfant trouvé, élevé sous le nom de Pain-Perdu, et qu'il eut maille à partir avec les seigneurs de Guyenne, dont il avait dit fort grand mal et qui l'auraient fait tuer vers 1150 :

L'autrier, jost'una sebissa,
Trobey pastora mestissa,
De joy e de sen massissa ;
E fon filha de vilana :
Cap' e golnel' e pelissa,
Vest e camisa treslissa,
Sotlars e caussas de lana.

L'autre jour, le long d'une haie,
Je trouvai une bergère bâtarde
  d'un père noble
Pleine de joie et d'esprit ;
Elle était fille de paysanne :
Vêtue de cape, robe et pelisse,
D'une chemise à mailles serrées,
Souliers et chaussettes de laine.

Ves leis vinc per la planissa :
« Toza, fi'm ieu, res faitissa,
Dol ai gran del ven que'us fissa. »
« Senher, so'm dis la vilana,
Merce Deu e ma noirissa,
Pauc m'o pretz si'l vens m'erissa
Qu'alegreta sui e sana. »

Vers elle je vins par la plaine :
« Jeune fille, lui dis-je, vraie
  merveille
J'ai grand chagrin que le vent
  vous pique.
— Seigneur, me dit la pay-
  sanne,
Grâce à Dieu et à ma nourrice
Peu m'importe que le vent
  m'ébouriffe
Car j'ai et gaîté et santé. »

« *Toza, fi'm ieu, gentils fada*
Vos adastret, quan fos nada,
D'una beautat esmerada
Sobre tot' autra vilana.
E seria' us ben doblada
Si'm vezia une vegada
Sobiran e vos sotrana. »

« *Senher, tan m'avetz lauzada*
Pois en pretz m'avetz levada,
Qu'ar vostr' amor tan m'agrada,
Senher, so dis la vilana,
Per so n'auretz per soudada
Al partir « bada, fol, bada »,
E la muz' a meliana ! »

« Jeune fille, lui dis-je, une bonne fée
Vous a dotée, quand vous fûtes née,
D'une beauté achevée
Plus que toute autre paysanne.
Et vous seriez doublement belle
Si je me voyais une fois
Moi dessus et vous dessous.

— Seigneur, vous m'avez tellement louée
Depuis que vous m'avez complimentée
Et votre amour m'a si bien agréé,
Seigneur, me dit la paysanne,
Que vous aurez pour vous remercier
A votre départ « Bonjour chez vous, pauvre fada »
Et la perte de la journée. »

Nous avons là une des premières chansons en « langue vulgaire » (c'est-à-dire en langue d'oc, par opposition au latin) accompagnée d'une notation musicale.

Un autre troubadour, Guiraut-Riquier, composa à la fin du XIIIe siècle six pastourelles de ce genre : le Seigneur rencontre successivement six fois la même bergère aux différentes étapes de sa vie, jeune fille, épouse, mère, veuve. Celle-ci reste toujours parfaitement vertueuse. Ses répliques, plus subtiles et raffinées, abandonnent un peu le ton moqueur et bon enfant de la « Toza » de Marcabru.

Dans la plupart des versions régionales (Provence, Auvergne, Gascogne, Berry, Touraine, etc.), le Seigneur, devenu capitaine, gentilhomme ou simple Monsieur (de la ville, évidemment) parle en français alors que la bergère répond en patois local, ce qui ajoute un certain sel au dialogue :

La Bergère et le Monsieur

— Bien du bonjour aimable bergère.
— Hélas ! Monchu, qu'aes a cò que voulès ? (*que voulez-vous ?*)
— Ah ! si j'pouvais une fois dans la vie...
— Parla, Monchu, parla couma vous devès.

— Entre, Nanon, entre sous cet ombrage.
— Neni, Monchu, craïgne pas le souli (*soleil*).(...)
— Dis-moi, Nanon, oh ! que tu es rebelle !
— E vous, Monchu, que sei vous amourous !
— J' suis amoureux pour t'y rendre amoureuse.
— E yeu, Monchu, pé me mouqua de vous.
— Il faut mourir quand les filles l'ordonnent.
— Nous pressin pas, ya de tems pé mouri.
— Mais tu sais bien que l'amour me tourmente.
— Ah ! d'aque màu (*de ce mal*), Monchu, poudès gari (*vous pouvez guérir*).
— Dis-moi, Nanon, qui t'a si bien instruite ?
— E vous, Monchu, int' avès istudia (*où avez-vous étudié*) ?
— J'ai étudié au château de mon père.
— E yéu, Monchu, in gardan mous moutons.
— Dis-moi, Nanon, le nom de ce village.
— Apprenia le, Monchu, et le sourès (*et vous le saurez*).
— Dis-moi, Nanon, qu'y a-t-il dans ton village ?
— Un gran lourdàu, Monchu, quan l'y sarès (*quand vous y serez*).

(Version auvergnate recueillie par Tiersot,
à la fin du XIXᵉ siècle)

La version la plus répandue aujourd'hui réunit les thèmes traditionnels des chansons de bergères, mais tournés en dérision : le riche seigneur, la bergère noyée, la rencontre sur un chemin, le loup. C'est sans doute ce qui l'a rendue si populaire dans toute la France :

> — Ah ! dis-moi donc bergère
> A qui sont ces moutons ?
> — Et par ma foi, Monsieur
> A ceux qui les gardions.
> Et tra la la déridérette
> Et tradéron la.
>
> — Ah ! dis-moi donc bergère
> Combien as-tu d' moutons ?
> — Et par ma foi, Monsieur
> Il faut que j' les comptions.
>
> — L'étang est-il profond ?
> — Il descend jusqu'au fond.
>
> — Le poisson est-il bon ?
> — Pour ceux qui le mangions.
>
> — Par où ce chemin va ?
> — Il ne bouge pas de là.
>
> — N'as-tu pas peur du loup ?
> — Pas plus du loup que d' vous.

La fille aux oranges

Au jardin de mon père
Vive la rose !
Un oranger il y a
Vive ci, vive là
Un oranger il y a
Vive la rose et le damas !

Qu'est si chargé d'oranges
Qu'on croit qu'il en rompra.

Marguerite demande
Quand on les cueillera.

« A la Saint-Jean, ma fille.
Quand la saison viendra.

— La saison est venue
Les cueillerons-nous pas ? »

Elle prend une échelette
Un panier à son bras.

Elle cueillit les plus mûres
Les vertes elle laissa.

Les alla porter vendre
Au grand marché d'Arras.

En son chemin rencontre
Le fils d'un avocat :

« Que portez-vous, la Belle
Dedans ce panier-là ?

— Monsieur, sont des oranges
Ne vous en plaît-il pas ? »

Il en prit une couple
Et point ne les paya :

« Vous prenez mes oranges
Et ne les payez pas ?

— Montez dedans ma chambre
Maman vous les paiera ! »

Quand elle fut dans la chambre
De mère il n'y avait pas ;

Il la prend, il l'embrasse
Sur son lit la jeta :

« Ah ! que dira ma mère
Quand elle saura cela ?

— Vous lui direz, la Belle
Que c'est d'un avocat ! »

Citée dans la plupart des revues folkloriques du siècle
dernier, de la Vendée aux Ardennes, de la Bretagne à la
Provence, la chanson est originaire de l'Artois ; elle est
indifféremment intitulée *La fille d'Arras* ou *La fille aux
oranges*. Certains recueils de noëls du XVIe siècle utilisaient le
même timbre *.

Les éléments du récit sont toujours les mêmes : des
oranges, une jeune paysanne crédule, séduite par un avocat
sans scrupules. Une fois, pourtant, l'héroïne sort gagnante de
la mésaventure : dans une variante du Cambrésis et de
l'Artois, l'avocat, prenant la paysanne pour une idiote (ne
veut-il pas, pour parvenir à ses fins, lui faire croire que vingt-
cinq n'est point le quart — ou quarteron — de cent !), se fait
sèchement rabrouer :

« N'y en a que vingt-cinq
Le quarteron n'y est pas.

Nous y mettrons la fille
Le quarteron y sera.

— Les oranges sont à vendre
Mais la fille ne l'est pas. »

Plus hardies sont les paysannes d'une chanson de vendan-
ges champenoise, parue dans le *Nouveau Recueil des plus
belles chansons et airs de cour de ce temps*, en 1675 :

Cinq ou six filles des Porcherons
Qui vendent des oranges
Ont dit à autant de garçons :
Étant arrivés nous coucherons
Aux greniers ou aux granges,
Pargué ! nous nous divertirons.

Les oranges et le damas étonnent dans un jardin du Nord
de la France. C'est oublier que, depuis le XIIe siècle, des
fruits nouveaux, des fleurs étranges sont rapportés d'Orient
par les Croisés et, avec eux, de nouveaux mots. Au XIVe siècle

arrive une variété de prune, le damas, du nom de la ville syrienne. « A mes prunes de Damas... » crie un marchand des rues dans les *Chansons nouvelles sur différents sujets,* un peu avant 1740. Le lilas, arrivé à la fin du XVIe siècle, remplace peu à peu le damas dans la chanson : la rose s'associe à une autre fleur plus naturellement qu'à un fruit. Bien sûr, les oranges suggèrent les rondeurs charmantes de la jeune fille, et l'avocat polisson ne s'y trompe pas : « Donnez-moi deux oranges », réclame-t-il. Elles ont aussi sur leur peau la lumière des pays chauds.

Mais l'exotisme peut recouvrir un témoignage sur la réalité historique de l'époque. Au XVIe siècle, les Pays-Bas, y compris l'Artois, sont espagnols, sous la domination de Charles Quint, puis de son fils Philippe II. Le champion de la lutte contre le pouvoir espagnol est Guillaume de Nassau, prince d'...Orange. Dans l'orthographe et la prononciation françaises, son nom et celui du fruit se confondent. La rondeur et la lumière de l'orange, certes, mais surtout le prestige de la Maison d'Orange, qui permettra aux Pays-Bas d'accéder à l'indépendance, font que ces fruits sont restés dans la chanson au cours des siècles, alors que traditionnellement, sous nos climats, ce sont les pommes qui symbolisent la fertilité des vergers et les grâces féminines.

Au clair de la lune

Au clair de la lune
Mon ami Pierrot
Prête-moi ta plume
Pour écrire un mot.
Ma chandelle est morte
Je n'ai plus de feu
Ouvre-moi ta porte
Pour l'amour de Dieu.

Au clair de la lune
Pierrot répondit :
« Je n'ai pas de plume
Je suis dans mon lit.
Va chez la voisine
Je crois qu'elle y est
Car dans sa cuisine
On bat le briquet. »

Au clair de la lune
L'aimable Lubin
Frappe chez la brune
Elle répond soudain :
« Qui frappe de la sorte ? »
Il dit à son tour :
« Ouvrez votre porte
Pour le dieu d'Amour. »

Au clair de la lune
On n'y voit qu'un peu.
On chercha la plume
On chercha du feu.
En cherchant de la sorte
Je ne sais ce qu'on trouva
Mais je sais que la porte
Sur eux se ferma.

La plus populaire de nos chansons enfantines est aussi celle dont l'histoire est la plus mystérieuse. Auteur et compositeur en sont inconnus.

La chanson est à la mode à Paris vers 1780, comme *Cadet Rousselle* (voir p. 247), comme *Malbrough* (voir p. 225). L'air est celui d'une contredanse * en vogue quelques années plus tôt, qui utilise le timbre * dit de *La Rémouleuse.*

Pierrot, comme Arlequin (voir p. 21), est un personnage du répertoire de la commedia dell'arte : Piero, ou Pedrolino, portait un chapeau conique blanc, un pantalon gris et une longue écharpe. Son visage n'était pas masqué, mais poudré de farine blanche. Le rôle est repris à la fin du XVIIᵉ siècle (1673), sur les scènes parisiennes, par Giuseppe Giratone. Le costume est désormais blanc, la blouse ample. Pierrot se tient en scène pieds joints et bras ballants ; son visage est toujours enfariné.

La rêverie de Pierrot contraste avec la sensualité de Lubin. Dans une ballade de Marot, Lubin était un moine débauché. *Georges Dandin,* de Molière, met en scène Lubin, valet un peu balourd mais galamment empressé auprès de Claudine, une forte luronne.

La célébrité de Pierrot grandit au XIXᵉ siècle, lorsque Gaspard Deburau et son fils Charles popularisent le personnage au Théâtre des Funambules. Lubin est oublié. Si Du Mersan publie tous les couplets d'*Au clair de la lune* dans les *Chansons nationales et populaires de France* en 1846, il ne retient que les deux premiers pour les *Chansons et rondes enfantines :* les aventures de Lubin sont par trop galantes !

L'air d'*Au clair de la lune* fut utilisé en 1820 par Boïeldieu dans un opéra, *Les Voitures versées.* A la demande du compositeur, l'Italien Balochi écrit les paroles suivantes :

O lieto momento	O moment de bonheur
Bel premio d'amor !	Récompense d'amour !
Di dolce contento	De doux contentement
Mi palpita il cor.	Palpite mon cœur.
Già splendor serene	Voici briller, sereines
Le stelle nel ciel	Les étoiles au ciel
Consola, o mio bene	Console, ô mon amour
Quest'alma fedel.	Mon âme fidèle.

Une cinquantaine d'années plus tard, apparaît une comptine sur l'air d'*Au clair de la lune.* Elle se chante encore :

> Au clair de la lune
> Trois petits lapins
> Qui mangeaient des prunes
> Comme trois petits coquins
> La pipe à la bouche
> Le verre à la main
> En disant : « Mesdames
> Versez-moi du vin
> Tout plein ! »

Une tradition tenace attribue à Lully la composition de l'air d'*Au clair de la lune.* La source en serait un air de ballet de *Cadmus,* qu'il composa en 1674. Mais l'examen de la partition n'est guère concluant. Quoi qu'il en soit, cette tradition a inspiré à Longuet le livret d'un opéra-comique en un acte, qu'il écrivit en 1870 : *Au clair de la lune.* L'ouverture se fait sur l'air du début de la chanson, en un mouvement de valse.

Le sujet de cette courte pièce est le suivant : le jeune Lully, cuisinier, veut écrire à la Grande Mademoiselle : « ... Quel bonheur si elle m'accorde ce que je lui demande !... Si elle me fait entrer dans les violons du Roi !... Non, décidément, je ne suis pas né pour être cuisinier. » Il charge monsieur Tourteau, un pâtissier qui se pique de littérature, d'écrire la lettre. Monsieur Tourteau, par malheur, n'a ni plume ni chandelle ; or il fait déjà nuit noire. Ils vont frapper chez Pierrot, écrivain public.

Pierrot (en colère) : « Que voulez-vous ? Pourquoi venezvous me déranger ? » Monsieur Tourteau prononce alors d'un air suppliant les mots suivants :

> Au clair de la lune
> Mon ami Pierrot
> Prête-moi ta plume
> Pour écrire un mot
> Ma chandelle est morte
> Je n'ai plus de feu
> Ouvre-moi ta porte
> Pour l'amour de Dieu.

A la scène suivante, Lully s'efforce de mettre en musique les paroles de Monsieur Tourteau ; il les chante ensuite en s'accompagnant au violon ; la scène se termine joyeusement : tous les personnages reprennent en chœur la chanson. La Grande Mademoiselle, qui l'entend, la trouve charmante : Lully est nommé page, il pourra écrire toute la musique qu'il désire.

La pièce est drôle. L'histoire de Lully est véridique : il fut au service de la Grande Mademoiselle avant de devenir violon du Roi. Rien, toutefois, n'autorise à lui attribuer l'air de la chanson.

Le refrain d'une chanson du *Recueil des plus belles et excellentes chansons en forme de voix-de-ville* de Chardavoine, en 1576, présente une succession de notes, sur lesquelles se chantent le vers suivant :

> Gaudinette je vous aime tant.

Ces notes sont les mêmes que celles de :

> Au clair de la lune, mon ami Pierrot.

C'est trop peu pour que l'on puisse en faire l'air qui aurait donné naissance à *Au clair de la lune.*

Dans un recueil paru à Lyon en 1553, *Chansons nouvelles composées sur les plaisants chants qu'on chante à présent,* les derniers vers d'une chanson présentent une fragile ressemblance avec notre chanson : il fait nuit ; la belle refuse d'ouvrir à son galant, qui est sous sa fenêtre.

> Las, je suis toute nue
> Et si courte tenue
> Que ne vous puis aider.
> Si faisait belle lune
> J'écrirais d'une plume :
> Bon soir vous soit donné.

Voici la Saint-Jean

Voici la Saint-Jean } (*bis*)
La belle journée
Que tous les galants
Vont à l'assemblée

Refrain
Va, mon ami, va
La lune se lève,
Va, mon ami, va,
La lune s'en va

Le mien n'y est pas
J'en suis assurée.
Il est dans les champs
La-bas à la mée

Le mien est à Paris
Chercher ma livrée.
Que t'apporte-t-il
Mignonne tant aimée ?

Il doit m'apporter
Ceinture dorée
Un anneau d'argent
Et sa foi jurée

Le dernier couplet se trouve déjà, presque textuellement,
dans une chanson de maumariée * d'un recueil du XVe siècle :

Mon ami m'apporte ceinture dorée
Ceinture dorée, chaperon aussi.

En Poitou, en Vendée, la ceinture dorée était un cadeau traditionnellement offert par l'époux à sa nouvelle épouse. Si celle-ci devenait veuve et décidait alors de renoncer à l'héritage, elle déposait symboliquement cette ceinture sur la tombe de son époux.

Plusieurs coutumes de la Saint-Jean, la nuit la plus courte de l'année, sont liées aux promesses de mariage. En Bretagne, la jeune fille qui visitait neuf des feux allumés dans les champs en cette nuit de 23 juin était sûre de se marier dans l'année. Un peu partout, celle qui souhaitait savoir qui elle épouserait devait, avant de s'endormir, réciter la prière suivante :

> Saint-Jean, bienheureux Saint-Jean
> Fais-moi voir en dormant
> L'époux que j'aurai
> Pendant mon vivant.

On pouvait aussi s'amuser sans penser au mariage :

> Voici la Saint-Jean d'été
> Allons, ma bergère
> Que les filles iront jouer.

en 1728, dans le *Recueil de chansons nouvelles en vaudevilles*.

Les feux traditionnels s'accompagnaient de réjouissances souvent truculentes : outre les vieux objets, on brûlait parfois des mannequins figurant le mari le plus trompé, la femme la plus ardente, le magistrat le plus haï. Dans le Nord de la France, on chantait en ronde :

> Entrez, monsieur l'avocat
> Tour larirette
> Lironfa !
> Baisez celle qui vous plaira.

A Cambrai, les jeunes gens des différents quartiers se disputaient le vieux bois jeté du haut des fenêtres et destiné à allumer les feux de Saint-Jean. Les vainqueurs se gaussaient des vaincus de façon fort triviale :

> La rue Saint-Fiacre (ou la rue X...) est confondue
> Nous lui foutons la pelle au cul.

L'Église luttait avec acharnement contre ces superstitions païennes et ces jeux grossiers, indignes d'une fête dont la solennité était marquée par un jeûne, aux premiers siècles du Christianisme. Dès avant sa naissance, en effet, celui qui devait baptiser Jésus, Jean le Baptiste, était uni à lui d'un lien privilégié : sa mère, Elisabeth, était parente de Marie ; lors de la Visitation, « dès qu'Elisabeth eut entendu la salutation de Marie, l'enfant (Jean) tressaillit dans son sein... l'enfant a tressailli d'allégresse », écrit Luc dans son Évangile. A la lumière de ce texte, nous comprenons mieux comment la chanson de la Saint-Jean devient parfois chanson de Noël, qui se chante sur le même air :

> Voici la Noël, le temps des veillées
> Où tous les amants vont à l'assemblée.
> Va, mon ami va, la lune se lève
> Va, mon ami va, la lune s'en va.

Malgré des interdictions de pure forme, l'Église se résigna souvent à ces réjouissances profanes. D'ailleurs, profane et sacré se mêlaient parfois. Ainsi, à Jumièges, le maître de la confrérie de Saint-Jean, le Loup-Vert, ainsi nommé d'après la couleur de son habit, était accueilli par le curé devant les ruines de l'abbaye. Après vêpres, le Loup-Vert faisait un repas maigre. Puis, curé et Loup-Vert allumaient le feu autour duquel la procession chantait un Te Deum, suivi d'une parodie de l'Hymne de Saint-Jean. A cette heure déjà avancée, la fête prenait une tournure décidément profane... on dansait, on buvait, on s'amusait sans retenue.

Une coutume moins connue et fort prisée, qui ne fut interdite qu'à la Révolution, consistait à brûler des chats vivants, enfermés dans un sac et jetés au bûcher. Les cendres, recueillies, protégeaient les maisons du mauvais sort. Chaque quartier de Paris avait son feu ; celui de la place de Grève était allumé par un magistrat. Relisons un registre de la fin du XVIe siècle : « Payé à Lucas-Pommereux, l'un des commissionnaires des quais de la ville de Paris, cent sous parisis, pour avoir fourni durant trois années, finies à la Saint-Jean 1573, tous les chats qu'il fallait au dit feu comme de coutume, et même pour avoir fourni, il y a un an, où le roi y assista, un renard, pour donner plaisir à Sa Majesté, et pour avoir fourni un grand sac de toile où étaient les dits chats. »

Magali

O Magali, ma tant amado,	O Magali, ma tant aimée,
Mete la testo au fenestroun !	Mets ta tête à la fenêtre !
Escouto un pau aquesto aubado	Écoute un peu cette aubade
De tambourin e de vióuloun.	
Es plen d'estello, aperamount !	Le ciel est là-haut plein
L'auro es toumbado,	d'étoiles.
Mai lis estello paliran,	Le vent est tombé,
Quand te veiran !	Mais les étoiles pâliront
	En te voyant.
— Pas mai que dóu murmur di	Pas plus que du murmure des
broundo	branches
De toun aubado iéu fau cas !	De ton aubade je ne me soucie !
Mai iéu m'envau dins la mar	Mais je m'en vais dans la mer
bloundo	blonde
Me faire anguielo de roucas.	Me faire anguille de rocher.
— O Magali ! se tu te fas	O Magali, si tu te fais
Lou pèis de l'oundo,	Le poisson de l'onde,
Iéu, lou pescaire me farai,	Moi, le pêcheur je me ferai,
Te pescarai !	Je te pêcherai !
— Oh ! Mai, se tu te fas pescaire,	Oh ! mais, si tu te fais pêcheur,
Ti vertoulet quand jitaras,	Quand tu jetteras tes filets,
Iéu me farai l'aucèu voulaire,	Je me ferai l'oiseau qui vole,
M'envoularai dins li campas.	Je m'envolerai dans les landes.
— O Magali, se tu te fas	O Magali, si tu te fais
L'aucèu de l'aire,	L'oiseau de l'air,
Iéu lou cassaire me farai,	Je me ferai, moi, le chasseur,
Te cassarai.	Je te chasserai.

Ces couplets sont les premiers d'une longue chanson, chantée d'un bout à l'autre par une paysanne, au chant III de *Mireille*, le poème provençal de Frédéric Mistral. La vieille Nore soutient, de son chant, le travail monotone des jeunes filles qui dévident les cocons des vers à soie.

Elles réclament, bien sûr, une histoire d'amour aux péripéties bien connues de toutes, celle des métamorphoses successives par lesquelles une jeune fille croit pouvoir échapper aux poursuites de son soupirant :

Nore, toi qui chantes si bien...
Chante-lui Magali, Magali qui à l'amour
Échappait par mille subterfuges,
Magali qui se faisait pampre,
Oiseau qui vole, rayon qui brille,
Et qui tomba, pourtant, amoureuse à son tour.

Les paroles, écrites par Frédéric Mistral, s'inspirent directement d'une chanson présente dans tous les recueils de folklore du XIXᵉ siècle, et dite des *Transformations* ou des *Métamorphoses*.

Le thème apparaît pour la première fois dans un recueil de colportage * édité par la veuve de Nicolas Oudot, à Paris, en 1724, sous le titre *Chanson nouvelle.* C'est la source de toutes les autres versions ; nous en donnons le texte intégral :

— Si tu veux ma Nanette
Dans un instant
Tu gagneras cent livres
De mon argent
Pourvu que tu me rendes
Le cœur content.

— En vain tu me proposes
Ton faible argent
Je veux me rendre nonne
Dans un couvent
Et je ne puis te rendre
Le cœur content.

— Occupé à l'idée
De mon tourment
Je me rendrai moine
Au même instant
Pour confesser les nonnes
De ce couvent.

— Et si tu te rends moine
Dans peu de temps
Je me rendrai caille
Dedans les champs
Cesse donc de prétendre
Contentement.

— Oh ! Si tu te rends caille
Pour m'éviter
Pour te prendre, la Belle
En épervier
L'Amour me peut sans peine
Faire changer.

— S'il te métamorphose
En épervier
J'éluderai ta ruse
Dans un vivier
Je me rendrai carpe
Pour l'éviter.

— Oh ! Si tu te rends carpe
Dans un vivier
Pour te prendre, la Belle
D'un poissonnier
J'emprunterai l'adresse
Pour te pêcher.

— Pour fuir à ton adresse
De poissonnier
Je me rendrai rose
Dans un rosier
Cesse donc de prétendre
De m'attraper.

— L'amour saura me faire
De tout métier
Pour te cueillir, la Belle
Sur le rosier
J'emprunterai la serpe
D'un jardinier.

Pour composer les vingt-quatre couplets de Magali, Mistral s'inspira — il le dit dans ses Mémoires — de la version provençale de la chanson des Métamorphoses, qui fut recueillie par un autre Provençal, Damase Arbaud :

Marguerite ma mie
Marguerite mes amours
Voici les aubades
Qu'on va jouer pour vous.

Je me moque de tes aubades
Comme de tes violons
Je vais dans la mer blanche
Pour me rendre poisson.

Mistral conserva la forme provençale du prénom, Margarido, en utilisant son diminutif, Magali, et fit de la chanson un véritable poème, qui s'insère magnifiquement dans l'hymne à la Provence qu'est *Mireille*. « *Mireille*, poème provençal », publié en 1859, est dédié à Lamartine :

Te consacre Mirèio : es moun cor e moun amo
Es la flour de mis an
Es oun rasin de Crau qu'emé touto sa ramo
Te porge un païsan

Je te consacre Mireille
C'est la fleur de mes années
C'est un raisin de la Crau qu'avec toutes ses feuilles
T'offre un paysan

A la suite des douze chants qui composent *Mireille*, la mélodie de Magali est notée sous le titre : « *Magali*, mélodie provençale populaire transcrite par Fr. Seguin. » Mistral avait demandé à François Seguin, l'imprimeur du livre, de composer une musique en s'inspirant d'une romance provençale du Premier Empire, *Le Retour du rossignol* ; Mistral enfant l'avait entendu chanter par un laboureur chez son père.

Bonjour, gai rossignol sauvage
Puisqu'en Provence te revoilà.

Cette mélodie, très différente de l'air — plus guilleret (et proche de celui de *La Fille aux oranges,* voir p. 304) — sur lequel étaient chantées dans les provinces les diverses « chansons des métamorphoses », donne à la chanson une couleur mélancolique. Gounod la conserva dans l'opéra-comique qu'il composa sur *Mireille,* en 1864. Il faut croire que *Le Retour du Rossignol* était cher au cœur de Mistral ; outre sa mélodie, on retrouve dans *Magali* quelques échos de ses paroles :

Ne passez pas vers l'Amérique
Car vous pourriez avoir du plomb,
Du côté de la Martinique
On tire des coups de canon

chantait-on dans le dernier couplet du *Retour du Rossignol*

« Si tu te fais l'onde limpide
Je me ferai moi le grand nuage
Et promptement m'en irai ainsi
En Amérique, là-bas, bien loin »

menace Magali.

D'un sujet rebattu, Mistral a fait une chanson si belle qu'elle est devenue, avec les cigales, musique de la Provence.

Index des chansons

Imprimé en France par l'Imprimerie Moderne de l'Est
25110 Baume-les-Dames
Dépôt légal : Février 1995
N° d'édition : 0512-05 - N° d'impression : 9817